# Wandern und Einkehren

## Oberallgäu
## Westallgäu

- Herrliche Wanderwege
- Gemütliche Gasthöfe
  Hotels und Pensionen
- Anfahrtsstrecken
- Parkmöglichkeiten

nach den Wanderungen von
Vagabundus
Wanderer zwischen Weg und Wirtschaft
herausgegeben von
**Georg Blitz und Emmerich Müller**

Ein Wanderführer im
Drei Brunnen Verlag Stuttgart

Einbandgestaltung: Jürgen Reichert
Titelfoto: Oberstdorf (Kurverwaltung Oberstdorf)
Wanderungen: Monika Achberger
Hubert Anneser
Georg Blitz
Renate und Hans Blitz
Udo Borowski
Erika Dritter
Wolfgang Kinzelmann
Leonhard Kremer
Eduard Leder
Heike und Armin Sölch
Monika und Wolfgang Warweg
und
Vagabundus

Karten und Skizzen: Ingenieurbüro artic, Karlsruhe, Duisburg

Alle Abbildungen in dieser Ausgabe sind urheberrechtlich geschützt. Die Veröffentlichung erfolgt mit freundlicher Genehmigung der zuständigen Städte, Gemeinden und Verkehrsämter.

Bildnachweise: Günter Jansen (S. 25 o.), F. Hieble (S. 25 u., 27 u., 136 u.), Pudell (S. 26 o.), Kurverwaltung Oberstdorf (S. 26 u., 27 o.), Ignaz Vogler (S. 28 o., 28 u.), Kleinwalsertal Tourismus (S. 53, 54 o.), Stuttgarter Luftbild Elsässer GmbH (S. 54 u.), Dieter Gschwend (S. 55 o.), Foto Tandler (S. 55 u.), Archiv Verkehrsverein Sonthofen (S.56), E.Bauer (S.105 o.), Foto Tanner, Nesselwang (S.105), Archiv der Mittag-Schwebebahn (S. 106 o.), Druckerei Diet, Buchenberg (S. 106 u.), Amt für Tourismus, Kempten (S.107 o.), Schamschula (S. 107 u.), P. Beck (S. 108), Christoph Morlok (S. 133 o.), Michael Eger (S. 133 u.), Fritz Haug (S. 134 o.), Ernst Riescher, Immenstadt (S. 134 u.), H. Hölzler (S. 135 o.), Hermann Rupp (S. 135 u.)

Die Konzipierung und Beschreibung aller Wanderungen erfolgte nach bestem Wissen und Gewissen. Die Benutzung dieses Führers geschieht auf eigenes Risiko. Eine Haftung für etwaige Unfälle und Schäden jeder Art wird vom Verlag oder vom Autor aus keinem Rechtsgrund übernommen.

---

Die Deutsche Bibliothek – CIP Einheitsaufnahme

**Oberallgäu, Westallgäu** : herrliche Wanderwege, gemütliche Gasthöfe, Hotels und Pensionen, Anfahrtsstrecken, Parkmöglichkeiten ; nach den Wanderungen von Vagabundus, Wanderer zwischen Weg und Wirtschaft / hrsg. von Georg Blitz und Emmerich Müller. - 2., vollst. veränd. und erw. Aufl. - Stuttgart : Drei-Brunnen-Verl., 1998
(Wandern und Einkehren ; 12)
   1.Aufl. u.d.T.: Matthes, Bernd: Westallgäu, Oberallgäu
   ISBN 3-7956-0202-5

---

ISBN 3-7956-0202-5
2., vollständig veränderte und erweiterte Auflage 1998
Alle Rechte dieser Auflage vorbehalten.
© 1998 by Drei Brunnen Verlag, 70191 Stuttgart, Friedhofstraße 11

## *Neue Auflage – Neue Wege Neue Gasthöfe*

### Wandern und Einkehren
### Oberallgäu – Westallgäu

**Wanderregionen – Ortsvorstellungen**
*u. a. Alpsee, Altusried, Balderschwang, Breitachklamm, Buchenberg, Eistobel, Grünenbach, Grünten, Grüntensee, Hindelang, Hörnergruppe, Immenstadt, Iseler, Isny, Kempten, Kleinwalsertal, Langenwang, Leutkirch, Lindenberg, Maierhöfen, Mittelberg, Nagelfluhkette, Oberjoch, Oberreute, Oberstaufen, Oberstdorf, Ofterschwang, Rettenberg, Riezlern, Scheidegg, Schwarzer Grat, Sonthofen, Steibis, Wangen i. A., Weiler i. A., Weißensberg, Weitnau, Wengen.*

**Bergbahnen und Wanderwege**
*Fellhorn, Hochgrat, Hündle, Imberg, Kanzelwand, Mittag, Nebelhorn, Söllereck, Walmendingerhorn*

Die Region **Oberallgäu – Westallgäu** hat für jeden Besucher das Richtige zu bieten - sei es die Ruhe in ländlicher Umgebung, die spektakuläre Kulisse der Allgäuer Alpen oder der Rundgang durch idyllische Ortschaften. Ausgedehnte Streuobstwiesen rund um *Lindau* und *Isny* wechseln mit der sanfthügeligen Waldlandschaft bei *Weitnau*, die aussichtsreichen Felsgrate der Nagelfluhkette mit engen Bachtälern wie dem sagenhaften *Eistobel* im *Argental* oder der phantastischen *Breitachklamm*. 79 exakt beschriebene Wanderungen zeigen dem Naturfreund die schönsten Wege zwischen *Kempten, Lindau, Leutkirch, Wangen, Immenstadt* und *Oberstdorf*, führen durch die *Ofterschwanger Berge* und ins *Kleinwalsertal*. Ausgewählt wurden sowohl gemütliche Spazierwege für die ganze Familie als auch anspruchsvolle Bergtouren für den geübten Wanderer. Hoch hinauf geht's zum Beispiel zum *Ifen, Nebelhorn, Grünten* und *Hochgrat*. Historische Stadtrundgänge führen außerdem zu den bezaubernden Kleinoden Allgäuer Kunst und Geschichte. In dieser herrlichen Landschaft beginnen die Wanderwege nicht nur direkt vor der Haustür, sie enden natürlich auch an vielen empfehlenswerten Restaurants und Hotels – und nicht vergessen seien hier die zahlreichen Berggasthöfe, Alpen und Hütten, in denen man den Gast gerne mit einem Glas frischer Milch und einer zünftigen Brotzeit bewirtet. 70 Einkehrmöglichkeiten für jeden Geschmack und jeden Geldbeutel hält dieser Band für den hungrigen Wanderer bereit.

## *Ein Buch für Genießer*

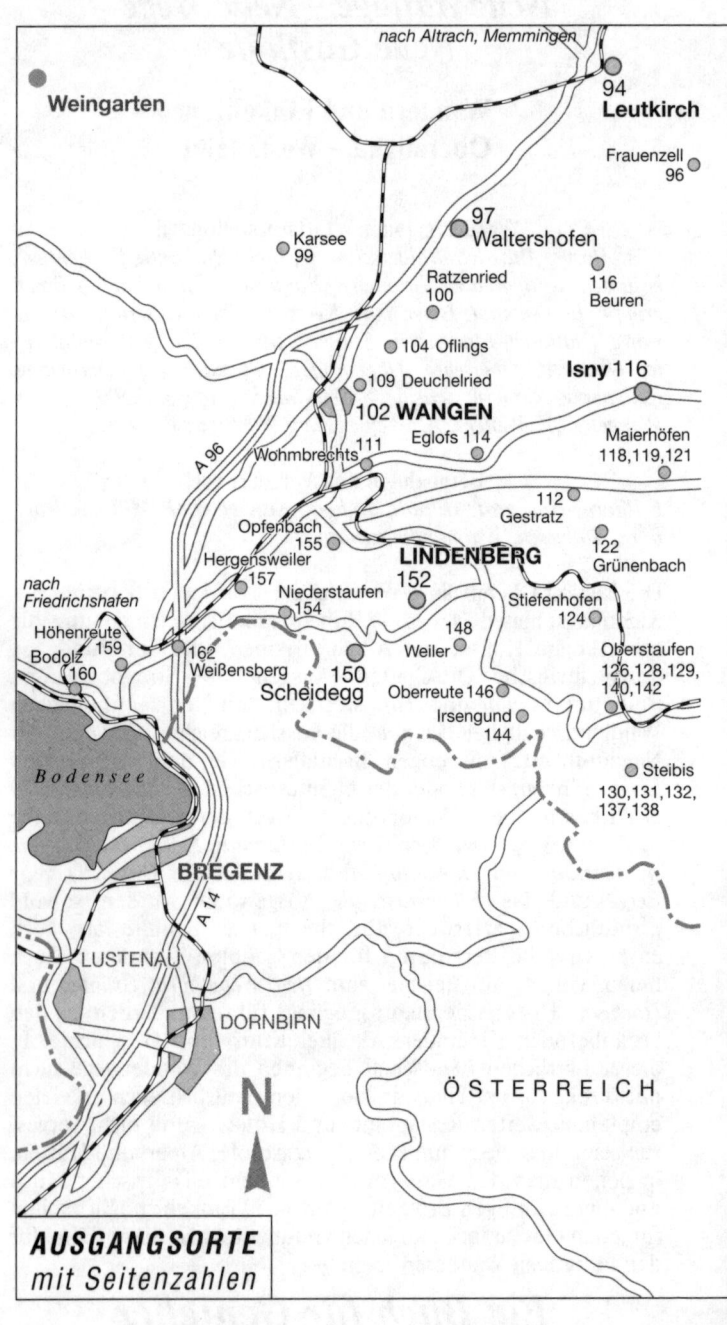

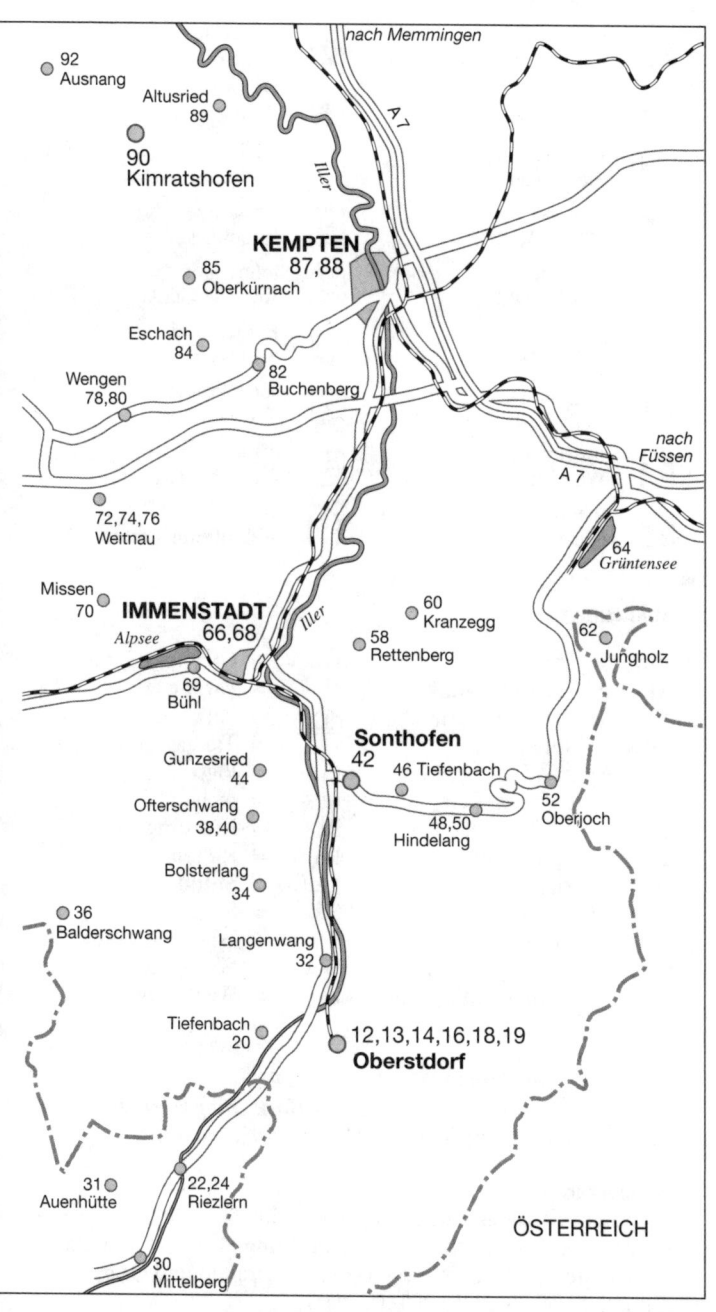

## Symbole und Zeichen

| | | | |
|---|---|---|---|
| | eindrucksvolle Landschaft | | markante Felsen |
| | mittlere Steigungen | | Höhle/Grotte |
| | stärkere Steigungen | | teilweise schöne Aussicht |
| | etwa zur Hälfte Wald | | großartige Rundblicke |
| | über die Hälfte Wald | | lohnender Aussichtspunkt |
| | Weinberge | | Burgen und Schlösser |
| | prägnanter Fluß/Bach | | sehenswerte Sakralbauten |
| | romantischer Wasserfall | | historische Profanbauten |
| | schöner See/Teich | (!) | auf die Wegführung achten |

## Abkürzungen

| | | | | | |
|---|---|---|---|---|---|
| abw | = | abwärts | ÖZ | = | Öffnungszeiten |
| AP | = | Aussichtspunkt | P | = | Parkplatz |
| AT | = | Aussichtsturm | | = | Parkhaus |
| aufw | = | aufwärts | | = | Tiefgarage |
| br | = | breit | Pl | = | Platz |
| ger | = | geradeaus | re | = | rechts |
| gr | = | groß | Ri | = | Richtung |
| | = | Tourist-Info | Ru | = | Ruhetag |
| kl | = | klein | Std(n) | = | Stunde(n) |
| li | = | links | Str | = | Straße |
| Min | = | Minuten | Wbh | = | Wasserbehälter |
| ND | = | Naturdenkmal | Ww | = | Wegweiser |
| NSG | = | Naturschutzgebiet | Z | = | Wegzeichen |

## Markierungsabkürzungen

*MA = Markierungsanfang*  *MW = Markierungswechsel*
*OM = Ohne Markierung*  *LM = Lokalmarkierung*

## Wanderkarten

Bayerisches Landesvermessungsamt 1:50 000; UK L8: Allgäuer Alpen; UK L10: Füssen und Umgebung; UK L11: Lindau - Oberstaufen und Umgebung; UK L17 Kempten und Umgebung. Kompass 1:50 000, 1:30 000, 1:25 000.

# Inhalt

Übersichtskarte der Wanderwege ........................ 2
Symbole – Zeichen – Abkürzungen – Karten ............. 4
Wichtige Hinweise .................................. 10

**Wanderwege - Stadtrundgänge - Ortsbeschreibungen**
- Oberstdorf – Feriendorf – Bergdorf ................... 12
- Oberstdorf/Renksteg – Golfplatz – Zwingbrücke – Gerstruben – Hölltobel – Christlessee – Oberstdorf ...... 13
- Oberstdorf – Oytal – Stuibenfall – Älpelesattel – Gerstruben – Oberstdorf ............................ 14
- Oberstdorf – Nebelhorn – Geißfußsattel – Gaisalpsee – Gaisalpe – Oberstdorf ............................... 16
- Söllereckbahn – Hochleite – Skiflugschanze – Freibergsee – Probstweg – Talstation ............................. 18
- Fellhornbahn – Fellhorn – Schlappoldkopf – Schlappoldeck – Schlappoldsee – Mittelstation .......... 19
- „Jägerwinkel"/Tiefenbach – Breitachklamm – Fuchsloch – Hinterenge – „Jägerwinkel" ............... 20
- Riezlern – Rohrmoostal – Hörnlepaß – Riezlern ........ 22
- Riezlern – Kanzelwandbahn – Kanzelwandgipfel – Geologischer Lehrpfad – Riezlern .................... 24
- Mittelberg – Walmendingerhornbahn – Gipfel – Stutzalpe – Bühlalpe – Mittelberg .................... 30
- Auenhütte – Hoher Ifen – Ifersgund-Alpe – Schwarzwasser-Hütte – Melköde – Auenhütte .......... 31
- Langenwang – Jägersberg – Judenkirche – Tiefenbach – Sturmannshöhle – Langenwang ....................... 32
- Bolsterlang – Hörnerhaus – Weiherkopf – Panoramaweg – Rangiswanger Horn – Kahlrücken-Alpe – Bolsterlang .... 34
- Balderschwang – Obere Wilhelmine-Alpe – Bleicherhorn – Höllritzereck – Dreifahnenkopf – Balderschwang ........ 36
- Ofterschwang – Alpe Eck – Ofterschwanger Horn – Hornalpe – Buchenschwand-Alpe – Ofterschwang ....... 38
- Ofterschwang – Fahnengehren-Alpe – Rangiswanger Horn – Kahlrücken-Alpe – Ofterschwang .................... 40
- Rundwanderungen um Sonthofen .................... 42
- Buhl's Alpe – Gunzesrieder Säge – Allgäuer Berghof – Ofterschwanger Horn – Buhl's Alpe ................. 44
- Tiefenbach – Dreiangelhütte – Starzlachklamm – Tiefenb. 46
- Hindelang – Hirschbachtobel – Hirschberg – Hindelang .. 48
- Hindelang – Berggasthaus Gletscherspalte – Imberg – Berggasthof Sonne – Hindelang ..................... 50
- Oberjoch – Ochsenalpe – Iselerplatz-Hütte – Iseler – Oberj. 52
- Alpe Kammeregg – Grünten-Gipfel – Alpe Kammeregg . 58
- Auf dem „Lustigen Wanderweg" um Kranzegg ......... 60

- Jungholz – Stubenthal Alpe – Buronhütte –
  Reuter Wanne – Jungholz .......................... 62
- Rund um den Grüntensee .......................... 64
- Immenstadt i. Allgäu ............................... 66
- Immenstadt – Mittag-Schwebebahn – Bärenkopf –
  Mittag – Mittelstation – Talstation ................. 66
- Immenstadt – Kanzel – Immenstädter Horn –
  Kessel-Alpe – Rieder – Immenstadt ................. 68
- Bühl a. Alpsee – Rieder – Reuter – Siedelalpe –
  Zaumberg – Bühl ................................... 69
- Missen – Jugetalm – Knottenried – Kühberg – Missen ... 70
- Weitnau – Höhenweg Sibratshofen – Seltmans – Weitnau 72
- Weitnau – Ruine Alttrauchburg – Sonneckgrat – Weitnau . 74
- Weitnau – Rundweg Hauchenberg – Wilhams – Weitnau . 76
- Wengen – Wenger Egg – AT Schwarzer Grat – Wengen .. 78
- Wengen – Rundweg Sonneckgrat ...................... 80
- Buchenberg – Eschacher Weiher – Eschach – Buchenberg 82
- Eschachthal/Gasthaus Batschen –
  Rundweg AT Schwarzer Grat ........................ 84
- Oberkürnach/Blockhäusle – Rundweg Karlstobel –
  Kreuzleshöhe – Kl. Goldach – Blockhäusle ............ 85
- Kempten – Cambodunum – Museen – Wandern ........ 87
- Kempten – Altstadtrundgang ......................... 88
- Altusried – Rundweg zum Illerdurchbruch ............. 89
- Kimratshofen – Walzlings – Ursulers – Spöck –
  Oberhofen – Kimratshofen ........................... 90
- Ausnang – Adrazhofen – Luttolsberg – Boschenmühle –
  Ausnang ............................................ 92
- Leutkirch – Einöden – Herbrazhofen – Schloss Zeil –
  Unterzeil – Leutkirch ............................... 94
- Frauenzell – Walkenberg-Rundweg .................... 96
- Waltershofen – Zaisenhofen – Argensee – Sigratzhofen –
  Waltershofen ....................................... 97
- Karsee – Hochberg – Wernersberg – Leupolzmühle – K. ... 99
- Bahnhof Ratzenried – Dürren – Ratzenried – Sechshöf –
  Artisberg – Bahnhof Ratzenried ..................... 100
- Wangen im Allgäu – Altstadtrundgang ............... 102
- Oflings – Steibisberg – Deuchelried – Wohnried –
  Breiten – Laudorf – Oflings ........................ 104
- Deuchelried – Zurwies – Ansberg – Ratzenried –
  Kögelegg – Breiten – Deuchelried ................... 109
- Wohmbrechts – Schwarzensee – Elitzersee – W. ....... 111
- Malleichen – Brugg – Kessentöbele – Anna-Kapelle –
  Gestratz – Malleichen .............................. 112
- Eglofs – Reute – Eglofstal – Schloss Syrgenstein –
  Hofs – Harratried – Eglofstal – Eglofs .............. 114
- Isny und seine Sehenswürdigkeiten .................. 116
- Isny-Beuren – Badseeweg ........................... 116

- Maierhöfen – Vorholz – Wolfbühler Berg – Hochstädt –
  Ringenberg – Maierhöfen .......................... 118
- Maierhöfen – vor Riedholz – Riedholzer Kugel –
  Feriendorf – Maierhöfen .......................... 119
- Maierhöfen – Rundweg Eistobel ................... 121
- Grünenbach – Eistobel – Grünenbach ............... 122
- Stiefenhofen – Genhofen – Zell – Oberthalhofen – S. ... 124
- Oberstaufen ...................................... 125
- Bad Rain/Oberstaufen – Hündle-Bahn – Hündle-Alp –
  Thalkirchdorf – Bad Rain ......................... 126
- Hündle Alp – Buchenegger Wasserfälle – Buchenegg –
  Bad Rain bzw. Talstation ......................... 128
- Oberstaufen – Genhofen – Zell – Oberstaufen ......... 129
- Steibis – Imbergbahn – Wanderbahn ................ 130
- Imberg – Vorderfluh – Bärenloch – Steibis ............ 131
- Steinegund – Glutswanden – Hörmoos-Alpe ......... 132
- Hörmoos – Falken – Hochhäderich – Hörmoos ........ 137
- Alpengasthof Hochbühl – Kojengipfel –
  Rest. Hochhäderich – Hochwies – Hochbühl .......... 138
- (Oberstaufen) – Hochgratbahn – Hochgrat –
  Eineguntkopf – Falkenhütte – Talstation .............. 140
- Oberstaufen – Hochgratbahn – Hochgrat – Nagelfluhkette –
  Mittagschwebebahn – Immenstadt – Oberstaufen ...... 142
- Irsengund – Bröger – Eibeles-Wasserfälle – Halden –
  Glafberg – Kalter Brunnen – Irsengund ............. 144
- Oberreute – Unterreute – Hausbachklamm – Schnellers –
  Vorderschweinhöf – Kalter Brunnen – Martinshöhe – O. 146
- Weiler – Hausbachklamm – Unterreute – Oberberg –
  Rieder – Weiler .................................. 148
- Scheidegg – Schalkenried – Ruhmühle – Leintobel –
  Scheffau – Häuslings – Scheidegg ................. 150
- Lindenberg – Waldsee – Ratzenberg – Krankenhaus –
  Lindenberg....................................... 152
- Niederstaufen – Kinberg – Rohrachschlucht – Adelberg –
  Niederstaufen .................................... 154
- Opfenbach – Litzis – Allmannsried – Feriendorf
  Saarland – Widdum – Heimen – Opfenbach .......... 155
- Hergensweiler – Wasserfall – Wolfgangsberg – H. ...... 157
- Höhenreute – Greit – Hugelitz – Aspachweiher – Höhenr. 159
- Bodolz – Hermannsberg – Bruggach – Rickatshofen –
  Unterreitnaumoos – Taubenberg – Bodolz ........... 160
- Weißensberg – Weißenberger Weiher – Schlachtener
  Weiher – Weißensberger Halde – Weißensberg ........ 162

Ortsregister ........................................ 164
Register der Gasthöfe, Hotels und Restaurants ........... 167
Übersichtskarte der Einkehrorte ...................... 168

## Wichtige Hinweise

Lieber Wanderfreund,
damit Sie den größtmöglichen Gewinn aus dem Gebrauch dieses Wander- und Gastronomieführers ziehen können, sollten Sie die folgenden Vorbemerkungen beachten:

● **Weg und Zeit** – Bei diesen Angaben ist im Grunde die *Kilometerangabe* entscheidend. Die *Zeitangabe* bedeutet *reine Gehzeit* bei einer *durchschnittlichen Wegstrecke von 4 km pro Stunde* auf der Ebene oder bei leichten bis mittleren Steigungen. Bei stärkeren Steigungen verringert sich diese Durchschnittsleistung etwas.

Bei reinen Bergwanderungen ist auch der Höhenunterschied angegeben. Als Durchschnittsleistung wird pro Stunde eine Höhendifferenz von 300 m im Aufstieg und von 500–600 m im Abstieg angenommen.

● **Wegmarkierungen** – Die *Alpenvereinsmarkierung* ist überall gleich: *Rot-Weiß-Rot* mit oder ohne Nummer im weißen Feld. Die Zwischenmarkierungen bestehen aus *roten Punkten*. Außerdem gibt es auf den stark frequentierten Bergwanderrouten meist eine sehr gute *Lokalmarkierung*. Am Alpenrand und im Vorland dominiert ein hervorragendes *Wegweisersystem*. Die übrigen Kennzeichnungen werden überwiegend von *Wandervereinen* oder *örtlichen Institutionen* in dankenswerter Weise unterhalten.

● **Markierungsangaben** – Die *Marginalien* am Seitenrand dienen der besseren Hervorhebung einer Angabe im Textteil. Sie gelten jeweils bis zum nächsten Randvermerk. Allerdings finden sich bei den Wegbeschreibungen zur besonderen Hervorhebung verschiedentlich auch Wiederholungen der Zeichen lediglich innerhalb des Textes.

● **Wegeskizzen** – Sie dienen dazu, Ihnen eine Übersicht zu vermitteln, damit Sie keine groben Fehler machen. Beachten Sie bitte zur Ausrichtung der Skizze den *Nordpfeil*!

● **Geschichte – Kunst – Kultur** – *Vagabundus*, Historiker und Kunsthistoriker, stellt jeweils in knapper Form das geschichtliche, kunstgeschichtliche und kulturelle Umfeld eines Weggebietes vor, um dadurch das Erlebnis einer Wanderung wesentlich vertiefen zu helfen.

● **Hotels – Gasthöfe – Restaurants – Brotzeitstuben – Berghütten** – Durch eine glückliche Hand bei der sorgsamen Auswahl, verbunden mit einem großen Engagement profilierter Gastronomen, ist es gelungen, für Wanderer und Wandergruppen, Spaziergänger, Ausflügler oder auch „reine Einkehrer" hervorragend geeignete Betriebe aufzunehmen.

*Die hier genannten Einkehrziele zählen zum Empfehlenswertesten, was die Gastronomie dieser Region zu bieten hat.*

Selbstverständlich kann es durch Besitzer- oder Pächterwechsel

nach Drucklegung immer wieder einmal zu Veränderungen von Angebot, Qualität, Preis, Öffnungszeit und Ruhetag kommen.
● **Viel Spaß** auf Ihren Wanderwegen wünscht Ihnen Ihr
*Vagabundus per pedes*

**Vorwort zur 2. Auflage** - Sämtliche Wege dieser Auflage wurden neu konzipiert und erwandert, tragen also den aktuellen Gegebenheiten und Möglichkeiten Rechnung. Außerdem wurde das Gebiet auch gaumenmäßig überprüft, wobei es gelungen ist, den wunderschönen Wanderungen auch ebenso viele herrliche Oasen zum Einkehren beizugesellen – vom gemütlichen Brotzeitstüberl oder der zünftigen Berghütte bis hin zum verlockenden Allgäuer Gasthof oder der gastronomischen Hochburg.

Wir wünschen auch den Benutzern der Neuauflage ein genussreiches *Wandern und Einkehren!*
*Die Herausgeber*

*„Das heißt leben,*
*die Seele laben in Wald und Flur,*
*den Körper wandernd stärken,*
*dem Herzen Gutes tun in freier Luft.*
*Das Hochgefühl vertiefen,*
*voll frohen Sinns und Heiterkeit*
*bei guter Speis und edlem Trank*
*im Schoß eines gastlichen Hauses.*
*So zu leben,*
*heißt lang zu leben."*
*Vagabundus*

● **Spezielle Hinweise für Bergwanderungen**
1. Für alle Bergwanderungen wird entsprechende Bekleidung (wichtig: leichte Bergstiefel, keine Halbschuhe!) als selbstverständlich vorausgesetzt.
2. Im Tagesrucksack hat der Wetterschutz, die Wanderapotheke und ein kleiner Notproviant leicht Platz.
3. Hinterlassen Sie nach Möglichkeit im Tal Ihre geplante Wanderstrecke, z. B. zu Hause, im Quartier, im Gasthof, dessen P Sie benutzen, oder auf einem Zettel im Auto.
4. Prägen Sie sich das alpine Notsignal ein! Hilfeanforderung:
6 mal pro Minute ein optisches oder akustisches Zeichen.
1 Minute Pause, wieder 6 Zeichen usw. Antwort der Helfer:
3 mal pro Min ein Zeichen, 1 Min Pause, wieder 3 Zeichen usw.
● **Die speziellen Symbole**
 Leichte Bergwanderung, auch für Kinder geeignet.
 Anspruchsvolle Bergwanderung auf markierten Steigen, an ausgesetzten Stellen gesichert, jedoch nur für absolut schwindelfreie und trittsichere Wanderer geeignet.

# Oberstdorf – Feriendorf – Bergdorf

**Anfahrt** – B 7, Kreuz *Biebelried (Würzburg)* – Kreuz *Ulm/ Elchingen – Memmingen – Kempten* – B 19. – *Lindau* – B 12 – B 19. – A 96 *München – Buchloe* – B 12 *Kempten* – B 19. – *Bahnstation:* Direktverbindung von vielen deutschen Städten, u. a. *Berlin, Leipzig, Dresden, Hamburg, Dortmund, Köln, Stuttgart.*
**Parken** – Ausgewiesene P am Rand des „*autofreien Ortskerns*". Im öffentlichen Personennahverkehr werden in der Innerortslinie völlig schadstofffreie *Elektrobusse* eingesetzt. Sie werden mit Nickel-Cadmium-Batterien angetrieben, ergänzt durch Hybridtechnik. Der nötige Strom stammt aus Bayerns größter kommunaler *Solartankstelle* und dem gemeindeeigenen *Wasserkraftwerk „Warmatsgund"*.
- **Oberstdorf** (814 m) – *Heilklimatischer Kurort, Kneippkurort, Schrothkuren.* Einer der bedeutendsten Kur- und Ferienorte in Deutschland. Das „*Oberste Dorf"* liegt in einem prächtigen Hochtal an den Bergflüssen *Breitach, Stillach* und *Trettach,* die sich nördl. des Ortes zur *Iller* vereinigen. Es wird überragt von markanten Bergen wie *Rubihorn, Nebelhorn, Höfats, Mädelegabel, Trettachspitze, Fellhorn* u. v. a. Fächerartig gehen von *Oberstdorf* wunderschöne Gebirgstäler aus wie *Faltenbachtal, Oytal, Trettachtal, Stillachtal, Kleines Walsertal* und *Rohrmoostal.* Für Bergwanderer ein unerschöpfliches Dorado, für Skifahrer ein grenzenloses Paradies.
- **Aus der Geschichte** – Ortsgründung im 6./ 7. Jh. *Marktrecht* 1495 durch *Kaiser Maximilian I.* 1803 zu *Bayern.* 1865 verheerender Stadtbrand, dem ein Großteil der alten Bürgerhäuser zum Opfer fiel. Seit 1870 Entwicklung zum *Höhenkurort* und *Wintersportplatz.* 1888 Bahnlinie *Immenstadt – Oberstdorf.* Bis heute Erhaltung und Pflege alten Brauchtums.
- **Sehenswertes** – *Kath. Pfarrkirche,* 1866–70, mit Resten der barocken Vorgängerkirche, *Madonnen* des 14. u. 15. Jh., *Passionsbilder* nach 1700. *Seelenkapelle,* 15. Jh., heute Kriegergedächtniskp. – *St. Loretto-Wallfahrtskapellen,* die älteste 15. Jh., die beiden anderen 17. Jh., *Kreuzweg* 17. Jh. – *Ev. Christuskirche* 1905. – *Heimatmuseum* in einem Bauernhaus des 17. Jh. Schwerpunkte: Heimat- und Volkskunde, Schuhsammlung mit dem „größten Schuh der Welt" (Skistiefel), Dichterzimmer von *Gertrud von Le Fort.* – *Eisstadion.* – *Schattenberg-Skistadion.* – *Skiflugschanze* (S.18).
- **Wanderwege** – Das engmaschige Netz von *Kur-, Wander-* u. *Bergwegen* rund um *Oberstdorf* vermag jedem Anspruch zu genügen. Neben der großen Zahl nummerierter Spazierwege locken gut angelegte u. markierte Wege durch die autofreien Bergtäler, anspruchsvolle Hüttenwege, luftige Gratwanderungen u. Gipfelbesteigungen. – Im Winter 140 km geräumte Wanderwege. – Wandermöglichkeiten mit Bergbahnbenutzung, s. S. 14, 16, 18, 19, 24, 30.

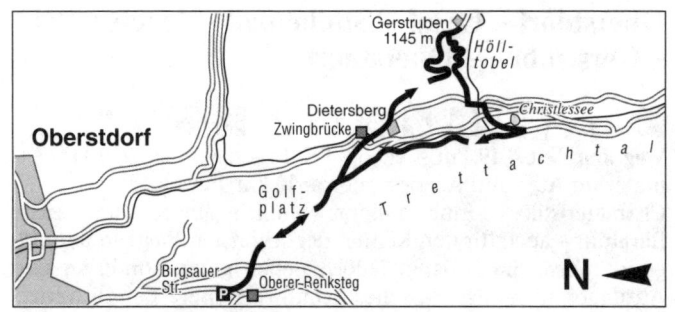

## Oberstdorf/Renksteg – Golfpl. – Zwingbrücke – Gerstruben – Hölltobel – Christlessee – O.

**Weg und Zeit** – ca. 2 ½ – 3 Stdn – ca. 330 Höhenmeter im Auf- und Abstieg. – Von Ortsmitte aus 1 Std mehr.
**Charakteristik** – Ein herrlicher Weg, der von den beiden Kletterbergen *Trettachspitze* u. *Höfats* dominiert wird und mit *Hölltobel* u. *Christlessee* zwei weitere Glanzpunkte aufweist.
**Anfahrt** – *Westumgehung Oberstdorf* Ri *Fellhornbahn*.
**Parken** – P *Renksteg*, südl. *St. Loretto*. Parkschein!
● **Der Rundweg** – Vom P Anwohnerstr, *Ww [Dietersberg]*. MA Aufw, Blick auf *Söllereck, Söllerkopf, Schüsser*. P *Golfpl*. Dreiergabel, mittl. Weg, *Ww [Fußwege Gerstruben u. a.]*. Re hinten der MW *Kratzer*. *Zwingbrücke* über die *Trettach*. *Dietersberg*, mehrere Einzelanwesen zwischen *Riffenkopf* (östl.) u. *Himmelschrofen* (südwestl.). Am Talschluss die formschöne *Trettachspitze* mit ihrer Ost- u. Nordwand. Gabel halbli, *Ww [Gasthof Gerstruben]*. MW Befest. Weg in Geraden u. Kehren teils durch Wald aufw. Prächtige Ausblicke auf *Höfats* (ein Gipfel) u. *Trettachspitze* sowie auf *Himmelschrofen* u. *Wildgundköpfe*. **Gerstruben** (1145 m), eine uralte Siedlung im Hochtal des *Dieterbachs*. *Marienkapelle* 17. Jh., Altar 18. Jh., *Bauernhäuser* 17. u. 18. Jh. Alte *Säge. Gaststätte Gerstruben*. Einzigartige Bergkulisse, u. a. mit der Graspyramide *Höfats, Älpele-Sattel, Rauheck*. – *(Wegerweiterung:* zur *Gerstrubner Alpe* u. zur *Dietersbachalpe*. – *Wegalternative*: Über *Raut* ins *Trettachtal*.) – Letztes Wegstück zurück. 100 m nach Waldeintritt scharf li, *Ww [Hölltobel, Vorsicht!]*. MW Enge Serpentinen abw. Holzsteg. Stufen. In halber Höhe li aufw, Felspassage zur Aussichtskanzel: Mit ungeheurem Druck schießen donnernd mächtige Wassermassen aus einer Felsspalte in die Tiefe. Einmalig! Abw ins *Trettachtal*. Querweg li, *Ww,* MW über *Dietersbach* u. *Trettach* zum phantastisch gefärbten verträumten **Christlessee** mit dem Spiegelbild der *Trettachspitze*. Nun *Fußweg* oder befest. Anwohnerstr (mit *Höfatsblick*) zurück MW zum *Renksteg*.

# Oberstdorf – Oytal – Stuibenfall – Älpelesattel – Gerstruben – Oberstdorf

**Weg und Zeit** – 19 km – knapp 7 Stdn – davon ca. 950 Höhenmeter im Auf- und Abstieg und ca. 10 km Talweg.
**Charakteristik** – Eine außergewöhnlich abwechslungsreiche Bergtour – auch für den Kenner der schönsten Wege in den *Allgäuer Alpen*. Sie verlangt jedoch neben guter Kondition und Ausdauer auch angemessenes Schuhwerk (Bergstiefel), wetterfeste Bekleidung und Bergausrüstung.
**Anfahrt** - A 7 bis Kempten, B 19 über *Sonthofen* nach *Oberstdorf.*
**Parken** – Gebührenpflichtige P bei der Talstation der *Nebelhornbahn* und beim *Eisstadion.*

● **Oberstdorf – Oytal – Stuibenfall** – 2 ½ Stdn – Vom P am li Ufer – gegen die Fließrichtung – der *Trettach* bis zu einer Brücke. Diese nicht (!) überschreiten, sondern mit dem Ww *[Berggasthof Oytal]* und der Markierung *[Kurweg O]* auf der Teerstr oder dem parallel verlaufenden Kiesweg am Ufer ger weiter, den zusammenrückenden Bergflanken entgegen. Nach ca. 1800 m, unmittelbar hinter der nächsten Brücke über die *Trettach,* beim Zusammenfluss von *Oybach* und *Trettach,* mit Ww *[Berggasthof Oytal]* li aufw. Nach ca. 30 m wieder li, auf dem Steg über den *Oybach* und weiter an dessen li Ufer – gegen die Fließrichtung – entlang. Bei einer Wegegabel mit Ww *[Fußweg Oytal]* ger aufw. Bald danach wird der Weg von einer Ahornallee gesäumt und gibt den Blick nach re frei auf den *Riffenkopf* (1748 m) und den *Hahnenkopf* (1735 m). Danach beginnt sich das Tal zu weiten, das *Oytalhaus* kommt in Sicht. Hinter dem *Oytalhaus* mit dem Ww *[Älpelesattel]* ger, über die Brücke und weiter am *Oybach* entlang. An der *Unteren Gutenalpe* vorbei, dem Talende zu. Ist dieses beinahe erreicht, wieder Uferwechsel per Holzbrücke. Stieg der Weg bis hierhin nur unmerklich an, zieht er sich nun in weiten Schwüngen steil aufw bis zum *Stuibenfall.* Hier, am Wasserfall, lohnt es sich, eine Rast einzulegen.

● **Stuibenfall – Älpelesattel** – 1 ½ Stdn – Nur wenige Höhenmeter und Wegkehren nach dem *Stuibenfall* öffnet sich ein auf ca. 1400 Höhenmeter gelegener Talkessel, in dessen Mitte die *Käseralpe.* Bis dorthin führt noch der breite, gut ausgebaute Weg. Bei der Alpe, mit Ww *[Älpelesattel]* und verblichener (!) Markierung *[Rot],* auf schmalem Bergpfad re ab, zuerst noch abw bis zum Kesselrand, dann steil aufw, teils über freie Weiden, teils durch Strauchwerk. Erst auf den letzten 50 Höhenmetern wird der Blick wieder frei auf das Zwischenziel, den *Älpelesattel.*

● **Der Älpelesattel** (1780 m) – Lohnendster Aussichtspunkt auf dieser Bergtour. Senke zwischen dem *Rauhorn* (2028 m) und der *Höfats* (2259 m). Diese kann von hier aus – nur durch geübte

und trittsichere Bergsteiger – bezwungen werden. Das herrliche Panorama läßt sich jedoch schon vom *Älpelesattel* aus genießen: Von Südost bis Nord reihen sich *Jochspitze* (2232 m), *Kleiner Wilder* (2300 m), *Großer Wilder* (2379 m), *Schneck* (2268 m) sowie das *Laufbacher Eck* (2178 m). Im Südwesten reicht der Blick bis zum *Allgäuer Hauptkamm* mit der markanten *Trettachspitze* (2595 m) und der *Mädelegabel* (2644 m).

● **Älpelesattel – Gerstruben** – 1 ¼ Stdn – Der Abstieg, *ohne Markierung*, erfolgt über einen steil abfallenden Grashang mit tief eingeschnittenem Weg. Feuchter Lehmgrund und fehlende (Seil-)Sicherung stellen Trittsicherheit und Schuhwerk auf eine harte Probe. Ein „drittes" oder, besser noch, „viertes Bein" (Teleskopstöcke) ist hier unverzichtbare Hilfe. Ist die *Dietersbachalpe* erreicht, wandelt sich der Steig in einen bequemeren Spazierweg. Von hier zur *Gerstrubner Alm* sind noch ca. 2 km zu gehen, von dieser bis nach *Gerstruben* ca. 1700 m.

● **Gerstruben** – Fünf von Wind und Wetter geprägte Holzhäuser mit einer kleinen Kapelle muten wie ein Freilichtmuseum an. Nur: Das malerische Ensemble steht da, wo es von den Erbauern vergangener Jahrhunderte errichtet wurde. Die Höhensiedlung (1154 m) entstand bereits im Mittelalter, wurde um 1360 urkundlich erwähnt und ganzjährig bewohnt. Sie war jedoch ständig von Lawinen bedroht, die Kapelle wurde noch 1947 schwer beschädigt. Ende des 19. Jahrhunderts zogen zuerst die jungen Bewohner ins Tal. Vor dem Verfall rettete eine private Initiative und Zuschüsse aus der Denkmalspflege.

● **Gerstruben – Oberstdorf** – 1 ½ Stdn – Hinter dem letzten Haus teilt sich der Weg: Li führt er hinab in den vom *Dietersbach* durchtosten *Hölltobel*, re den weitaus bequemeren Fahrweg nach *Dietersberg*. Beide Wege treffen im Talgrund der *Trettach* auf den Kurweg nach *Oberstdorf*. Nach *Gruben* auf bekanntem Weg zurück nach *Oberstdorf*.

# Oberstdorf – Nebelhorn – Geißfußsattel – Gaisalpsee – Gaisalpe – Oberstdorf

❄ 🛷 ◇ 🎿 🥾 ⛰ ❋ ❊

**Weg und Zeit** – 11 km – 5 ½ Stdn.
**Charakteristik** – Genussvolle, längere Bergwanderung mit imposanter, phantastischer Aussicht. Der *Nebelhorn-Gipfel* bietet einen Rundblick mit über 400 Gipfeln. Die Wanderung verläuft überwiegend bergab, der Höhenunterschied beträgt vom Gipfel 1410 m und von der *Station Höfatsblick* 1115 m. Gutes Schuhwerk und gute Kondition sind erforderlich.
**Anfahrt** – A 7, AB-Kreuz *Allgäu* Ri *Oberstdorf*, Ausfahrt *Waltenhofen*, B 19 Ri *Oberstdorf*. Über *Sonthofen, Fischen,* nach *Oberstdorf*. In *Oberstdorf* dem *Ww [P Nebelhornbahn]* folgen. – Bahn/Bus: Vom Hbf *Oberstdorf* in wenigen Minuten zur Talstation der *Nebelhornbahn*.
**Parken** – P bei der *Nebelhornbahn-Talstation*.
● **Der Rundweg** – Auffahrt mit der Seilbahn bis zur *Station Höfatsblick*, dann mit der Sesselbahn bis zum Gipfel des *Nebelhorns* (2224 m). Man erlebt ein unübertroffenes und unvergessliches Panorama von der Gipfelstation des *Nebelhorns*. Mit der Gipfelbahn oder auf leichtem Weg in etwa 1 Std zur *Station Höfatsblick* zurück. Vom Ausgang der S*tation Höfatsblick* nach li
MA zum *Ww [Gaisalpsee – Reichenbach]*, nach li gehen und auf *[Rote Steinmarkierungen]* achten, *Ww [Gaisalpsee – Gaisalpe – Reichenbach – Oberstdorf]*. Ohne Steigungen führt der Weg bis zum Abstieg. Hier geht man nach re steiler in Serpentinen abw. Der Weg ist etwas ausgesetzt, aber gut angelegt, mit Seilsicherungen und eingebauten Treppen. Nach diesem kurzen Abstieg führt der Weg ger, leicht aufw, zwischen Latschenfeldern hindurch bis zum *Ww [Gaisalpsee – Gaisalpe – Reichenbach – Oberstdorf]*. Man wandert etwas steiler aufw bis zum *Geißfußsattel*. Von hier Gipfelmöglichkeit auf den 1981 m hoch gelegenen *Geißfuß*. Der Rundweg führt am *Geißfußsattel* weiter nach
MW li, *Ww [Gaisalpsee – Gaisalpe – Gängele – Retterschwang]*. Nach etwa 30 m nach re, *ohne Wegweiser,* hinabwandern. Auf schönem Wanderweg abw durch Latschenkiefern, geht der Weg,
MW *[Rote Markierung]*, etwas nach re hinüber und quert bergab ein Geröllfeld. Der Wanderweg führt oberhalb des *Oberen Gaisalpsees* herum und biegt dann nach re hinunter. Auf dem steinigen, steiler abw verlaufenden Weg hat man einen schönen Blick auf den *Unteren Gaisalpsee*. Weiter abw, durch Latschkiefern hindurch und re oberhalb des *Unteren Gaisalpsees* vorbeiwandern.
MW Beim *Ww [Gaisalpe – Reichenbach – Oberstdorf]* nach re gehen und den steinigen, felsigen Weg länger bergab steigen, anfangs durch Latschenkiefern, später durch Wald. Nach dem Wald wandert man auf angenehmem Weg das Tal hinaus, durch Gat-

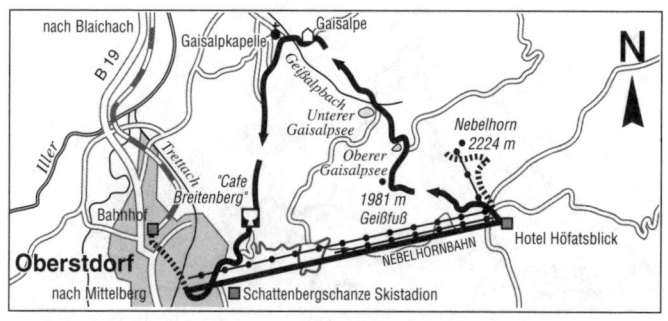

ter auf breitem Alpweg zur *Gaisalpe, Ww [Panoramaweg – Hin-* MW
*delang – Sonnenköpfe – Oberstdorf].* Auf schön angelegtem Alpweg abw gehen, über den *Gaißalpbach,* nach li weiterwandern.
Bei der *Gaisalpkapelle* den schmaleren Weg nach li abzweigen,
*Ww [Oberstdorf 5,3 km]* bzw. *Ww [Café Breitenberg 3,8 km].* Der MW
schöne Waldweg führt ger, ohne größere Steigungen, mit mehreren Ruhebänken. Man folgt dem *Ww [Fußweg Oberstdorf 3,0* MW
*km]* länger ohne nennenswerte Steigungen. Beim *Ww [Oberst-* MW
*dorf – Café Breitenberg, Panoramaweg]* leicht abw wandern bis
zum *Ww [Fußweg zum Café Breitenberg],* re bergab zum *Café* MW
*Breitenberg* gehen. Vom *Café* aus auf geteerter Straße abw bis
zur Weggabelung. Man wandert nach re abw bis zum *Schattenberg-Skistadion.* Um die Sportanlage außen herumgehen und
beim *Ww [Nebelhornbahn]* nach re hinunter gehen. Am Sportplatz li vorbei und über die *Trettach* zurück zum *Nebelhornbahn-* P. Bahn-/Busreisende gehen weiter bis zum Hauptbahnhof *Oberstdorf.*

● **Café Breitenberg** – Sehr ruhiges, einzeln, am Waldrand gelegenes, gepflegtes Café. Die Galerien sind rustikal und gemütlich. Gartenterrasse mit Blick auf *Oberstdorf* und ins *Kleine Walsertal.* In der gutbürgerlichen Küche werden nur regionale Zutaten verwendet. Hausspezialitäten aus dem *Allgäu.* Vesper. Offene Weine. Mittlere bis gehobene Preislage. – *Ru = Fr.*

## Café Breitenberg
am Wallraffweg, 965 m

**Familie Schedler**
**87561 Oberstdorf**
**Telefon (0 83 22) 44 90**

Einer der schönsten Aussichtspunkte Oberstdorfs.
Kleiner Mittagstisch, nur hausgemachte Kuchen.
Schöne Terrasse, ab Parkplatz Nebelhornbahn 20 Minuten.
*Freitag Ruhetag*

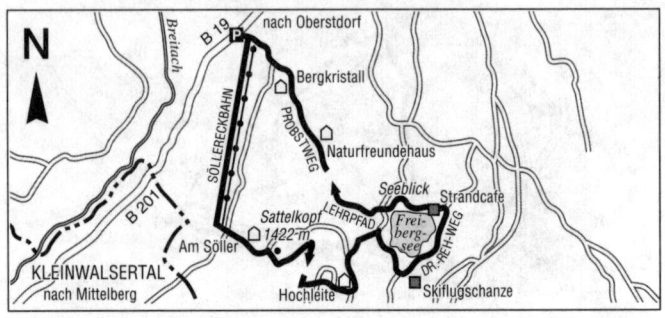

## Söllereckbahn – Hochleite – Skiflugschanze – Freibergsee – Probstweg – Talstation

🛖 ⛷ 🗺 🚠 ⛰ 🅿 ✴ ❇

**Weg und Zeit** – ca. 2 ¾ – 3 ¼ Stdn – ca. 500 Höhenmeter im Abstieg, ca. 150 im Aufstieg.
**Charakteristik** – Den Wanderer erwartet hier ein großartiger Weg: Nach der gemütlichen Auffahrt mit der neuen 6er-Kabinenbahn (1997) folgt ein teils genüsslicher, teils steilerer Abstieg zum Naturkleinod *Freibergsee* und zur atemberaubenden *Skiflugschanze*. Im weiteren Wegverlauf geht es auf dem schönen *Probstweg* wieder zur *Talstation* zurück.
**Anfahrt u. Parken** – Auf der B 19 zum gr 🅿 *Söllereckbahn*.

MA ● **Der Rundweg** – Von der *Bergstation* (1358 m) aufw, *Ww [Freibergsee, Hochleite]*. Kreuzung ger, aufw. Am *Berghaus am Söller* re vorbei, Stufen, ger in den Wald, *Ww*. Aufw, Blick auf *Oberstdorf* u. *Grünten*. Bretterpfad über ein Hochmoor. Danach abw, an Rechtskehre herrlicher Blick ins *Oy*-, *Gerstruben*- u. *Trettachtal*, im Mittelpunkt die *Höfats*. Abw, Linksabzweig, *Ww [Freibergsee, Hochleite]*, Pfad abw. Br Weg queren, abw, im Süden u. a. *Trettachspitze*, *Mädelegabel*, *Hochfrottspitze*, *Schüsser*. Bachsteg, aufw, im Rücken *Söllereck* u. *Söllerkopf*. *Berggasthof Hochleite*. Hinterm Zaun (!) li, über ein Hochmoor, danach kräftig abw. Bald phantastischer Vorblick auf den *See* mit prächtiger Bergkulisse.
OM Weiter abw, Pfädchen von *Arnemann's Gasthof* zu br Weg. –
MA (Nach li = direkter Weg zur *Talstation*.) – Re ab, plötzlich taucht der riesige Turm der *Heini-Klopfer-Skiflugschanze* auf, der *"schiefe Turm von Oberstdorf"*. Mit Schrägaufzug zu den Ausstiegsluken der Skiflieger. Ein Erlebnis! Schönster Blick auf den *Freibergsee* (928 m) u. ins *Trettachtal*. Zurück u. an der *Datentafel*
MW re, *Dr.-Reh-Weg*, l. Abzweig li, *Ww*, Gabel (re = *Talstation* direkt, mit Seeblick) li abw zum *See/ Strandbad*. Etwas zurück, br Querweg li, *Ww*, *Naturlehrpfad*. Rechtsabzweig, *Ww [Söllereckbahn]*.
MW *Edmund-Probst-Weg*, sehr schöner Panoramaweg über *NFH* u. *Rest. Bergkristall* zurück zur *Talstation* (1013 m).

## Fellhornbahn – Fellhorn – Schlappoldkopf – Schlappoldeck – Schlappoldsee – Mittelstation

**Weg und Zeit** – ca. 2 – 2 ½ Stdn – ca. 380 Höhenmeter im Abstieg, ca. 190 im Aufstieg.

**Charakteristik** – Sicher einer der schönsten Panorama-Höhenwege der deutschen Alpen – auf der Grenze zwischen *Deutschland* und *Österreich*. Ein luftiger Weg mit traumhaft schönen Aus- u. Tiefblicken. Er ist zwar technisch leicht, verlangt aber Schwindelfreiheit, Trittsicherheit u. gutes Schuhwerk. Vorsicht auch mit Kindern! Wer lieber auf- als absteigt, macht ihn besser in umgekehrter Richtung.

**Anfahrt u. Parken** – B 19/ *Westumgehung, Ww [Fellhornbahn]*. Auch mit *Pendelbus*. – Gr P an der *Talstation* (gebührenfrei).

● **Der Rundweg** – Auffahrt zur *Station Schlappoldsee* (1780 m). Umsteigen. Fahrt zur *Gipfelstation* (1967 m). – Ein wahres Natur- u. Wanderparadies! Tafel mit *10 Wandervorschlägen*. – Mit *Ww [Fellhorngipfel 15 Min]* auf großteils gestuftem Weg zum Gipfel des *Fellhorns* (2037 m). Die geringe Mühe wird mit einem unvergesslichen Rundblick belohnt, ein Panorama mit fast allen namhaften *Allgäuer Gipfeln* sowie vielen *österreichischen* und *Schweizer* Bergen. Nun beginnt eine phantastische Gratwanderung hoch über dem *Kleinwalsertal* sowie dem *Warmatsgund*- u. *Stillachtal, Ww [Schlappoldalp 5/4 Stdn]*. Über 2 Graterhebungen zum 3. Sattel: vorn li unten die *Breitachklamm*, dahinter *Tiefenbach*. – (Pfadabzweig zur *Alpe Schlappold*.) – Wieder aufw, sehr schön jetzt re die *Mädelegabelgruppe*. Zuletzt stramm hoch zum *Schlappoldkopf* (1968 m). Abermals in einen Sattel u. aufw zum *Schlappoldeck*. Re ab, *Ww [Schlappoldalp]*, meist in Stufen kräftig abw. Vor der *Schlappoldalpe* br Weg re, *Ww*, aufw zum verträumten *Schlappoldsee*. – Empfehlenswerte Umrundung auf Wanderpfad (ca. ½ Std). Beim Blick von Westen: Spiegelung u. a. von *Marchspitze, Öfnerspitze* u. *Gr. Krottenkopf*. – Aufw zur *Station Schlappoldsee* u. Talfahrt.

## „Jägerwinkel"/Tiefenbach – Breitachklamm – Fuchsloch – Hinterenge – „Jägerwinkel"

▨ ⌂ △ ▧ ◪ ▬ ⋒ ⊠ ✱ ⊠

**Weg und Zeit** – 12 ½ km – 3 ½ Stdn.
**Charakteristik** – Großartiger Rundweg durch die einmalig schöne *Breitachklamm* – ein Naturerlebnis ganz besonderer Art. Herrlich auch der Rückweg über die Aussichtsterrasse östl. vom *Engenkopf* mit dem eindrucksvollen Bergpanorama.
**Anfahrt** – Von der B 19 nach *Tiefenbach*: Westabzweig bei *Fischen* über *Obermaiselstein* u. *Hirschsprung* oder Westabzweig nördl. von *Oberstdorf* über *Wasach*. In *Tiefenbach* die *Rohrmooser Str* bis zum *„Jägerwinkel"* (re der Str).
**Parken** – P vorm *Café-Restaurant Jägerwinkel*.

● **Café-Restaurant Jägerwinkel** – Schöne Aussichtslage. Gemütliche Galaräume. Gartenterrasse. Angenehme Atmosphäre. Kreative Küche mit regionalen und internationalen Speisen. Saftige Steaks, Pute, Geflügel, Lamm, Grillgerichte u. v. a. Hausspezialitäten: Hirsch und frische Forellen. Auch Portionen für den kleinen Hunger. Mittl. Preise. – *ÖZ: 11–14 u. 18–22 Uhr. – Ru = Mo, Di.*

● **Der Rundweg** – Vom *„Jägerwinkel"* Str Ri *Rohrmoos* mit weit-
MA reichendem Bergblick. Nach ca. 500 m li ab, *Ww [Breitachklamm]*. Graspfad wieder li (!) zu befest. Weg/ *Rainweg*, re abw, *Ww [Breitachklamm 0,8 km]*. Unten Querstr/ *Sesselweg* li, *Ww*,
OM nach 120 m Weg halbre, *ohne Markierung*, zur *Breitachbrücke* und weiter über den P zum Eingang der

● **Breitachklamm** – Vielleicht die schönste und attraktivste Klamm *Mitteleuropas*. Die *Breitach*, die in *Mittelberg-Baad* durch den Zusammenfluss mehrerer Bergbäche entsteht, hat sich seit der Eiszeit fast 100 m tief in den Schrattenkalk eingesägt. Donnernd und rauschend zwängt sich das Wasser durch schmale Felspassagen, stürzt sich über hohe Stufen, rast in Strudellöchern im Kreise – ein sensationelles Schauspiel! – Im Winter zeigt sich die Klamm völlig verwandelt: Sie gleicht einem märchenhaften Palast aus phantastischen Eisgebilden. – Der etwa 2 km lange, spektakuläre Weg wurde seit 1905 (letztmals 1996) mehrfach erneuert und verbessert. In der Nähe des südl. Eingangs unweit der *Walserschanz* hat sich 1956 durch einen riesigen Felssturz ein langer See angestaut.

● **Der Weiterweg** – Nach der *Ausgangshütte* weiter breitachaufwärts, immer noch eingerahmt von prächtigen Felswänden, immer noch unter mächtigen Felsdächern, z. T. auf einem Brettersteg direkt über den tosenden Wassern. Später Steg über Sei-
MA tenbach, *Ww [Riezlern]*. 100 m danach Steg über die *Breitach*. Über mehrere Seitenbäche, zuletzt über den *Hörnlesbach*.
MW Etwas aufw, Abzweig re, *Ww [Fuchsloch]* u. *[Tiefenbach*

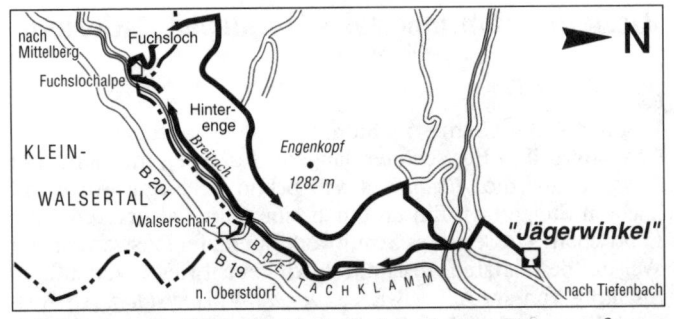

2 ¾ Stdn]. Aufw, Blick wird frei. *Fuchsloch-Alpe*. Bogen aufw, an der oberen Hütte re, *Ww [Tiefenbach 2,5 Stdn]*. Etwas abw, vor der Schlucht li, abw, Steg über den lebhaften *Hörnlesbach*. Treppe, Weg aufw, oben br befest. Weg re, *Ww [Tiefenbach 2 Stdn]*. Herrlicher Panoramaweg mit Blick übers *Kleinwalsertal* zum *Söllereck* und *Fellhorn*. Quasi vis-a-vis die *Walserschanz*. Bemerkenswerte Bergwiesenflora. *Hinterenge* (1060 m). Ger, *Ww [Tiefenbach 6,8 km], [Breitachklamm]*. Später grandioser Blick zurück ins *Kleinwalsertal* mit *Riezlern* und seiner Bergumrahmung. Von unten her hört man aus der Klamm das Rauschen der *Breitach*. Dazu das Läuten der Kuhglocken. Wundervoll! Waldeintritt. Abw, Weg konsequent beibehalten. Mit Blick auf die *Kirche* von *Tiefenbach* u. das *Nebelhornmassiv* mit dem *Rubihorn* zum *Wegweiserkreuz*. Re ab, *Ww [Zum Parkplatz Breit-* MW *achklamm, Kurweg E]*. Der Weg ist schöner u. kürzer als die Straße, allerdings auch steiler. Im Wald kräftig abw zur *Breitachbrücke*. Nun wie Herweg zurück: Nach der Brücke halbli, Querstr 100 m li, *Rainweg* re aufw, *Ww [Jägerwinkel]*. Am Wald- MW rand li über die Wiese, *Ww [Rohrmoos]*, Querstr re/ *Rohrmoo-* MW *ser Str* zur gepflegten Einkehr im *Café-Restaurant Jägerwinkel*.
**Weitere Wanderwege vom „Jägerwinkel"** – Über *Tiefenbach* zum *Geißberg* (1372 m), evtl. Abstecher zur *Falkenberg-Alpe*, Rückweg vor dem *Letzenbach*. – Auf dem *Oberallgäuer Rundwanderweg* nach *Rohrmoos*.

# Riezlern – Rohrmoostal – Hörnlepaß – Riezlern

◧ ◹ ▨ ◪

**Weg und Zeit** – 17 km – 5 ½ Stdn.
**Charakteristik** – Ein schöner, längerer Rundweg mit herrlicher Aussicht auf die *Allgäuer Alpen*. Schön angelegte Wege mit leichten Steigungen führen durch eine zum Teil ursprüngliche Landschaft. Wasserfestes Schuhwerk ist empfehlenswert, da der Weg auf dem letzten Abschnitt durch Feuchtwiesen verläuft.
**Anfahrt** – Von der A 7, AB-Kreuz *Allgäu*, Ri *Oberstdorf,* AB-Ausfahrt *Waltenhofen*, B 19 Ri *Oberstdorf,* über *Sonthofen, Fischen,* nach *Langenwang,* re ins *Kleine Walsertal* abbiegen, bis *Riezlern*. Etwa 400 m nach dem Ortsschild *Riezlern* nach re abbiegen (Bushaltestelle), Ww *[Schwende 1 km]*, abw, über die *Breitach-Brücke* fahren. Wieder aufw, nach der Rechtskehre ger, bergauf bis *Ausserwald*, (2 ½ km). – Bahn/Bus: Vom Hbf *Oberstdorf* mit dem Linienbus nach *Riezlern,* von der Bushaltestelle abw über die Brücke und hinauf über die Rechtskehre bis zum *Straußbergweg*.
**Parken** - Gäste-P beim *Alpengasthof Hörnle-Pass*.
● **Riezlern** – Der Ferienort *Riezlern* (1086 m) hat für seine Besucher einiges zu bieten: die *Pfarrkirche Maria Opferung* (sakrale Feuerstein-Malereien), das *Walser Museum,* ein beheiztes Freizeitbad mit Wasserrutsche, 3-Meter-Brett und Kinderbecken (direkt im Ortszentrum) sowie ein Spielcasino.
● **Der Rundweg** – Vom *Alpengasthof Hörnle-Pass* (1150 m) Ri *Riezlern* 1,8 km bergab wandern, dann scharf li in den *Straußbergweg* einbiegen. Bahn-/Busreisende wandern von der Bushaltestelle direkt in den *Straußbergweg*. Nach etwas längerem, ebenem Teerweg geht es auf einem Feldweg abw. An der Wege-
*MA* gabelung li abbiegen und dem *Ww [Gasthaus Hörnlepaß]* folgen. Im Wald entlang dem *Bächteletobel* weitergehen, den Tobel auf einer Holzbrücke überqueren. Die Holztreppen hinaufsteigen und weiter im Wald aufw wandern. Aus dem Wald nach re
*MW* gehen und dem *Ww [Osterberg]* folgen. Der *Engenkopfweg* verläuft angenehm mit herrlicher Aussicht bis zur *Hinterenge* (1060 m). Hier nach li abbiegen, Ri *[Osterberg],* etwas länger bergauf, nach 600 m an der Wegabzweigung ger, Ww *[Osterberg/Rundweg Engenkopf]* und weiter leicht bergauf bis zur Wegabzweigung,
*MW* Ww *[Rohrmoos]*. Ger auf dem Teerweg bleiben, vorbei an einem Moosgebiet und der *Alpe unter dem Horn* geht es leicht bergab. Nach li abbiegen, Ww *[Rohrmoos],* kurz leicht bergauf. Es geht ein paar Schritte bergab, auf der re Seite liegt die *Scheidthal-Alm*. Nach einem kurzen Anstieg wandert man länger angenehm ins *Rohrmoostal* bergab. Re Hand liegt *Rohrmoos*. Dort kann man eine in der zweiten Hälfte des 16. Jahrhunderts erbaute hölzerne Kapelle mit Fresken des Jüngsten Gerichts besichtigen. Es ist die älteste Holzkirche *Deutschlands*.

Die *Starzlach* überqueren und nach li, *Ww [Hörnlepaß]*, gehen. *MW* Nach ca. 35 Min li abbiegen, *Ww [Hörnlepaß]*, und auf dem Waldweg leicht bergauf wandern. Bei der *Unteren Gatterschwang-Alpe* li abzweigen, in Serpentinen im Wald zum *Hörnlepaß*. Man wandert aus dem Wald heraus bis zur Passhöhe. Oben am Wendeplatz geht man den Weg zuerst re bergab, nach ca. 10 m wieder nach li. Das schöne Tal bis zum *Ww [Gasthaus* *MW* *Hörnlepaß]* hinauswandern und hier nach re abbiegen. Der Grenzstein *Bayern/Österreich* liegt direkt am Weg, bis zum Ausgangspunkt sind es nur noch wenige Schritte. Bahn-/Busreisende gehen wie anfangs beschrieben den Weg bis zum *Straußbergweg* hinunter, hier ger weiter bis zur Brücke über die *Breitach* und aufw zur Bushaltestelle.

● **Alpengasthof Hörnle-Pass** – Herrliche Aussicht, sehr ruhig, einzeln gelegen. Gästezimmer. Großer Parkplatz. Rustikale Gasträume. Terrasse. Gemütliche und familiäre Atmosphäre. Die gehobene, saisonal abwechslungsreiche Küche verwendet Produkte aus heimischer Landwirtschaft. Auch Kinder- und Seniorenteller. Feinschmecker-Menüs. Vesper. Bier vom Fass, offene Weine. Mittlere bis gehobene Preislage. – *Ru = im Sommer Mo, im Winter kein Ru.*

Alpengasthof
# Hörnle-Pass
**87567 Riezlern, Außerwald 1**
**Telefon (0 83 29) 57 07**

- Große Sonnenterrasse
- Hervorragende, individuelle Küche
- Der Chef kocht selbst
- Zimmer mit und ohne Dusche
- Moorbad
- Abenteuerspielplatz

# Riezlern – Kanzelwandbahn – Kanzelwandgipfel – Geologischer Lehrpfad – Riezlern

**Weg und Zeit** - 2 ¾-3 ¼ Stdn - 90 Höhenmeter im Aufstieg von der *Bergstation* (1968 m) zum *Gipfel* (2058 m), 960 im Abstieg.

**Charakteristik** - Der Weg von der *Bergstation* zum *Gipfel* - Tafeln E, 8, 9, 10 - erfordert von der Scharte aus wegen des z. T. losen Gerölls einige Aufmerksamkeit. Vorsicht auch mit Kindern! Dafür ist der Rundblick grandios! Der Abstieg vom Sattel zur *Talstation* (1098 m) auf breitem Weg, vorbei an den *Stationen 8 bis 4* des *Geologischen Lehrpfads* ist unproblematisch, aber ziemlich steil (Skiabfahrtsstrecke).

**Anfahrt u. Parken** - B 19/ 201 nach *Riezlern, Hauptstr/Walserstr* direkt zum P *Kanzelwandbahn* (Parkscheinautomat). - Zum *Brotzeitstüble: Walserstr* weiter, über die *Breitachbrücke*, dahinter *Schwarzwassertalstr* aufw, *Eggstr* re Ri Ortsende.

- **Brotzeitstüble** – Herrliche, ruhige Lage am Ortsrand mit Alpenblick. Komfortzimmer, Ferienwohnungen. Gemütliche Gasträume. Terrasse. Familiäre Atmosphäre. Gutbürgerl. Küche, durchgehend warm bis 21 Uhr. Verlockende Speisekarte, u. a. mit Steaks, Grillteller, Rostbraten, Fisch, Wild, Lamm, Dampfnudeln, Brotzeiten. Spezialität Haxen (auf Vorbestellung). Untere bis mittl. Preise. - *Ru = Winter: Mo, Sommer: Do ganz, Fr bis 17 Uhr.*

- **Geologischer Lehrpfad Riezlern** – Gestaltung im Auftrag des *Verkehrsamtes* u. der *Kanzelwandbahn* von *Dipl. Ing. Horst Tauchmann* u. *Dr. Klaus Schwerd*. - Der *Lehrpfad* beginnt an der *Breitach*, ca. 500 m nördl. der alten *Schwendebrücke*, führt taleinwärts zur alten *Schwendestr*, dann Ri *Riezlern-Ort* und hinauf zum *Kanzelwandgipfel*. Er ist in beiden Ri begehbar, die Nummerierung der *10 Tafeln* erfolgt von unten nach oben. *Einführungstafeln* (E) befinden sich am Weganfang sowie an der *Tal*- u. an der *Bergstation* der *Kanzelwandbahn*. Die informativen *Lehrtafeln* stehen zumeist direkt am Wegrand. Auf *3 Tafeln* etwas abseits vom Hauptweg wird eigens hingewiesen. - Auf diesem *Lehrpfad* ist es möglich, praktisch in 3 Stunden vom „ehemaligen" *Europa* (die Gesteine an der *Breitach*) durch einstige Tiefseebereiche bis nach *Afrika* (Gesteine in Ri *Kanzelwand*) zu gelangen.

*MA*
- **Kanzelwand Bergstation – Gipfel – Sattel** - ¾-1 Std - Großartiger Rundblick bereits von der *Bergstation*. *Tafel E*. Mit Ww *[Kanzelwand-Gipfel]* östl. abw in einen Sattel. *Tafel 8*. Strammer Anstieg zur Scharte. *Tafel 9*. Tolles Panorama im Osten u. Südosten, dominierend *Trettachspitze* u. *Mädelegabel*. Steiniger Steig zum Gipfel. *Tafel 10*. Einmalig schönes Alpenpanorama, u. a. mit *Hammerspitze, Hochgehrenspitze, Schüsser, Widderstein, Zitterklapfen, Walmendingerhorn, Didamskopf, Hoher Ifen, Gottesackerplateau, Nagelfluhkette, Hörnergruppe*. Gleicher Weg zurück zum Sattel.

*Wandern...*
*...und Einkehren im Allgäu*

*oben: Guggersee mit Trettach, Mädelegabel,
Hochfrottspitze und Bockarkopf
unten: Allgäuer Hauptkamm mit Trettach*

*oben: Einödsbach mit Mädelegabelgruppe*
*unten: Gratwanderung im Fellhorngebiet*

oben: Bergwanderer mit Blick auf die Höfats
unten: Unterwegs in Gerstruben bei Oberstdorf

- **Sattel – Zwerenalpweg/Geopfad – Talstation/ Riezlern –** 2-2 ¼ Stdn – Mit *Ww [Zwerenalpweg nach Riezlern]* abw. Rechtsbogen oberhalb der *Hütte Adlerhorst* abw, im Vorblick *Schüsser* u. *Kuhgehrenspitze*. Unterquerung *Zwerenalplift*. Neben dem *Zwerenbach* abw. Stauweiher: *Beschneiungsanlage Kanzelwand, Pumpstation Obere Zwerenalpe*. Kl Wasserfall. Gabel ger, *Lehrpfad*, weiter stramm abw. *Tafel 7*. Re oben: *Untere Zwerenalpe* u. *Marienkapelle*. Wo der Weg nach re abbiegt, befindet sich li drüben, am oberen Rand der *Zwerenbachschlucht*, *Tafel 6*. Auffällig die neue *Beschneiungsanlage* (1997). Direkt unter der *Kabinenbahn* Pfädchen scharf re (2 Min) zur *Tafel 5, Reiselsberger Sandstein*, Schichtprofil direkt am Felsen. Ziemlich unten im Wald Pfädchen zu einer kl Staustufe des *Zwerenbachs*. *Tafel 4, Rhenodanubischer Flysch* mit Schichtprofil *Ofterschwanger Schichten*. Schließlich zurück zur *Talstation*. Dort *Tafel E (Einführungstafel)*. – Weiterweg zum Beginn/ Ende des *Lehrpfades, Tafeln 3, 2, 1* u. *E*, ca. ¾ Std.
- **Weitere Rückwege Bergstation – Riezlern –** 1) Zum *Gundsattel*, dann auf Weg *[446]* über die *Riezler Alpe* – 2-2 ¼ Stdn. – 2) Zum Sattel zwischen *Schüsser* und *Kuhgehrenspitze* – *Außerkuhgehrenalpe – Nebenwasser – Riezlern* – 3-3 ½ Stdn.
- **Kanzelwand – Fellhorn – Söllereck** – 3-3 ½ Stdn – Mit Kombiticket: Bus von *Oberstdorf – Kanzelwandbahn – Söllereckbahn –* Bus zurück.

MW

»*Brotzeitstüble*«

**Familie Heim
Eggstraße 31
D-87567 Riezlern/Kleinwalsertal
Tel. 0 83 29 / 62 68
Fax 0 83 29 / 6 26 84**

*Gemütliche Galsträume • Deftige Brotzeit • Walser Spezialitäten •
Großer Parkplatz • Ferienwohnungen • Skilift und Loipe am Haus.*

Ruhetag im Winter: Montag,
im Sommer: Donnerstag und Freitag bis 17.00 Uhr

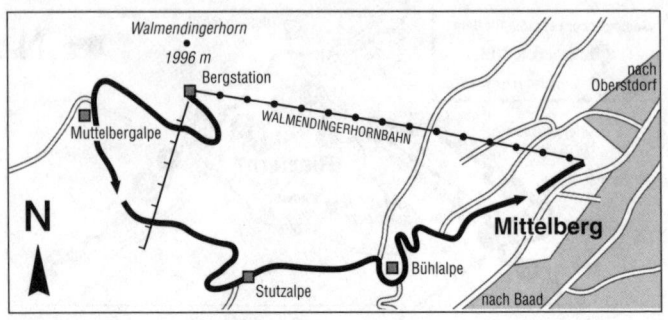

## Mittelberg – Walmendingerhornbahn – Gipfel – Stutzalpe – Bühlalpe – Mittelberg

**Weg und Zeit** – ca. 2 ¼–2 ½ Stdn – ab *Bergstation* ca. 60 Höhenmeter im Aufstieg, ab *Gipfel* ca. 800 im Abstieg.

**Charakteristik** – Nach dem kurzen Aufstieg zum Gipfel genießt man ein sagenhaft schönes *Alpenpanorama*, u. a. mit *Widderstein, Hoch-Ifen, Gottesackerplateau*, mit *Söllereck, Fellhorn, Kanzelwand*, mit *Grünten, Nebelhorn* und der Gipfelflur des *Oberallgäus*. *Baad*, tief unten am Eingang zum *Hochalppass*, sieht aus wie ein Spielzeugdorf. Auch der Abstieg ins Tal gewährt immer wieder prächtige Ausblicke.

**Anfahrt u. Parken** – B 19/ 201 über *Riezlern* u. *Hirschegg* nach *Mittelberg*. Gr ℙ bei der *Walmendingerhornbahn* (Parkschein).

● **Mittelberg** – Ferienort mit beachtenswerter *Kirche St. Jodok*, 14./15. Jh., mit Fresken u. Schnitzwerk aus der Erbauungszeit.

MA
● **Der Rundweg** – Nach der Rückkehr vom *Gipfel* (1996 m) dem *Ww [Stutzalpe, Bühlalpe]* folgen. Abw, Rechtsbogen, *Ww*, abw, Linksbogen. Ger, *Ww*, Blickri *Widderstein*. Linksbogen in den Wald. Schöner Weg mit eindrucksvollen Bergpanoramen. Hanglängs, Linksbogen, Blickri *Schüsser, Hammerspitze, Zwölfer, Elfer, Geißhorn*. Serpentinen abw, laufend wechselnde Bergszenerien. Herrlich! *Stutzalpe* (1500 m), ÖZ: Anfang Juni bis 21.9. Mit *Ww* weiter zur *Bühlalpe* (1422 m), *Berggasthof*. Auch *Mini-*
MW *Bühl* mit Selbstbedienung. Re vorbei, *Ww [Mittelberg-Dorf, Talstation 30 Min]*. Befest. Weg, Linksbogen, Blickri *Geißhorn*, dann *Elfer, Zwölfer*. Gabel li, viele Ruhebänke! Serpentinen abw. Schöner Blick auf *Mittelberg*. *Maisäß* Nr. 2. Scharf li und zurück zur *Talstation* (1200 m).

● **Weitere Wanderwege vom Walmendingerhorn** – 1) *Obere* u. *Untere Lüchlealpe – Baad – 2 Stdn*. – 2) *Starzelalpe – Baad – 3 Stdn*. – 3) *Starzelalpe – Starzeljoch – Grünhorn – 2 ½ Stdn*. – 4) *Ochsenhoferscharte – Schwarzwasserhütte – Auenhütte – 4 Stdn*. – 5) *Walmendingeralpe – Auenhütte – 1 ½ Stdn*, u. v. a. m.

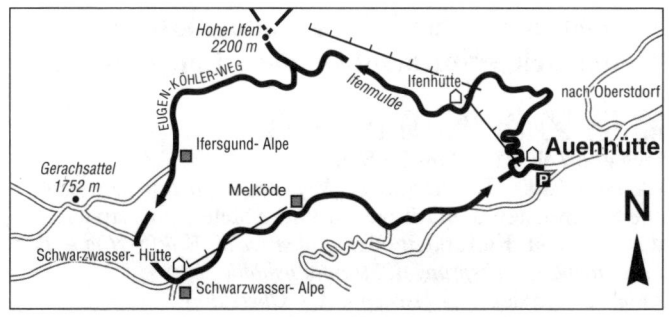

## Auenhütte – Hoher Ifen – Ifersgund-Alpe – Schwarzwasser-Hütte – Melköde – Auenhütte

**Weg und Zeit** – 12 km – 6 Stdn.
**Charakteristik** – Ein schöner Rundweg, der Trittsicherheit und Kondition verlangt. Belohnt wird der Wanderer durch die großartige Aussicht sowie die prächtige Flora und Fauna.
**Anfahrt** – A 7, AB-Kreuz *Allgäu* Ri *Oberstdorf*, Ausfahrt *Waltenhofen*, B 19 Ri *Oberstdorf*, über *Sonthofen, Fischen*, nach *Langenwang*, re ins *Kleine Walsertal* abbiegen, bis *Riezlern*. Am Ortsende über *Breitach-Brücke*, danach re abbiegen (Bushaltestelle), *Ww [Ifen]*. Aufw, dem *Ww [Ifen]* bis *Auenhütte* folgen. – Bahn/Bus: Vom Hbf *Oberstdorf* mit Linienbus nach *Riezlern* (Post), weiter mit *Ifenbus* zur *Auenhütte*.
**Parken** – Gebührenpflichtiger Gäste-P bei der *Auenhütte*.
● **Der Rundweg** – Von der *Auenhütte* führt der Weg mit *Ww [Ifenhütte]* aufw bis zur *Ifenhütte* (1592 m). Man geht den etwas steileren Weg re aufw, *Ww [Hoher Ifen]*. In der *Ifenmulde* folgt man den Felsmarkierungen *[Rot-Gelb]* bis zur Weggabelung. Mit *grün-rotem Ww [Hoher Ifen]* nach li gehen, ab hier Markierung *[Rot]* folgen. Mit *Ww [Bergadler]* nach li, *ohne Markierung*. *Ww [Hoher Ifen]* nach li folgen und über Geröllfeld hoch zur *Ifenmauer, Ww [Ifen]*, li. Drahtseilgesichert geht es steil aufw bis zur *Ifenplatte*, nach re gehen! Mit *Ww [Ifen-Gipfel]* aufw bis zum Gipfel (2230 m). Gleichen Weg zurück bis *Ww [Schwarzwasserhütte]*. Über Grashang nach re abw zur westlichen *Ifenwand*. Über drahtseilgesicherten Mauerdurchstieg in den *Alpkessel* hinabsteigen und auf dem *[Eugen-Köhler-Weg]* bis zur *Ifersgund-Alpe* weiterwandern. Vom *Ww [Schwarzwasserhütte]* bis zum *Ww [Gerachsattel]* wandern. Hier ger zur *Schwarzwasserhütte* (1651 m) und nach li bergab. Über Holzbrücke, am Bach entlang, danach abw im Tal bis zur *Alpe Melköde*. Auf schönem, fast ebenem Weg das Tal hinauswandern. Bei der Weggabelung li leicht aufw, *Ww [Auenhütte]*, bis P.

*MA*
*MW*
*MW*
*MW*
*MW*
*MW*
*MW*
*MW*
*MW*
*MW*

## Langenwang – Jägersberg – Judenkirche – Tiefenbach – Sturmannshöhle – Langenwang

**Weg und Zeit** – 12 ½ km–3 ½ Stdn.
**Charakteristik** – Ein herrlicher Weg, der nicht nur landschaftliche Schönheiten u. prächtige Ausblicke bietet, sondern auch zu den Natur- u. Kulturkleinoden *Judenkirche, Vojkffy-Höhle, Barbarakirche, Hirschsprung* u. *Sturmannshöhle* führt.
**Anfahrt** – An der B 19 *Fischen i. A. – Oberstdorf.*
**Parken** – Gr P *Gasthof-Café Besler zum Dorfwirt.*

● **Der Rundweg** – Vom „*Besler*" neben der B 19 ortsauswärts. Hinter der hübschen *St.-Antonius-Kapelle* vorbei. *Jägersberger Weg* re. – (Kurz danach *LM [31]* re, nur bei trockenem Wetter.) – Ger aufw, herrliches Alpenpanorama mit *Oberstdorf* u. den *Sprungschanzen*. Bogen aufw nach **Jägersberg,** Name vom Leibeigenen *Ulrich Jäger* des *Frhrn. v. Königsegg*, urkundl. 1361 als *Bischofsberg* genannt, ab 1554 als *Auffm-Berg* bekannt. Gilt als schönster *AP* für den Blick auf *Oberstdorf* mit der *Mädelegabel-*
MA *gruppe* im Hintergrund. Am *Gasthof* vorbei zur Gabel, li, *Ww [Judenkirche–Tiefenbach]*. Unterhalb von einem Bauernhof li ab, *Ww [Judenkirche – Wasach – Tiefenbach]*, auch *LM [31]*. Mooriger Wiesenpfad. Romantische Erdschlucht. Wiese, Bachsteg, Waldpfad aufw, eben. Gabel halbre, *Ww [Judenkirche]*. – (Halbli mit *Ww [Wasach]* = kürzer u. bequemer.) – Steiniger Weg aufw, vor einer Felswand re zur *Judenkirche*. Ein natürliches Felsentor, einer der imposantesten Felsenbögen Deutschlands aus Schrattenkalk von 1–2 m Stärke, ca. 10 m breit, ca. 6 m hoch. Der chorartige Raum hinter dem Bogen diente bei Kriegswirren den Einheimischen als Zuflucht und erhielt den Namen „In der Kirche". Der Wortteil „Juden" bleibt rätselhaft, weil es hier kaum je Juden gab. Der Abstieg auf der anderen Seite ist wegmäßig bes-
OM ser. Unten, oberhalb der *Kurklinik Wasach*, ohne Markierung re. Toller Blick auf *Oberstdorf*. Serpentinen abw u. unter Felsen hanglängs. Schließlich am Fuß des mächtigen, senkrechten
MA *Jehlefelsens* entlang. Gleich oberhalb des *Vojkffy-Wegs* eine **Steinzeithöhle,** entdeckt 1935 von dem Vorgeschichtsforscher *Christoph Graf Vojkffy*, Sproß eines ungarischen Adelsschlechts. Es handelt sich um den ältesten Wohnplatz des *Allgäus* aus der mittl. Steinzeit (um 10000 v. Chr.), und zwar am Rande eines Sees, der damals das ganze *Tiefenbacher Tal* bedeckte. Auf dem *Vojkffy-Weg* südl. des *Ochsenberges* mit schönem Vorblick abw nach **Tiefenbach**. Li am Weg die *Kirche St. Barbara*, 1458 als *Marienkapelle* geweiht, Chor 1504, Umbau Turm 1892.
OM Vorm *Friedhof* re, *Greitweg,* Panoramaweg *OM* oberhalb des Ortes. Bei Einzelhaus Linksbogen abw, vor *Gästehaus Gschwen-*
MA *der* re bis Fahrstr. Mit *Ww [Sturmannshöhle]* Fußweg neben der

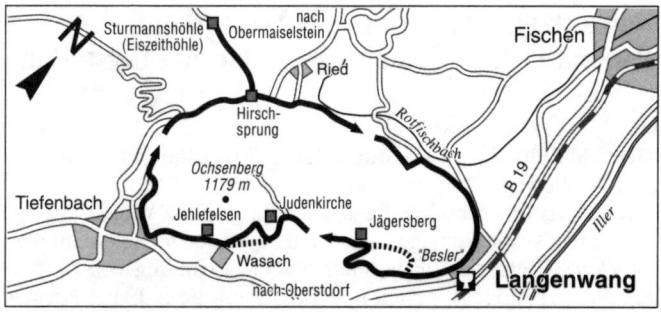

Str zum **„Hirschsprung"**. Große Felspassage mit hohen, steilen Wänden. Darin eine Christusstatue. Sofort li ab, *Ww,* aufw über mehrere kl Bäche zum Kassenkiosk. Schöner Blick auf *Obermaiselstein, Ober-* u. *Niederdorf,* im Hintergrund der *Grünten.* Aufw zur sagenumwobenen **Sturmannshöhle** im Schrattenkalk am Nordhang des *Schwarzenbergs.* Entdeckung und Begehungsversuche im 19. Jh., Erschließung 1904/05 u. 1906/07. Heute kann der Besucher auf gut gesichertem Weg und über ca. 180 Stufen 360 m weit durch mehr als 600 000 Jahre alte Gesteinsformationen in die faszinierende Welt der großen Eiszeit vordringen. *ÖZ:* Mitte Mai bis Mitte Okt. mit Führungen: Di–So, 9.30–16 Uhr. Zurück zum *„Hirschspung".* Neben der Str li, am Linksbogen halbre, *Ww [Maderhalm].* Nächster Abzweig re, *Ww [Langenwang].* Abw, durch den Wald. Später schöne Ausblicke. An Linksbogen Graspfad weiter, *Ww,* nach *Landhaus Math* li, befest. Weg re, *Ww. Lochleiterweg,* unten Kreuzung re, vorm Trafoturm Pfad halbre, Ortsrand re, *Kipfelerweg* li, *Ww* zum

● **Gasthof-Café-Besler** – Komfortzimmer. Gemütliche Gasträume. Terrasse, Biergarten. Behagliche Atmosphäre. Ideenreiche gutbürgerliche Küche. Neben den klassischen Speisen auch viele Spezialitäten, u. a. Straußensteak, Angus-Rind, Wild, Schüssel- und Nudelgerichte. Fisch, Pute, Huhn. Warme und kalte Brotzeiten. Grillabende mit Musik (Sommer). Untere bis mittlere Preise. – *Ru = Mi.*

## GASTHOF – CAFÉ
## *Besler*
### Zum Dorfwirt

**87538 Langenwang (nähe Bahnhof)
Telefon 0 83 26/71 93**

*Das gemütliche Lokal mit empfehlenswerter Küche
– Komfort-Appartements –*

**HOTEL – PENSION Müller**
Schellenbergstr. 9, 87561 OBERSTDORF, Tel. 0 83 22/44 82, Fax 8688
Familiär geführtes Haus – Alle Zimmer mit DU/WC, Balkon, TV und Telefon

## Bolsterlang – Hörnerhaus – Weiherkopf – Panoramaweg – Rangiswanger Horn – Bolsterlang

🖼 ⌐ ⌂ ❋ ❋

**Weg und Zeit** – 12 km – 5 Stdn – davon 700 Höhenmeter im Auf- und Abstieg und 1 ½ km Talweg.

**Charakteristik** – Eine längere abwechslungsreiche Wanderung mit herrlichen Ausblicken, die auch verkürzt werden kann, indem man die *Hörner-Bahn* als Aufstiegshilfe nutzt (Verkürzung ca. 1 Std).

**Anfahrt** – Auf der A 7 nach *Kempten,* dann die B 19 bis *Fischen,* hier re nach *Bolsterlang.*

**Parken** – Gäste-P *Restaurant Hornstüble* oder kostenlos an der *Hörner-Bahn.*

● **Bolsterlang** – Die Gemeinde *Bolsterlang* (892 m) findet erstmals Erwähnung in der Chronik durch die *Burg Untermühlegg.* 1277–1291 lebte dort *Heinrich von Milegg.* Daneben werden auch die Burgen in *Gundelsberg* und *Kierwang* erwähnt. Der Name *Bolsterlang* taucht außerdem im 16. Jh. in Zusammenhang mit der Glocke in der *St. Ottilienkapelle* in *Bolsterlang* auf. Die Glocke hängt heute noch im Turm mit der Aufschrift „mich hat gosen Hans Frei zu Kembten 1580". Ab 1920 wird *Bolsterlang* als Skigebiet bekannt. Die Gemeinde lebt heute hauptsächlich von der Landwirtschaft und dem Fremdenverkehr.

● **Bolsterlang – Berggasthof Hörnerhaus** (1362 m) – 1 ½ Stdn – Vom *Restaurant Hornstüble* zum P der *Hörner-Bahn.* Hier trifft man die Entscheidung, ob man mit der Bahn fährt oder zu Fuß geht. Zu Fuß: Vom P Ri *Alpe Ornach.* Man geht unter der Sesselbahn durch und folgt dem Weg aufw. Abzweig li oder ger zum *Hörnerhaus.* An der *Alpe Ornach* vorbei. Weiter oben ist die Mittelstation der *Hörner-Bahn.* Darüber befindet sich das *Hörnerhaus.*

● **Berggasthof Hörnerhaus** – Mit einem reichhaltigen Speiseangebot möchte die Küche den Gast verwöhnen. Das Haus hat eine unvergleichliche Sonnenterrasse. Sie ist ganz aus Holz und bietet einen grandiosen Blick ins Tal. Eine gemütliche und urige Atmosphäre umfängt den Gast während seines Aufenthalts. – *ÖZ wie Hörner-Bahn-Betrieb.*

● **Berggasthof Hörnerhaus – Weiherkopf – Panoramaweg – Rangiswanger Horn – Kahlrücken-Alpe – Kierwang – Bolsterlang** – 3 ½ Stdn – Auch hier kann man wieder abkürzen, indem man

*MA* die Bahn nimmt. Zu Fuß: Vom *Hörnerhaus* in Ri *[Berghaus Schwaben].* Der Weg zieht sich nach oben bis zum Grat. Re auf Gratweg zum *Weiherkopf* (1665 m). Man hat hier einen schönen Blick ins *Bolgental* und einen herrlichen Rundblick. Jetzt mit

*MW* Ww auf den *Panoramaweg.* Man wandert nun direkt auf das *Rangiswanger Horn* zu. Auf dem breiten *Panoramaweg* voranschreitend genießt man die Stille der Bergwelt. An Abzweigung ger und bergan zum *Rangiswanger Horn* (1615 m). Über den Gip-

fel und auf der anderen Seite hinunter. An der Kreuzung re ins Tal nach *Bolsterlang*. Vorbei an der *Sigiswanger Hornalpe*. Der Weg führt stets abw zur *Kahlrücken-Alpe*. Hier re mit Ww *[Hörner-Bahn-Talstation]*. Abzweigung li auf Fußweg mit Ww *[Kierwang, Bolsterlang]*. An Abzweigung ger. Man kommt über eine Brücke. Nächste Abzweigung re, Ww *[Hörner-Bahn]*. Wieder re, dann li und nochmals über den Bach, zurück nach *Bolsterlang* und zum Ausgangspunkt in die *Hörnerstr* zum

● **Restaurant Hornstüble** – Ein gemütliches Restaurant mit einem Aquarium als Besonderheit im gemütlichen Gastraum. Neben der regionalen Küche gibt es als Spezialität Fleisch mit Käse kombiniert in allen Variationen. Auch Kinder- und Seniorenteller. Bier vom Fass. Mittlere Preise. – *Ru = Mo*.

### Willkommen im Hörnerhaus! Es erwarten Sie:

eine der schönsten Panoramaterrassen des Oberallgäus.
Allgäuer Spezialitäten
eine gepflegte Getränkeauswahl
bayerische Bierspezialitäten
und alles zu zivilen Preisen
außerdem kostenloser Liegestuhlverleih
Übernachtungsmöglichkeiten bis zu 130 Pers.
Feiern u. Festlichkeiten aller Art auf Anfrage
Seminar- und Schulungsräume vorhanden

**Hörnerhaus 1362 m**
**Telefon 0 83 26-6 39**
**Telefax 0 83 26-83 22**
**87538 Bolsterlang**

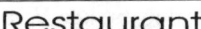

Hörnerstr. 1a
87538 Bolsterlang

Montag`s Ruhetag

Durchgehend warme Küche

## Balderschwang – Obere Wilhelmine-Alpe – Bleicherhorn – Höllritzereck – Dreifahnenkopf – Balderschwang

**Weg und Zeit** – 18 km – 6 Stdn – davon 650 Höhenmeter im Auf- und Abstieg und 3 km Talweg.
**Charakteristik** – Eine großartige Bergwanderung mit Blick über viele *Allgäuer Alpengipfel* und an schönen Tagen bis zum *Bodensee*.
**Anfahrt** – A 7 bis *Kempten,* dann B 19 Richtung *Oberstdorf,* in *Fischen* re über den *Riedbergpass* (Deutschlands höchste Passstraße mit 1407 m) nach *Balderschwang.*
**Parken** – Gäste-P *Gasthof-Hotel Hubertus,* Gäste-P *Gaststätte Sonneck,* sonst am Ortsrand P für DM 5,-/Tag.

- **Balderschwang** – Mit 1040 m *Bayerns* höchstgelegene Gemeinde. „Balder" hieß der erste Bauer, der im 14. Jh. das Tal gerodet („geschwendet") haben soll. Nur im Sommer wagten sich damals die Hirten in das noch unwirtliche Hochtal. Heute ist es ein beliebtes Wander- und Skigebiet.
- **Gasthof Hubertus** – Familiärer, gemütlicher und gepflegter Gasthof. Komfortable Gästezimmer. Die regionale Küche ist anspruchsvoll und bietet als Spezialität Wild und Vollwertgerichte mit Gemüse aus biologischem Anbau. Auch Kinder- und Seniorenteller. Mittlere bis leicht gehob. Preise. – *Kein Ru.*
- **Balderschwang – 2000-jährige Eibe – Obere Wilhelmine-Alpe – Bleicherhorn** – 6 km – Vom *Gasthof Hubertus* oder von der *Gaststätte Sonneck* auf der Hauptstr Ri *Riedbergpass.* Abzweig li, *[3],* bei *Haus Hedwig* Ri *Alpe Wilhelmine.* Auf Teerweg aufw. An Abzweigung ger, *[3].* Li *„Eibe zu Balderschwang".* Sie ist ca. 2000 Jahre alt. Aufw durch Wald an der *Oberen Socher Alpe* vorbei bis zur *Oberen Balderschwanger Alpe.* Abzweig re, *[3],* zur *Alpe Wilhelmine.* Über schöne Almwiesen führt der Weg zur *Oberen Wilhelmine-Alpe.* An der Hütte vorbei zum Grat. Hier re aufw zum Gipfel des *Bleicherhorns* (1669 m). Der Rundblick hier oben ist einmalig.
- **Bleicherhorn – Höllritzereck – Dreifahnenkopf – Balderschwang** – 12 km – Angenehmer, kurzer und breiter Verbindungsweg zum *Höllritzereck* (1669 m) ohne Höhenverlust. Vom *Höllritzereck* geht der Weg bergab, um später wieder zum *Dreifahnenkopf* (1628 m) anzusteigen. Abzweig re, kurz nach dem Gipfel in Ri *Balderschwang.* Von hier Blick auf den Gipfel des *Riedbergerhorns.* Variante über das *Riedbergerhorn* nach *Balderschwang* (ca. 1 Std länger). Der Weg geht abw an der *Jagdhütte Printschen* vorbei. Abzweig am oberen Skilift re, *[3],* nach *Balderschwang.* Hier mündet der Alternativweg über das *Riedbergerhorn* ein. Abzweigung re nach *Balderschwang.* Der Weg trifft auf die Hauptstr, die das Tal durchzieht. Der Fußweg quert

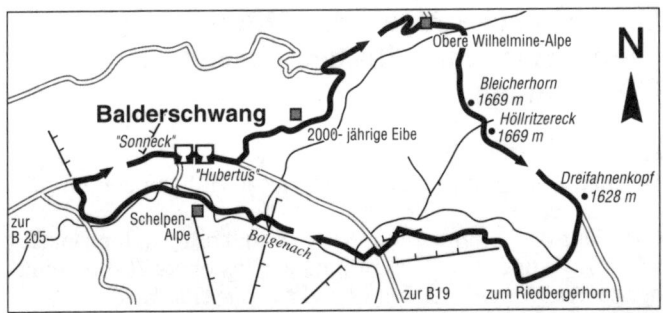

die Str am *Schwabenhof* gleich gegenüber und führt abw zur *Bolgenach*. Vor der *Bolgenach* re immer am Wildbach entlang. An Abzweigung ger. Über die *Bolgenach,* vorbei an der *Schelpenalpe.* Über eine Brücke. Abzweig li Ri Landesgrenze und *Bodenseehütte.* Dann re Ri *Gschwend* zurück zur *Hauptstr.* Hier re bis zur *Gaststätte Sonneck* bzw. zum *Gasthof Hubertus.*

● **Gaststätte Sonneck** – Ein gemütlich-rustikales Restaurant mit sehr schöner Terrasse und Biergarten. Die regionale Küche beinhaltet eine Vielzahl an Fleisch- und Grillgerichten. Kinderfreundliches Haus mit behaglichen Gästezimmern. Tiere erlaubt. Mittlere Preislage. – *Ru = Mo.*

*Wandern & Natur genießen*

…unser kleines, freundlich geführtes Komfort-Hotel im sonnenverwöhnten Allgäuer Hochtal ist hierfür ideal. Ferienz. versch. Preiskateg., FeWo 2–4 Pers., Suite für max. 6 Pers., preisw. »Studentenzimmer« für Gruppen bis 20 Pers., tägl. Sauna. Muntermacher-Frühstücksbuffet, Natur-Küche, Halbpension…

..nähere Infos: **Hotel Hubertus D-87538 Balderschwang Tel. 0 83 28 / 92 00 Fax 0 83 28 / 92 01-0**

Urlaub – aber ganz gemütlich

Gaststätte - Pension

# *Sonneck*

**Familie Büttner
87538 Balderschwang/Allgäu
Telefon 0 83 28/2 52**

Unser ruhig gelegenes Haus bietet den idealen Ausgangspunkt für Wanderungen und Radtouren.
Im gemütlichen Sonneck-Stüberl erwarten Sie besondere Schmankerl, aber auch eine zünftige Brotzeit. Unsere große Sonnenterrasse lädt Sie ein zu Kaffee und Kuchen. Wir freuen uns auf Ihren Besuch!

## Ofterschwang - Alpe Eck - Ofterschwanger Horn - Hornalpe - Buchenschwand-Alpe - Ofterschwang

◩ ◠ ◠ ✥ ✥

**Weg und Zeit** - 8 km - 3 Stdn - davon 540 Höhenmeter im Auf- und Abstieg.
**Charakteristik** - Eine genussvolle Wanderung mit phantastischen Aus- und Rundblicken hinunter ins obere *Illertal*, hinüber zu den *Oberstdorfer Bergen* und zur *Nagelfluhkette*.
**Anfahrt** - Auf der A 7 nach *Kempten*, die B 19 bis *Sonthofen*, bei *Sonthofen* re Abfahrt nach *Ofterschwang*.
**Parken** - Gäste-Ⓟ *Pension Restaurant Alpenhof* oder kostenlos bei *Verkehrsamt* und *Post*.

● **Ofterschwang** (884 m) - Anerkannter Erholungsort in zentraler Lage des *Oberallgäus*. Zur Gemeinde *Ofterschwang* gehören die Gemeinden *Bettenried, Hüttenberg, Muderbolz, Oberzollbrücke, Schweineberg, Sigishofen, Sigiswang, Tiefenberg, Westerhofen* und *Wilenberg*. Eingebettet in die landschaftlich so reizvolle *Hörnergruppe* bietet der Ort unbeschränkte Möglichkeiten für erholsame Wanderungen, sei es durch die Naturschönheiten des *Tiefenberger* und *Ofterschwanger Moores* oder, erreichbar durch bequeme Aufstiege, auf dem *Panoramaweg* der *Hörnergruppe*, dessen weiträumige Aussicht das ganze *Oberallgäu* vor dem Besucher ausbreitet. Die winterliche Erschließung des *Hörnergebietes* durch Skilifte bietet dem Skifahrer abwechslungsreiche und lawinensichere Abfahrten. Seit 1996/97 sind die *Ofterschwanger Hornlifte* absolut schneesicher durch eine Beschneiungsanlage. Im *Tiefenberger Moor* mit Anschlüssen an das Loipennetz der *Hörnergruppe* kommen Skilangläufer und Skiwanderer auf ihre Kosten. *Ofterschwang* wurde 1190 erstmals urkundlich erwähnt. Noch bis ins beginnende 20. Jh. war die Torfgewinnung im heute naturgeschützten *Tiefenberger Moor* ein wichtiger Nebenerwerb der bäuerlichen Bevölkerung. - *Sehenswertes*: *Kath. Pfarrkirche St. Alexander*. Der heutige Bau mit seinem von einer abgesetzten Zwiebelhaube bekrönten hohen Turm wurde - anstelle einer Kapelle - 1755-56 in spätbarockem Stil errichtet. Erwähnenswert sind die aus der Erbauungszeit stammenden Altäre und Schnitzwerke.

● **Ofterschwang - Alpe Eck - Ofterschwanger Horn** - 2 Stdn - Vom *Restaurant Alpenhof* in die *Kirchgasse*, Ri *Dorfstr*. Hier ein kurzes Stück li und dann re in den *Panoramaweg*. Der *Panoramaweg* führt vorbei am *Ofterschwanger Hornlift*. Auf geteertem
MA  Weg weiter aufw. Abzweig li, *[Panoramaweg]*. Der Ausblick auf den *Grünten* mit seinem Sendeturm ist von hier besonders gut.
MW  Im Wald li Ri *[Allg. Berghof]*. An Abzweigung ger, *[Panoramaweg 1, 5]*, dann li. Der Wald wechselt immer wieder ab mit Alm-

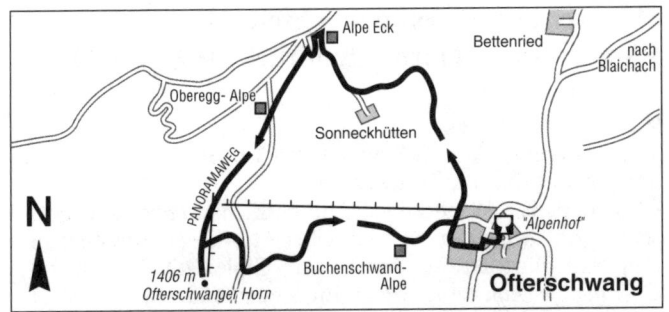

wiesen und im Sommer ist weithin liebliches Kuhgeläut zu hören. An Abzweigung mit *[Hörnerweg]* re. Vorbei an der *Alpe Eck* erreicht man den *Allg. Berghof.* Bei nächster Abzweigung li, *[Hörnertour]*. Der Weg zieht sich nun am Grat nach oben, vorbei an der *Alpe Oberegg*. Der Blick zur *Nagelfluhkette* ist hier großartig. Weiter oben kommt li die *Hornalpe*. Im Hintergrund sieht man das Gipfelkreuz vom *Ofterschwanger Horn* (1406 m). Vom Gipfel herrlicher Rundblick.

MW

MW

● **Ofterschwanger Horn – Hornalpe – Buchenschwand-Alpe – Ofterschwang** – 1 Std – Vom Gipfel führt der Weg zurück zur *Hornalpe*. Hier direkt re abw, *Ww [Ofterschwang]*. Kurz unterhalb geht's vorbei an der *Buchenschwand-Alpe*. Der Weg führt durch Wald und über Wiesen immer abw. Am Ortseingang re, an Gabelung li, ger bis Str auf Hauptstr trifft. Hier li und in nächster Seitenstr re, diese führt zum *Panoramaweg* in *Ofterschwang* und zurück zum *Restaurant Alpenhof.*

MW

● **Restaurant-Pension Alpenhof** – Das rustikal eingerichtete Restaurant verwöhnt seine Gäste mit einer großen Auswahl an Allgäuer Spezialitäten. Die gut bürgerliche Küche verwertet ausgewählte heimische Produkte. Behagliche Gästezimmer, Ferienwohnungen. Gartenterrasse und Biergarten. Gemütliche Bauernstube mit Kachelofen. Auch Kinder- und Seniorenteller. Mittlere Preise. – *Kein Ru.*

Restaurant – Pension
Sonnenterrasse

# Alpenhof

Wir verwöhnen Sie mit gut bürgerlicher Küche und Allgäuer Spezialitäten aus heimischen Produkten.

Familie Schreiner
Am Tobel 1
D-87527 Ofterschwang

Telefon 0 83 21/25 80
Telefax 0 83 21/6 56 23

## Ofterschwang – Fahnengehren-Alpe – Rangiswanger Horn – Kahlrücken-Alpe – O.

◩ ◠ ◬ ❈ ❈

**Weg und Zeit** – 9 km – 4 Stdn – davon 750 Höhenmeter im Auf- und Abstieg und 1 km Talweg.
**Charakteristik** – Wandern auf dem herrlichen *Panoramaweg* mit seinen großartigen Ausblicken. Über Almwiesen mit ihrer Blütenpracht führt der Weg hinauf zum Gipfel mit Blick über die *Oberallgäuer Alpen* und weiter. Ein steiler Aufstieg.
**Anfahrt** – Auf der A 7 nach *Kempten,* dann auf der B 19 bis *Sonthofen,* bei *Sonthofen* Abfahrt nach *Ofterschwang.*
**Parken** – Gäste-P *Landhaus Montana* oder kostenlos bei *Verkehrsamt* und *Post.*

● **Ofterschwang – Fahnengehren-Alpe – Rangiswanger Horn –**
2 ½ Stdn – Vom *Landhaus Montana* in die *Kirchgasse.* Von dort zur *Dorfstr,* hier li und gleich wieder re in den *Panoramaweg.* Abzweig li Ri *[Rangiswanger Horn].* Auf Feldweg aufw. An
MA Abzweigung re und dann ger. Nächste Abzweigung re und dann li bergan. Der Weg führt hier abwechselnd durch Wald und über Almwiesen. Vorbei an der *Buchenschwand-Alpe* mündet der Weg bei der *Hornalpe* weiter oben in den *Panoramaweg.* Abzweig li zur *[Fahnengehren-Alpe].* Die *Fahnengehren-Alpe* liegt prachtvoll
MW neben dem *Panoramaweg* und lädt bei einem Glas Milch und etwas Bergkäse zum Verweilen ein. Auf *Panoramaweg* weiter unterhalb des *Sigiswanger Hornes* entlang. Der Gipfel des *Sigiswanger Hornes* ist bewaldet. Es führt kein Weg hinauf und er kann nicht bestiegen werden. Der Weg kommt nun an eine Wegkreuzung. Re sieht man das *Rangiswanger Horn.* Re steil aufw bis zum Gipfel des *Rangiswanger Hornes* (1616 m). Ein großartiger Rundblick ist der Lohn für den mühevollen Aufstieg. Der Blick streift das obere *Illertal* mit *Oberstdorf.* Re daneben sieht man den imposanten *Allgäuer Hauptkamm* mit dem sog. *„Allgäuer Matterhorn",* die *Trettach.* Sie und die anderen Gipfel im *Allgäuer Hauptkamm* sind alle um die 2600 m hoch. Und wenn man sich umdreht, sieht man bis zum *Säntis,* einem Zweieinhalbtausender in der *Schweiz.*

● **Rangiswanger Horn – Kahlrücken-Alpe – Ofterschwang –**
1 ½ Stdn – Entweder geht man denselben Weg wie beim Aufstieg zurück bis zur Wegkreuzung oder man macht eine sog. Überschreitung und eine Umrundung und kommt dann auch zurück zur Wegkreuzung. An der Wegkreuzung mit *Ww* re Ri *[Bolsterlang].* Der Weg führt abw vorbei an der *Sigiswanger Hornalpe.* Die nächste Alpe ist die *Alpe Schwend.* Die Almwiesen sind hier im Sommer eine wahre Augenweide mit all den bunten Alpenblumen. Speziell den Frühsommer mit seiner Alpenrosen-
MW blüte sollte man nicht versäumen. Der Weg stößt weiter unten

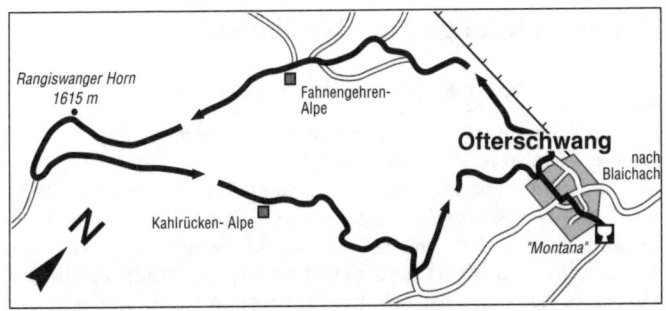

auf die *Kahlrücken-Alpe*. An Abzweigung li. Hier beginnt der *Alpweg Kahlrücken-Alpe*. Er wurde 1993 erbaut und führt als geteertes Sträßchen abw ins Tal. Mit *Ww* li Ri *[Ofterschwang]*. An Abzweig li, dann li ein kurzes Stück aufw, re. Am *Haus Herz* re und hinein nach *Ofterschwang* zum *Landhaus Montana*.

● **Hotel-Café-Pension Landhaus Montana** – Ruhig und sonnig am Ortsrand gelegen. Komfortable Gästezimmer, Sauna, Solarium, Hallenbad im Hotel. In gepflegter Atmosphäre wird gehobene regionale Küche serviert. Bratenspezialitäten aus eigener Schlachtung. Auch Kinder- und Seniorenteller. Terrasse mit Blick auf die *Allgäuer Berge*. Mittlere bis gehobene Preise. – *Kein Ru*. *MW*

**LANDHAUS MONTANA**

Familie Vierkorn
87527 Ofterschwang • Kirchgasse 18
Telefon 0 83 21/35 46 • Telefax 0 83 21/8 87 51

## Ofterschwang

mit seinen Ortsteilen Bettenried, Hüttenberg, Muderbolz, Oberzollbrücke, Sigishofen, Sigiswang, Schweineberg, Tiefenberg, Wielenberg und Westerhofen.

Weiträumiges Wandergebiet im Bereich des Tiefenberger Moores und dem Hörnergebiet. Urlaub und Erholung zu allen Jahreszeiten. Herstellung und Verkauf von Butter, Emmentaler- und Bergkäse in den Sennereien Hüttenberg und Schweineberg.

**Auskunft und Information: Gemeinde 87527 Ofterschwang
–Verkehrsamt– Rathaus in Sigishofen,
Tel. 0 83 21/8 90 19 und 8 21 57, Fax 0 83 21/8 97 77**

# Rundwanderungen um Sonthofen

◩ ◠ ◠ ▨ ▨ ◪ ▨ ▨ ▨ ▦

**Anfahrt** – An der B 18. – Bahnlinie *Kempten–Oberstdorf.*
**Parken** – Mehrere P in der Innenstadt.
● **Sonthofen** – Die zwischen *Iller* und *Ostrach* gelegene südlichste Stadt *Deutschlands* wurde erstmals im Jahre 839 n. Chr. urkundlich erwähnt. *Kaiser Sigismund* verlieh ihr 1429 das Marktrecht und die Hochgerichtsbarkeit, zur Stadt wurde der Ort allerdings erst 1963 erhoben. Im weiten Rund von den *Allgäuer Hochalpen* umgeben, bietet diese geographische Lage ein aus medizinischer Sicht günstiges Hochgebirgsklima. So sind *Sonthofen* und sein Ortsteil *Altstädten* staatlich anerkannte Luftkurorte. – Infolge der jahrhundertelangen Abgeschiedenheit hat sich ein bis auf heidnische Wurzeln zurück reichendes Brauchtum erhalten, so das alle drei Jahre stattfindende *Eggaspiel*, das *Funkenfeuer* am ersten Sonntag nach Fastnacht und das *Klausentreiben* am 5./6. Dezember. – Die 1945 zerstörte *kath. Pfarrkirche St. Michael* wurde in ihrer barocken Erscheinung von 1738–41 wieder aufgebaut. Beachtung verdienen die vier *Kirchenväter* am Hochaltar von *Anton Sturm* (1748/49) und ein Relief der Hl. Familie von *Daniel Mauch,* um 1515–20. In der *Friedhofskapelle* von 1825 befinden sich zwei *Altarflügelbilder* aus der *Allgäuer Schule,* um 1520–30. Das *Heimathaus* genannte *Heimatmuseum* gewährt einen Einblick in die ehemalige bürgerliche und bäuerliche Wohnkultur, in traditionelle Arbeitsstätten und zeigt Gegenstände des Brauchtums. – Die zahlreichen Rundwanderwege der Ferienregion zeichnen sich vor allem durch herrliche Aussicht aus.
● **Rundwanderung 1: Burgberg – Grünten – Burgberg** – 8 km – 4 Stdn – 1000 m Höhendifferenz – Die *Grüntenstr* aufw bis zur Sporthalle, in den Wald, die *Mautstraße* queren, aufw zum *Wurstbach*. Diesem folgen bis zum Viehgatter und den Alpweiden. Mit *[Roter Markierung]* zum *Grüntenhaus*. Von dort Wiesenhänge li aufw, im Wald im Rechtsbogen zum Sender. Weiter aufw zum *Übelhorn* (= *Grüntengipfel* auf 1738 m). Abstieg: Zurück zum *Grüntenhaus,* li vom Haus aufw zu einem Sattel, dann abw auf Direktweg nach *Burgberg*. [MA]
● **Rundwanderung 2: Westerhofen – Ofterschwang – Alpe Eck – Westerhofen** – 10 km – 4 ½ Stdn – 550 m Höhendifferenz – Auf Fahrstraße 150 m Ri *Ofterschwang*, li ab zur *Kapelle*, mit *Ww [Wittelsbacher Höhe]* dorthin. Nach Abstecher auf die Höhe mit *Ww [Café Maier]* abw bis zu alleinstehendem Haus und Lichtmast Nr. 10. Hier re ab bis zu landwirtschaftlichem Weg, dann nach li, den Wald entlang. Mit *Ww [Wanderweg]* re nach *Wielenberg,* am Ortsende abw zum *Tobel,* über den *Ettensbach* und aufw nach *Ofterschwang*. Durch den Ort und am Waldrand [MA MW MW]

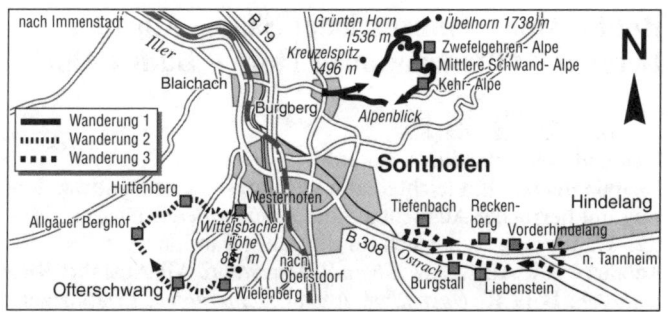

entlang aufw Ri Nordwest zur *Alpe Eck*. Mit *Ww [Hüttenberg–Sonthofen]* abw, nach ca. 800 m re den *Hüttenberg MW* abw zum Dorf *Hüttenberg*. An der *Kapelle* nach re, bei Sennerei nach li, weiter auf geteertem Fahrweg nach *Westerhofen*.

● **Rundwanderweg 3: Tiefenbach – Hindelang – Tiefenbach –** 9 ½ km – 2 ¾ Stdn – Von *Tiefenbach* auf gut beschilderten Wegen über *Reckenbach, Vorderhindelang* nach *Hindelang*. Rückweg entlang der *Ostrach*.

## Buhl's Alpe – Gunzesrieder Säge – Allgäuer Berghof – Ofterschwanger Horn – Buhl's Alpe

◁ ⚔ 🌿 ⚡ ❄ 🌺

**Weg und Zeit** – 10 ½ km – 3 ½ Stdn.
**Charakteristik** – Ein leichter, abwechslungsreicher Rundwanderweg mit herrlicher Aussicht auf die *Allgäuer Berge*. Diese vielseitige Wanderung eignet sich für die ganze Familie.
**Anfahrt** – A 7, AB-Kreuz *Allgäu* Ri *Oberstdorf*, AB-Ausfahrt *Waltenhofen*, B 19 Ri *Oberstdorf*, Ausfahrt *Sonthofen*, re abbiegen, *Ww [Gunzesried]* folgen. Nach *Bihlerdorf* li hoch, *Ww [Gunzesried]*, 2 km nach *Gunzesried*, in Ri *Gunzesrieder Säge*, nach li abbiegen, *Ww [Buhls Alpe]*. 3 km leicht aufw bis zum *Ostertal*-P. Nach re, Parkplatz queren und li weiter bis zur *Buhl's Alpe*. – Bahn/Bus: Vom Hbf *Sonthofen* mit dem Linienbus zur *Gunzesrieder Säge* fahren und hier mit dem Rundweg beginnen.
**Parken** – Gäste-P bei *Buhl's Alpe*.
● **Der Rundweg** – Von der *Buhl's Alpe* Ri *Gunzesrieder Säge*, leicht abw, durch ein kurzes Waldstück und an Berghütten vorbeiwandern. Vor den Wohnhäusern der *Gunzesrieder Säge* nach
OM re *ohne Wegweiser* in kleinen Wanderpfad einbiegen. Durch das Holztor in den Wald gehen. Man wandert den gut angelegten Tobelweg am Bach entlang. Vorbei am Wasserfall, über Stege und Treppen im naturbelassenen kleinen Tobel. Über die Holzbrücke auf die andere Seite des Baches gehen und im Mischwald
MA bis zur Weggabelung aufw. Dem *Ww [Allgäuer Berghof]* li leicht aufw und bis zur Str folgen. An der Str, *Ww [Allgäuer Berghof nach 80 m]*, nach li weiterwandern und nach 80 m re abbiegen,
MW *Ww [Allgäuer Berghof – Ofterschwanger Horn]*. Der Weg führt
MW leicht aufw, ger vorbei am *Ww [Geißrücken – Blässe – Allgäuer Berghof]* bis zur *Geißrücken-Alpe*. Von der *Geißrücken-Alpe*, *Ww*
MW *[Allgäuer Berghof]*, geht man immer ger bis zum Wald. Auf halber Strecke nicht dem *Ww [Ofterschwanger Horn]* folgen! Im Wald bei der Weggabelung re halten und länger bergauf gehen. Den Skilift queren und re oberhalb vom *Allgäuer Berghof* vorbei-
MW wandern. Bei der Kehre re herum und *Ww [Hörnertour]* bzw. *[Panoramaweg – Ofterschwang]* folgen. Etwas steileren, geteerten Rad- und Fußweg aufw und oben auf befestigtem Kiesweg an der *Oberegg-Alpe* vorbei, weiter aufw wandern. Herrlicher Blick auf die *Allgäuer Berge*. Vorbei an der Bergstation des *Ofter-*
MW *schwanger Hornliftes* führt der Wanderweg, *Ww [Panoramaweg]*, auf gutem, breitem Weg, der sich über Almwiesen schlängelt,
MW leicht aufw bis zur *Horn Alpe* (1340 m). Dem *Ww [Ofterschwanger Horn]* ca. 100 m nach der Alpe folgen und ohne Weg re bergauf, über Bergwiese zum Gipfel des *Ofterschwanger Horns* (1406 m). Vom Gipfel Ri *Sigiswanger Horn* abw wandern. Etwa 150 m
MW vor der Alpe nach re, *Ww [Gunzesried-Säge]*, in den Alpweg

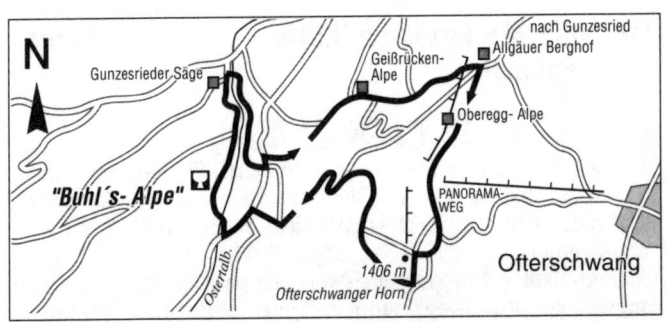

einbiegen und in den Wald gehen. *[Rot-weiße Baummarkierun-* MW
*gen]* weisen den Weg. Aus dem Wald führt der Weg, anfangs
über Wiesen, leicht abw und macht einen leichten Bogen nach li
zum Waldrand. Den Weg abw, vorbei an der *[Roten Holzstamm-* MW
*Markierung]*, leicht nach li in den Wald hineingehen. Man folgt
der *[Rot-weißen Holzmarkierung mit rotem Pfeil]* nach li und MW
wandert abw am Jägerstand vorbei. Über Rechtskehre bis zum
Ww *[Naturlehrpfad – Gunzesrieder Säge]*. Nach li abw in kleinen MW
Wanderweg, gleich wieder nach li, Ww *[Gunzesried – Säge]*, in
den Wald gehen. Auf *[Rote Baummarkierungen]* achten. Bis zur MW
Weggabelung länger abw und hier nach re, *[Rote Markierung]*,
gehen. Den Wanderpfad bis zu einem kleinen Bach länger abw
gehen. Entlang dem Bach wandert man bis zur Str hinab und
biegt nach li ab. Die geteerte Str führt über eine Brücke leicht
abw bis zum *Ostertal-*P. Nach re über den *Ostertalbach*, Ww
*[Ü. Buhl´s Alpe]*, den Parkplatz überqueren und li hoch bis zur MW
*Buhl´s Alpe*.
● **Buhl´s Alpe** – Idyllisch am Waldrand gelegen mit großem P
beim Haus. Behagliche, sehr ruhige Gästezimmer. Die Galsträume sind gemütlich eingerichtet. Familiäre Atmosphäre. Die gutbürgerliche Küche bietet neben Wildgerichten, Filetsteaks, Vollwertkost auch Kinder- bzw. Seniorenteller. Offene Weine.
Schöne ruhige Terrasse. Mittleres Preisniveau. – *Ru = Mi*.

**Pension-Berggaststätte**

*Buhl´s Alpe*

Bes. Familie G. Buhl

**87544 Gunzesried-Blaichach
Oberallgäu
Telefon 0 88 21/37 33**

● *Unsere Buhl's Alpe befindet sich inmitten von Wiesen und Wäldern*
● *Gemütlich rustikal eingerichtete Galsträume*
● *Für Ihr leibliches Wohl sorgen wir mit einer gutbürgerlichen Küche*
● *Parkplatz am Haus*
● *Mittwoch Ruhetag*

# Tiefenbach – Dreiangelhütte – Starzlachklamm – Tiefenbach

**Weg und Zeit** – 19 ½ km – knapp 5 Stdn – ca. 550 Höhenmeter im Auf- und Abstieg. Ein Teil der Strecke bei der *Dreiangelhütte* darf in der Zeit vom 16.11.–15.05. nicht begangen werden (Wildschutzgebiet)!
**Charakteristik** – Ein vergleichsweise langer, keinesfalls aber ein langweiliger Rundweg, denn er bietet eine breite Palette an Schönheiten und Sehenswürdigkeiten: Mäßige und steile Auf- und Abstiege mit schönen Ausblicken, schattige Waldwege, Felsabstürze, eine Klamm, einen Tobel, Wasserfälle, typische Holzhäuser, und, wer dafür noch Zeit findet, einen sehenswerten Altar.
**Anfahrt** – B 19 bis *Sonthofen*, B 308 bis *Ww [Tiefenbach]*. – Busverbindung von *Oberstdorf, Sonthofen* und *Füssen, Reutte, Wertach, Oy*.
**Parken** – Gäste-P bei den *Edelweiß-Stuben*.

● **Edelweiß-Stuben** – Sehr ruhig und am Ortsrand gelegen, bietet das Haus stilvoll eingerichtete Ferienwohnungen und Gästezimmer mit Frühstück oder HP. Schöne Governmenträume, Gartenterrasse. Die Atmosphäre ist familiär und ungezwungen. Gutbürgerliche bis gehobene Küche. Auch Vesper, Kinder- und Seniorenteller. Allgäuer Spezialitäten. Mittlere Preislage. – *Ru = Mi*.

● **Tiefenbach – Dreiangelhütte** – 2 ½ Stdn – Von den *Edelweiß-*
MA *Stuben* li aufw bis zum *Ww [Breiten]*, diesem folgen bis zum *Alpweg Breiten*, in weiten Serpentinen bis zu einer Querstr. Hier ein weiterer *Ww [Breiten]* und die Markierung des *Europ. Wanderweges E 4, [Ockerfarbener Punkt]*. Mit diesem re aufw, beim Mautschild re ab und aufw nach *Breiten*. An der *Kapelle* und dem mit dem *Hl. Lukas* gekrönten Brunnen li vorbei und aufw zum *Alpweg*. Re, am Mautautomat vorbei bis zur nächsten Keh-
MW re. Mit *Ww [Bildstöckle]* weiter aufw bis zum Ende der Teerstr.
MW Bei der Wegekreuzung halbre (!) mit *Ww [Tiefenbacher Wald]* in den Hochwald. Der schmale Pfad stößt nach ca. 20 Min auf einen breiten, gekiesten Weg. Re abw, bei Kehre mäßig aufw bis *Tiefenbacher Hütte* (nicht bewirtschaftet). In Serpentinen abw, auf dem Teerweg weiter, durch das Wildschutzgebiet (s. oben!) bis zur *Dreiangelhütte* (= *Diensthütte*).

● **Dreiangelhütte – Starzlachklamm – Tiefenbach** – knapp 2 ½ Stdn – Mit *Ww [Burgberg]* ca. 4 km talauswärts auf dem re Hochufer der *Starzlach* bis zu einer Felswand auf der re
MW Straßenseite. Danach, auf der li Straßenseite, mit *Ww [Starzlachklamm]*. Li abw, an der *Topfenalm* re vorbei, wieder aufw zu einem Holzkreuz. Durch das Viehgatter, über die Weide, zum Abstieg zur *Starzlachklamm*. Der gesicherte und gut ausgebaute

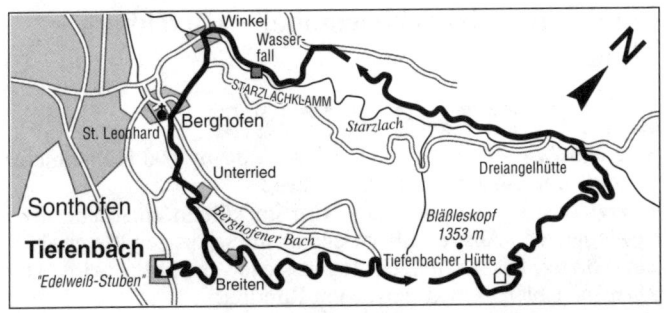

Weg führt in Serpentinen an Felsabbrüchen entlang hinunter zur *Starzlach*. Am re Bachufer entlang zur *Starzlachklamm*. An deren Ende, beim Wasserfall, eine Hütte, bei der eine Eintrittsgebühr für die bereits durchwanderte Klamm erhoben wird. Mit der *Starzlach* weiter abw, über die nächste Brücke nach li, in den Ort *Winkel*. Mit *Ww [Sonthofen]* li, nach ca. 50 m bei Hs. Nr. 11 li aufw, MW nach ca. 350 m re abw bis *Berghofen*. Hier, im *Kirchlein St. Leonhard*, verbirgt sich einer der schönsten spätgotischen Altäre des *Oberallgäus*! – Beim Feuerlöschgerätehaus li, über die Brücke, vor nächster Brücke re, bei *Burgweg Nr. 23a* mit *Ww [Burgstalltobel]* li MW aufw, durch den Tobel. Am Tobelende aufw zur Str, mit *Ww [Breiten]* li aufw bis *Unterried*. Bei Kapelle mit *Ww [Tiefenbach]* re aufw MW bis zur Gabelung. Hier re abw nach *Tiefenbach*.

● **Weitere Wanderungen**
1) Variation des oben beschriebenen Weges: Mit *Europ. Wanderweg Nr. 4* und der Markierung *[Ockerfarbener Punkt]* den Grat entlang zum *Tiefenbacher Eck*, zum *Hirschberg*, Abstieg im *Hirschbachtobel*, Rückweg entlang der *Ostrach*. – 4 ½ Stdn.
2) Von *Tiefenbach* nach *Imberg* (in *St. Katharina* schöne spätgotische Figuren), weiter nach *Vorderhindelang*, über *Reckenberg* zurück nach *Tiefenbach*. – 2 ½ Stdn.

Café
Restaurant
Sonnenterrasse
Ferienwohnungen

Edelweiß-Stuben
... damit Ihre Einkehr zum Erlebnis wird!
Sonthofen/Tiefenbach · Telefon (0 83 21) 35 83
**Mittwoch Ruhetag**

# Hindelang – Hirschbachtobel – Hirschberg – Hindelang

**Weg und Zeit** – 8 km – knapp 3 Stdn – davon 600 Höhenmeter im Auf- und Abstieg und 1 km Talweg.
**Charakteristik** – Der Aufstieg wird im kühlen *Hirschbachtobel* bewältigt, der Abstieg überwiegend im schattigen Bergwald – ein Vorzug, der an heißen Tagen sicher gewürdigt wird. Der *Hirschberg* bietet einen herrlichen Rundblick.
**Anfahrt** – B 19 bis *Sonthofen*, B 308 *Hindelang* und *Bad Oberdorf*. – Busverbindung von *Oberstdorf, Sonthofen* und *Füssen, Reutte, Wertach, Oy*.
**Parken** – Großer, gebührenfreier P *Hindelang-Ortsmitte*.
● **Hindelang** – Auf etwa 850 m gelegen, wurde um 1170 als *Hundilac* erstmals erwähnt, gelangte unter die Herrschaft der *Grafen Monfort-Rothenfels* und später unter die der *Augsburger Fürstbischöfe*. Durch seine günstige Lage an der Salzstraße und die *Erzbergwerke* im *Hintersteiner Tal* erwarb es für einen Gebirgsort recht ungewöhnlichen Wohlstand. An diese Zeit erinnert das 1660 als Jagdschloss erbaute heutige *Rathaus*, ein dreigeschossiger Walmdachbau mit seitlichem Treppenturm. In der *Pfarrkirche*, einem 1864 errichteten neugotischen Bau, sind Schnitzwerke (18. und 19. Jh.) der aus dem Ort stammenden *Bildhauerfamilie Eberhard* sowie ein großes Gemälde von *F. Osterried*, zwei Bischofsbüsten von *J. Lederer* und eine goldene Monstranz von 1720 zu sehen. Weitere Sehenswürdigkeiten: die Kriegergedächtniskapelle, 1920 erbaut, mit Fresken von *K. Knappe;* die ehemalige *Pestkapelle* (heute *ev. Kirche*); der *Salzfahrerbrunnen* (mit der Inschrift „Hindelanger Frächter holten das Salz übers Joch 1540–1823"). – Heute ist *Hindelang* mit seinen *OT Bad Oberdorf, Hinterstein, Oberjoch, Unterjoch* und *Vorderhindelang* ein bekannter Wintersportplatz und auch als Ferien- und Kurort viel besucht.
● **Bad Oberdorf** – Ortsteil von *Hindelang* mit einer Schwefelquelle im *Luitpoldbad*. Im Dorf schöne Bauernhäuser und alte Schmieden. In der Kirche drei Kostbarkeiten: das Hauptwerk des *Kaufbeurer Meisters Jörg Lederer*, der berühmte *Hindelanger Altar* (1515–19); ein *Palmesel* (um 1470 entstanden, wird der Schule von *Hans Multscher* zugeschrieben) sowie ein außerordentlich schönes *Madonnenbild* von *Hans Holbein d. Ä.*, signiert 1493.
● **Hindelang – Hirschbachtobel – Hirschberg** – knapp 2 Stdn – Vom P aus aufw zur Ortsmitte. Auf der querverlaufenden *Marktstr* re bis zu einer Rechtskurve. Hier halbli in die *Jochstr* einbiegen. Nach ca. 300 m wird die B 308 erreicht. Li weiter bis zur *Hirschbachbrücke*. Mit dem *Ww [Hirschbachtobel]* und der Markierung *[Rotes Rechteck]* li aufw den *Hirschbach* entlang. Auf schmalen Brücken wird mehrfach auf das andere Bachufer

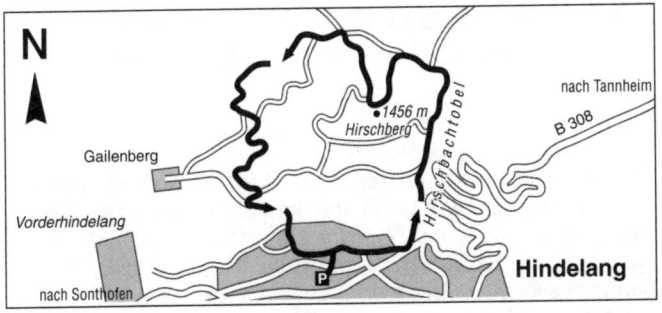

gewechselt, felsige Steilstellen im Tobel sind mit Stahlseilen gesichert. Beim Wasserfall, nach ca. 1300 m Anstieg entlang des Baches, führen Serpentinen an der rechten Uferseite einen Grashang steil aufw. Nach Erreichen der Bergschulter wendet sich der Weg nach li, wieder der Kante des Tobels zu. Mit dem *Ww [Hirschberg]* ger über den hier noch zahmen *Hirschbach.* MW Durch Jungwald und eingestreute freie Flächen in mäßiger Steigung zum *Hirschberg.*

● **Hirschberg** (1456 m) – Der mit einem großen Kreuz versehene Vorgipfel springt nach Süden vor und lässt großartige Ausblicke auf das *Ostrachtal* und die südwärts sich auftürmenden Bergketten zu. Der Hauptgipfel, ca. 100 m zurückgesetzt und wenig höher, erschließt das ganze Panorama.

● **Hirschberg – Hindelang** – 1 Std – Auf schmalem Pfad über den Gipfel nach Norden, dann abw zu einer Holzhütte. Hier findet sich der *Ww [Hindelang].* Mit diesem und der *[Roten Mar-* MW *kierung]* auf dem Fahrweg li abw. An einer kleinen Kapelle und einer gefassten Quelle vorbei in weiten Schwüngen bis zum Ortseingang von *Hindelang.* Die *Gailenbergstr* abw, an deren Ende li in die *Kirchstr* einbiegen. Re an der Kirche vorbei bis zur *Marktstr.* Hier wieder re und weiter bis zum Abzweig (Hinweg wie Herweg), der zum P führt.

die Bergwelt von oben erleben
hindelanger sesselbahnen

Sesselbahn Hornalpe, Hindelang
Iselerlift, Oberjoch
In der Nähe der Bergstation finden
Sie gemütliche Berggaststätten.

**Hornalpe, Telefon 0 83 24/24 04**
**Iselerlift, Telefon 0 83 24/77 00**

# Hindelang – Berggasthaus Gletscherspalte – Imberg – Berggasthof Sonne – Hindelang

◨ ◿ ▧ ▶ ▣ ✳

**Weg und Zeit** – 11 ½ km – 3 Stdn.
**Charakteristik** – Fahrt mit der *Horn-Sesselbahn*, danach überwiegend Abstiegwanderung mit nur kurzen, mäßigen Anstiegen. Herrliche Tiefblicke auf *Hindelang* und *Oberjoch*. Oberhalb von *Imberg* öffnet sich der Blick auf weite Täler und die prächtige Bergwelt zwischen *Oberstdorf* und *Sonthofen*.
**Anfahrt** – B 19 bis *Sonthofen*, auf B 308 bei Kreisverkehr zwischen *Vorderhindelang* und *Hindelang* in Ri *Hinterstein* abbiegen, nach ca. 500 m Talstation der *Horn-Sesselbahn*. – Busverbindung von *Oberstdorf, Sonthofen* und *Füssen, Wertach, Oy*.
**Parken** – Großer, gebührenpflichtiger P bei der Talstation der *Horn-Sesselbahn*.

● **Hindelang – Berggasthaus Gletscherspalte – Imberg** – Die Bergfahrt mit der *Horn-Sesselbahn* dauert ca. 15 Min, der Passagier schwebt nur wenige Meter über Grund. In ruhiger Aufwärtsbewegung empfängt man schon erste Eindrücke von der Stille und der Vegetation der Hänge um das *Imberger Horn*. – An die Bergstation der *Horn-Sesselbahn* angelehnt lädt das *Berggasthaus Gletscherspalte* zum Verweilen ein.

● **Berggasthaus Gletscherspalte** – Typische Hüttenatmosphäre, 4 Räume bis 50 Personen. Hier lässt sich die Aussicht – insbesondere von der Terrasse – besonders geruhsam genießen. Die Gasträume sind rustikal eingerichtet und urgemütlich, die gutbürgerliche Küche bietet auch Brotzeiten. Die Spezialitäten des Hauses: Kesselfleisch und – man ist im *Allgäu* – Kässpatzen. Mittlere Preislage. – *Kein Ru.*

● **Weiterweg** – Wenige Meter neben der Bergstation der *Ww*
MA *[Strausbergalpe–Imberg]* mit Markierung *[Rotes Rechteck]*, halbre aufw und auf breitem Schotterweg weiter nach re. Nach ca. 600 m mit *Ww [Strausbergalp]* re abw und nach ca. 200 m ger und abw zu einem Drehkreuz. Über Almweiden weiter abw bis zur *Strausbergalpe*. Hier re ab und dicht li an der Alpe vorbei –
MW der Weg wird breiter – zum *Ww [Imberg]*. Auf dem Teerweg – leicht auf und ab – ca. 1600 m bis zur Querstraße (Mautstraße). Li abw, nach ca. 2 km ist *Imberg* erreicht. Die Str läuft direkt auf den *Berggasthof Sonne* zu.

● **Berggasthof Sonne** – Das Haus liegt zentral und doch ruhig und verfügt über komfortable und gemütliche Gästezimmer. Stilvolle Gasträume mit angenehmer, familiärer Atmosphäre. Der angeschlossene Biergarten und der Kinderspielplatz tragen hierzu bei. Gutbürgerliche Küche in unterer bis mittlerer Preislage. Auch Vesper, Kinder- und Seniorenteller. – *Ru = Mo.*

● **Berggasthof Sonne – Hindelang** – Vor dem *Gasthof,* halbli und

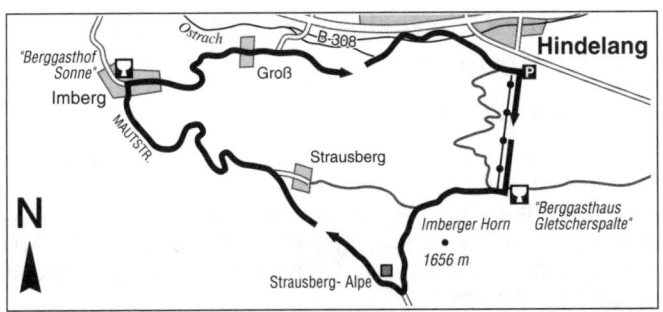

auf der gegenüberliegenden Straßenseite, steht der *Ww [Hin-* MW
*delang]*. Diesem folgen, bei nächstem Querweg re, ca. 100 m
nach Ortsende Drehkreuz, hier li. Nach weiteren 100 m wieder
Drehkreuz, li abw und im Rechtsbogen aufw zu 3. Drehkreuz.
Abw bis *Groß,* mit *[Gelbem Rechteck]* weiter bis Gabelung. Mit MW
*Ww [Vorderhindelang-Schliermoos]* re, nach ca. 30 m wieder re, MW
dem *Ww* und der Markierung folgen bis zur *Ostrachbrücke* bei
*Vorderhindelang*. Mit *Ww [Sesselbahn]* und *[Grünem Rechteck]* MW
ca. 1800 m am Ufer der *Ostrach* entlang im Auwald bis zur Talstation und dem P.

---

**Ein Ausflugsziel - mit der Sesselbahn oder zu Fuß - das man erlebt haben muss!**

**Berggasthaus**

## Gletscherspalte

**Sesselbahn Hornalpe**
**Familie Heintze**
**87541 Hindelang**
**Tel. 0 83 24/6 51 • Fax 9 50 34**

Herzlich willkommen bei uns im Berggasthaus Gletscherspalte - ganzjährig, ohne
Ruhetag von 9–22h geöffnet, auch bei Schlechtwetter. Durchg. warme Küche.
Lassen Sie sich von uns verwöhnen - mit deftigen Brotzeiten, Bayerischen
Schmankerln, Wildgerichten und Kaffee und Kuchen. Besonders beliebt ist auch
unser Kässpätzle-Essen.

---

# Berggasthof
# Sonne
**Imberg**
**Telefon (0 83 21) 33 60**

Der urige Gasthof auf 900 m Höhe mit Blick auf das herrliche Ostrachtal bietet:
- gemütliche Fremdenzimmer mit DU/WC (2-4 Personen)
- gut bürgerliche Küche, auf Wunsch Halbpension
- Sonnenterrasse mit großem Kinderspielplatz
- idealer Ausgangspunkt im Winter und Sommer

*Der Berggasthof mit Sonne im Herzen!*

# Oberjoch – Ochsenalpe – Iselerplatz-Hütte – Iseler – Oberjoch

▨ ◬ ⚐ ⚑ ☒ ⌧ ⌘

**Weg und Zeit** – 9 ½ km – 3 ½ Stdn – davon 750 Höhenmeter im Auf- und Abstieg und 1 ½ km Talweg.

**Charakteristik** – Der *Iseler* ist als einer der prächtigsten Aussichtsberge der Region bekannt, der Aufstieg bietet bereits herrliche Ausblicke. Mit Hilfe der Sesselbahn lässt sich die Gehzeit erheblich verkürzen.

**Anfahrt** – B 19 bis *Sonthofen*, dann B 308 bis *Oberjoch*. – Busverbindung von *Oberstdorf, Sonthofen, Hindelang* und *Füssen, Reutte, Wertach, Oy*.

**Parken** – Für Übernachtungsgäste P bei der *Ochsenalpe*, ansonsten gebührenpflichtiger P in der Ortsmitte von *Oberjoch*.

MA
- **Oberjoch – Iseler** – 2 Stdn – Vom P *Oberjoch-Ortsmitte* ca. 100 m an der B 308 entlang abw bis zu gr braunem Ortsschild *Oberjoch*. Hier li in den Ort einbiegen und re weiter bis *Haus Bergland*. Mit dem *Ww [Ochsenalpe]* führt der Weg re und hinter dem *Haus Bergland* vorbei, geht in einen Schotterweg über, der nach ca. 500 m auf eine schmale, asphaltierte Str trifft. Mit *Ww*

MW *[Palmweg]* und Markierung *[Roter Balken]* li aufw zur Alpwirtschaft *Ochsenalpe*.

- **Ochsenalpe** – In Hang- und Waldrandlage, bietet schöne Aussicht und Ruhe. Wie für eine Alpe zu erwarten, sind die Gästezimmer einfach, die Galsträume gemütlich und rustikal gehalten. Eine windgeschützte Gartenterrasse lädt zur Rast im Freien. Die Atmosphäre ist familiär und gemütlich, die Küche gutbürgerlich. Mittlere Preislage. – *Ru = Mo (außer Feiertag)*.

MW
- **Weiterweg** – Asphaltierte Str weiter aufw, diese endet nach ca. 2 1/2 km bei einer Hütte. Hier mit *Ww [Iselerplatz-Hütte]* re ab und aufw auf steinigem Steig ca. 700 m bis zur *Iselerplatz-Hütte*.

- **Iselerplatz-Hütte** (1586 m) – Liegt geschützt und ruhig im Bergwald. Verfügt über eine Gartenterrasse und urgemütliche Galsträume. Auf diesen Höhen geht es zünftig und familiär zu, die Küche ist einfach bis gutbürgerlich. Spezialität: Kaiserschmarren. Nichtraucherlokal! Mittlere Preislage. *Nur Juni bis Oktober und Weihnachten bis Ostern geöffnet. – Ru = Do*.

MW
- **Weiterweg** – Vor der Hütte mit der von nun an auf Gestein angebrachten Markierung *[Roter Punkt u.ä.]* aufw. Der steile Bergpfad führt li an der Bergstation des Sesselliftes vorbei durch Latschen zum Kamm. Auf diesem li zum *Iseler*.

- **Iseler** (1876 m) – Bildet den Abschluss eines Bergkamms, der sich in südwestlicher Richtung vom *Kühgundrücken* über die *Kühgundspitze* (1881 m) und den *Kühgundkopf* (1907 m) zum *Iseler* hinzieht. Diese vorgeschobene Lage eröffnet sowohl Aus-

*Eingang zur Breitachklamm*

*oben: Riezlern mit Hohem Ifen und Gottesackerplateau*
*unten: Panorama bei Ofterschwang*

*oben: Frühling im Hintersteiner Tal bei Hindelang*
*unten: Ostrachtal mit Sonthofen*

*Starzlachklamm bei Sonthofen*

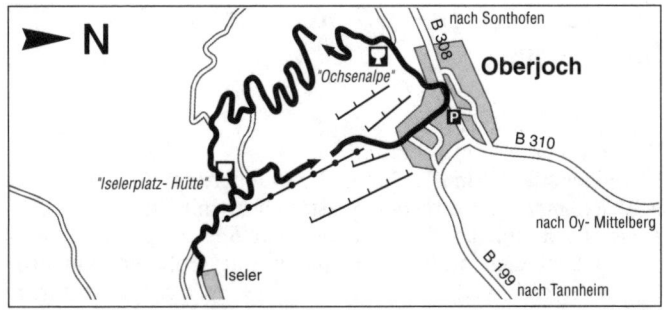

blicke auf die Täler wie auch auf die umliegenden Bergketten. Der *Iseler* ist somit als Aussichtsberg bekannt und wird entsprechend häufig erstiegen.

● **Iseler – Oberjoch** – 1½ Stdn – Abstieg zur *Iselerplatz-Hütte* wie Aufstieg. Bei der Hütte mit dem *Ww [Oberjoch]* und der MW bekannten *[Roten Markierung]* in weitem Linksbogen talwärts. Nach ca. 300 m ein weiterer *Ww [Oberjoch]*. Mit diesem re ab, zuerst über Weiden und dann an einem Bach entlang zur Talstation der *Iselerbahn*. Hier auf einer asphaltierten, schmalen Str abw nach *Oberjoch*. In der Ortsmitte teilt sich die Str. Hier re aufw, nach ca. 50 m ist der P erreicht.

## Ochsenalpe

87541 Oberjoch am Iseler
Telefon 0 83 24/76 23 u. 421

Fremdenzimmer mit Etagendusche
Gutbürgerliche Küche, deftige Brotzeit
Kaffee und Kuchen
Montag Ruhetag

## Berggasthaus Iselerplatz

**Fam. Zeller**
**87527 Oberjoch**
Tel. 0 83 24/71 64

**Warme Küche, reichhaltige Vesper**
**Sonnenterrasse, Tagesbetrieb**

**Aktien-Brauerei**
KAUFBEUREN

## Alpe Kammeregg – Grünten-Gipfel – Alpe Kammeregg

◨ 𝄞 ❋ ❋ ⛊

**Weg und Zeit** – 7 km – 3 Stdn.
**Charakteristik** – Eine leichtere Bergwanderung auf den Hausberg *Rettenbergs*. Herrlicher Aussichtsberg mit Blick in die *Allgäuer Alpen*, auf die *Zugspitze* und den *Bodensee*. Die Wanderung eignet sich auch für Familien mit größeren Kindern. Gipfelweg nicht verlassen, brüchiges Gestein u. steile Abstürze!
**Anfahrt** – A 7, AB-Kreuz *Allgäu*, Ri *Oberstdorf,* Ausfahrt *Waltenhofen,* B 19 Ri *Oberstdorf,* vor *Immenstadt* re, Ww *[Sonthofen],* auf der vierspurigen B 19 bis Ausfahrt *Rettenberg*. Durch *Rettenberg,* Ri *Kranzegg,* fahren. 1,8 km nach dem Ortsschild Ww *[Alpe Kammeregg]* re, in *Kammeregger Weg* einbiegen, vorbei am *Berghaus Grüntensteinbruch,* und weiter bis zum P fahren. – Bahn/Bus: Vom Hbf *Immenstadt* mit Linienbus nach *Rettenberg,* Bushaltestelle *Steinbruch Herz,* von hier ca. ½ Std aufw bis zur *Alpe Kammeregg*.
**Parken** – Gäste-P in der Nähe der *Alpe Kammeregg*.
• **Rettenberg** – Als staatlich anerkannter Erholungsort bietet *Rettenberg,* gelegen am Fuße des *Grüntens* und *Rottachberges,* viel für Gesundheit, Fitness und Erholung: 65 km Wanderwege in allen Höhenlagen, beheiztes Freibad, Seen zum Baden und Surfen in nächster Umgebung. Möglichkeiten zum Drachen- und Gleitschirmfliegen, Tennisplätze, Minigolfanlage, Heimatabende und Standkonzerte. Im Winter sorgen 14 Schlepplifte und ein Doppelsessellift sowie 40 km Langlaufloipen für ungetrübtes Schneevergnügen im Skigebiet am *Grünten*. Sehenswert im Ort ist die *Pfarrkirche St. Stephan,* in der Umgebung die *Starzlachklamm* bei *Burgberg* (5 km).
• **Der Rundweg** – Vom Parkplatz ca. 400 m zur *Alpe Kammeregg*
MA wandern. Der Weg führt an der *Alpe* nach li, Ww *[Grüntenhütte],* die geteerte *Alpwegstr* aufw bis zur Mittelstation der Schlepplifte. Auf gleichem Weg etwas steiler ger aufw bis zur *Oberen Kammeregg-Alpe* und in Serpentinen, zum Teil unterm Schlepplift, weiterwandern. Länger aufw auf der *Alpwegstr,* unter dem Gipfelschlepplift hindurch, jetzt noch ein paar Schritte bis zur *Grün-*
OM *tenhütte*. Man geht nach re, *ohne Markierung,* auf dem ungeteerten Wanderweg Ri *Grünten-Gipfel*. Ein paar Meter ohne Steigungen, danach führt der Weg aufw, teils in der Schleppliftspur, teils auf Schotterweg, dann wieder über Bergwiese, auf steilem, ger aufw führendem Schotterweg zur Bergstation des Gipfelhang-Skiliftes. Ab hier weisen mehrere rote Steinmarkierungen den Weg sicher zum Gipfel. In Serpentinen geht es hoch, bis zum Gipfel sind noch kleinere Felsen leicht zu überwinden. Auf dem *Grünten* (1738 m), auch *Übelhorn* genannt,

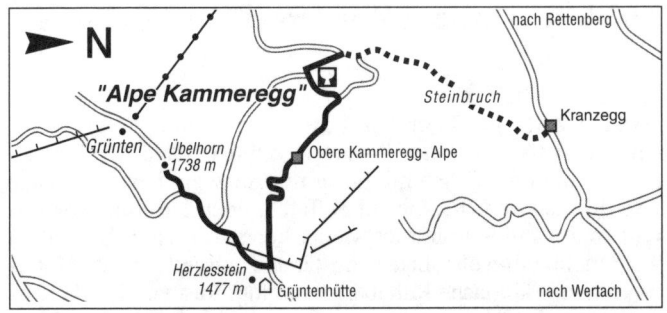

steht das *Jägerdenkmal*, das höchste Denkmal *Deutschlands*. Etwas unterhalb steht der Sendemast des *Bayerischen Rundfunks* (90 m hoch). Auf dem gleichen Weg abw zurückwandern, Ww *[Grüntenhütte]*, nach dem Schotterweg Ww *[Alpe Kammeregg]*. Bei der *Grüntenhütte* li, Ww *[Alpe Kammeregg]*, zum Ausgangspunkt hinabwandern.

MA
MW

● **Alpe Kammeregg** – Ruhige, einzeln gelegene Alpe (1200 m). Parkplatz in der Nähe. Gemütliche, zünftig eingerichtete Gasträume, die eine ebensolche Atmosphäre widerspiegeln. Gartenterrasse. Kinderschaukel. Vesper. Bier vom Fass. Matratzenlager für ca. 12–15 Personen. Mittlere Preislage. – *Ru = Mi.*

• Große Sonnenterrasse • Kleine Mahlzeiten • Brotzeiten und Getränke
• Käse, Frischmilch und Butter • Hausgebackene Kuchen
**Gabi + Toni Körbe, Kammereggweg, 87549 Rettenberg**
**Telefon und Fax 0 83 27/10 49**

# Rettenberg
am Grünten 720 - 1738 m

Zwischen Grünten und Rottachberg

mit Kranzegg, Untermaiselstein und Vorderburg.
Großes Wanderwegenetz, Tennisplätze, beh. Freischwimmbad, Haus des Gastes, vielfältiges Veranstaltungsprogramm
(u. a. Heimatabende, Standkonzerte, geführte Wanderungen).
Ideal für einen Familienurlaub (Kindertreff, Spielenachmittag etc.).
Südlichstes Brauereidorf Deutschlands.
Prospekte und Informationen erhalten Sie in der
**Gästeinformation, 87549 Rettenberg, Tel. 0 83 27/12 09**

# Auf dem „Lustigen Wanderweg" um Kranzegg

**Weg und Zeit** - gut 3 km - ca. 1 Std.
**Charakteristik** - Schöner Wanderweg durch Wald mit Wasserfällen und über Wiesen mit herrlicher Aussicht. Über die Witze und lustigen Sprüche, die auf 37 Tafeln über den Rundweg verteilt sind, kann man immer wieder herzhaft lachen. Die Tafeln werden in unregelmäßigen Abständen ausgewechselt. Unterwegs laden zahlreiche Ruhebänke zu einer Rast ein. Der Weg ist auch mit Kindern (nicht mit Kinderwagen!) gut begehbar. Höhenunterschied ca. 340 m.
**Anfahrt** - A 7 bis *AB-Kreuz Allgäu*, auf B 12 neu bis Ausf. *Durach*, über *Sulzberg* nach *Kranzegg*. - *Kranzegg* liegt an der Verbindungsstr *Immenstadt* - *Wertach am Grüntensee*. - Von *Sonthofen*.
**Parken** - P bei der *Talstation* der *Grüntenskilifte* in *Kranzegg*. Gäste-P am *Berggasthof Kranzegg* und am *Café Deubele*. An den P Informationstafeln.
● **Der Rundweg** - Der gesamte Rundweg ist mit *[Gelben Pfeilen mit Aufschrift „Lustiger Wanderweg"]* markiert. Vom P am Grüntenskilift Ri Ortsmitte bis *Alpweg*, mit diesem bis zur 1. Rechtskurve. Am *Alpweg* befindet sich die Mautstelle (Automat) für die Str zum *Grünten*. Hier mit Ww ger auf „*Lustigen Wanderweg*". Am *Wildbachweg* aufw, auf einer romantischen Steiganlage an Wasserfällen vorbei. Nach ca. ½ Std erreicht man den
● **Berggasthof Kranzegg** - P am Haus. Sehr ruhig im Wald gelegen. Komfortable Gästezimmer, rustikale, gemütliche Gasträume. Sonnenterrasse mit Blick zum Grüntengipfel. Erlebnis-Kinderspielplatz. In ungezwungener Atmosphäre werden gutbürgerliche Gerichte und Vesper serviert. Auch Kinder- und Seniorenteller. Offene und Flaschenweine. Untere bis mittlere Preise. - *Ru = Di, Mi vormittags*.
● **Fortsetzung Rundweg** - Mit Ww *[Lustiger Wanderweg]* weiter aufw, über *Schwarz-Alpe* zur *Geißalpe* (beide nicht bewirtschaftet). Nun abw Ri *Kranzegg* bis zur
● **Asante Christus Kapelle** - Beim Bau der kl Holzkapelle halfen Einheimische und Mitglieder der evangelischen Kirche aus Tansania mit.
● **Fortsetzung Rundweg** - Von der Kapelle zum *Café Deubele*. Von hier auf geteertem *Alpweg* zurück nach *Kranzegg*.
● **Weiterer Wanderweg** - Kranzegg - *Schwarz Alpe* - *Zeller-Alpe* - *Kammeregg-Alpe* - *Rettenberg* - Vorderberg - Hinterberg - Sterklis - *Kranzegg* (ca. 16 km, 400 m Höhenunterschied im Auf- und Abstieg).

## Map

- Kranzegg
- Grüntenlift Talstation
- P
- Mautstelle (Automat) Jörgalpweg für KFZ
- ALPWEG
- WILDBACHWEG
- Wasserfall
- "Cafe Deubele"
- Asante Christus Kapelle
- Wasserfall
- "Berggasthof Kranzegg"
- Geiß-Alpe
- Schwarz-Alpe
- N

## Berggasthof *Kranzegg*

**Ihr Ausflugsziel am Grünten**
87549 Kranzegg
Tel. 0 83 27 / 2 70 · Fax 78 70

Von Kranzegg zu Fuß über den romantischen Wildbachweg in ca. 30 Minuten oder mit dem Auto auf dem Jörgalpweg (DM 3,– Maut) zu erreichen.

- Superrutschbahn
- Herrliche Sonnenterrasse
- Preiswerte Gerichte
- Gemütlicher Gastraum
- Toller Kinderspielplatz

**Direkt am lustigen Wanderweg familiäre Gästezimmer mit DU/WC**

*Auf Ihren Besuch freuen sich Ernst und Claudia Kleinheinz*

## Engelbräu

Ein Bier, so himmlisch wie sein Name

# Jungholz – Stubenthal Alpe – Buronhütte – Reuter Wanne – Jungholz

◣ ◠ ▩ ✚ ⊠

**Weg und Zeit** – 13 km – 4 ½ Stdn.
**Charakteristik** – Sehr anspruchsvolle Wanderung in herrlicher Naturlandschaft. Meist befestigte Wirtschaftswege. Herrliche Ausblicke. In der 2. Hälfte sehr steiler Wanderpfad. Personalausweis mitführen!
**Anfahrt** – A 7 bis Ausfahrt *Oy-Mittelberg*, B 310 Ri *Oberjoch*, bis Abfahrt *Jungholz*. – Mit der Bahn ab *Kempten (Allgäu) Hbf* im Stundentakt nach *Oy-Mittelberg*. Anschluss mit Bus nach *Jungholz*.
**Parken** – Großer P am *Restaurant-Café Schrofen-Hütte*.

● **Jungholz** (1054 m) – Hübsch gelegenes sonniges Bergdorf. *Tiroler Exklave* in *Bayern*. Alte Kirche mit modernen Farbglasfenstern.

● **Jungholz – Stubenthal Alpe - Haslach-Alpe – Buronhütte –**
MA 2 ½ Stdn – Die Wanderung beginnt direkt hinter der *Schrofen-Hütte* am *Ww [Waldweg Langenschwand]*, vorbei am *Schrofenteich*, kurz abw, dann re den Waldweg aufw bis in den Ortsteil *Langenschwand*. Nach li auf die Straße, nach ca. 30 m re, *Ww*
MW *[Stubenthal]*. Jetzt stets aufw auf autofreiem Fahrweg durch
MW Wiesen und Wald bis zur *Alpe Stubenthal*. Mit *Ww [Haslach-Alpe]* zuerst Fahrweg, dann Pfad. Hier überschreitet man die deutsch-österreichische Grenze. Abw über eine Schlucht (Steg). Nach ca. 200 m wieder Fahrweg bis zu einem Quer-Fahrweg, re,
MW *Ww [Buronhütte]*, bis zur *Haslach-Alpe*. Etwas unterhalb der *Haslach-Alpe* Querweg li aufw, durch Wiese und Wald. Achtung, am Ende des Waldes li den *Ww [Buronhütte]* nicht verpassen! Wanderweg aufw, nach ca. 5 Min erreicht man die

● **Berggasthof Buronhütte** – Rustikaler gemütlicher Gastraum, Terrasse. Große Getränkeauswahl. Gutbürgerliche Küche, einfache kalte und warme Speisen. Käseprobierteller mit Käse der Wertacher Käserei. Untere bis mittlere Preislage. – *Kein Ru.*

● **Buronhütte – Reuter Wanne – Jungholz –** 2 Stdn – Eben weiter
MW auf dem Fahrweg, *Ww [Hinterreute]*, nach 100 m li, *Ww [Jung-*
MW *holz]*, Fahrweg aufw. Vorbei an der *Blöße Alpe*, Gabelung re, hier herrlicher Ausblick über den *Grüntensee* und das weite *Allgäuer Land*. Nach ca. 200 m li sehr steiler Wanderpfad. Mit *Ww [Jungholz], [Reuter Wanne], [Roter Punkt]*, durch den Wald bis in den Sattel. Hier wieder Grenzübertritt. Mit *Ww [Jungholz]* abw über einen Grashang auf den Forstweg. Auf diesem abw bis zu einem Querweg, li, *Ww [Jungholz]*. Leicht aufw und abw durch
MW Wald bis zu einer Quer-Fahrstraße, li *Ww [Höhenweg]*, vorbei an einem kleinen Moorweiher bis in den Ort *Langenschwand*. Die
MW Straße queren, *Ww [Schrofenhütte]*, nach 30 m re den Waldweg

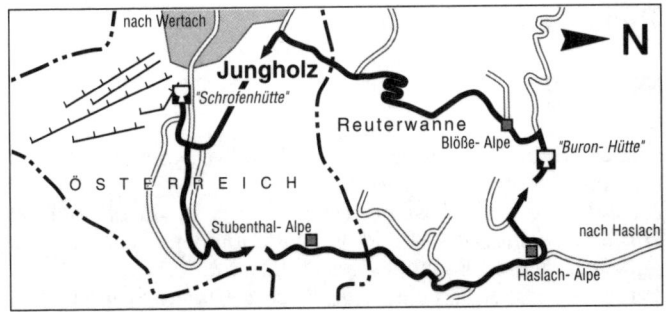

abw zur Einkehr in die
- **Restaurant–Café–Turmbar Schrofen-Hütte** – Gemütliche rustikale Gasträume, Terrasse. Gepflegte, angenehme Atmosphäre. Gehobene, regionale Küche mit Braten, Wild, Fisch, Vollwertkost. Auch Vesperkarte, Tageskarte, Senioren- und Kinderteller. Bier, offene Weine, Flaschenweine. Spezialität: Knödelkarte. Mittlere Preislage. – *Ru = Mi (nur Mai bis November).* Besonderheit: An der Außenwand Magic Mountain, die unendliche Kletterwand.

# Berggasthof Buronhütte
1250 m
**Familie Wagner**
**87497 Wertach-Allgäu**
Telefon 0 83 65/2 90, Fax 12 34

- Freundliche Zimmer mit Zentralheizung
- Gemütliche Gaststuben
- Gutbürgerliche Küche
- Große Sonnenterrasse, ganzjährig geöffnet

**Restaurant - Café - Turmbar**
## Schrofen-Hütte
**Familie Müller**
**D-87491 Jungholz 111 • Tel. 08365/8212**
**A 6691 Jungholz • Tel. 05676/8212**

*Gepflegte rustikale Gasträume*
*Ausgewählte Tiroler und Allgäuer Spezialitäten*
*Kinderfreundlich, Kinderspielplatz abseits der Straßen*
*Schrofenteich mit Rundweg*
*Große Sommerterrasse direkt am Lift.*
***Neu:*** *Mai bis Nov. Mittwoch Ruhetag.*

# Rund um den Grüntensee

🏊 🅺 🏨

**Weg und Zeit** – 12 km – 3 Stdn.
**Charakteristik** – Herrlicher ebener Rundweg immer nahe am See mit Blick in die *Allgäuer Alpen*.
**Anfahrt** – A 7 bis Ausfahrt *Oy-Mittelberg*, B 310 bis Abfahrt *Haslach/Grüntensee*. – Mit der Bahn im Stundentakt ab *Kempten (Allgäu) Hbf* nach Bahnhof *Wertach-Haslach*.
**Parken** – Großer 🅿 beim *Café-Pension Grüntensee* und beim *Restaurant Wertacher Hof.*

● **Haslach – Fischerhaus – Hammerschmiede** – 1 ½ Stdn – Der Rundweg beginnt an den beiden gegenüberliegenden Gaststätten *ohne Markierung*, auf der *Grüntenseestraße* zu den Bergen,
MA ca. 200 m bis zu einer Gabelung, re, *Ww [W 9 Rundweg Grüntensee]*. Schon nach 100 m auf diesem Asphaltsträßchen eröffnet sich ein herrlicher Blick auf den gesamten *Grüntensee* mit dem dahinter liegenden Berg *Grünten*. Dem Weg folgend li bis zur Staumauer. Gleich nach der Staumauer re in den Uferweg einbiegen. Nach ca. 1 ½ km, an der Abzweigung zur *Buronhütte*, beginnt ein Fisch- und Vogel-Lehrpfad. Vorbei am *Fischerhaus* und am Campingplatz bis zur Straße. Auf dem Fußweg neben der Straße bis *Sebastiankapelle*, die im Volksmund *Kleine Wies* genannt wird, durch die Unterführung gleich re auf geteertem
MW Sträßchen zur *Hammerschmiede, Ww [Hammerschmiede]*. Die 1610–1620 erbaute ehem. Waffenschmiede ist noch in Betrieb und wirklich sehenswert. In der mit Wasserkraft betriebenen Anlage werden heute noch Bratpfannen und Gerätschaften für die Holzbearbeitung im Wald hergestellt. Wer möchte, macht jetzt einen Abstecher nach

● **Wertach** – Höchstgelegene Marktgemeinde Deutschlands, 1423 schon als Markt erwähnt. Hier wurde 1874 erstmals der bekannte Weißlacker-Käse hergestellt. Sehenswert ist die Pfarrkirche *St.-Ulrich-und-Afra* mit beeindruckendem Tabernakel von *J. R. Eberhard* (1769/70).

● **Hammerschmiede – Haslach** – 1 ½ Stdn – Von der *Hammerschmiede* wieder durch die Unterführung, vor der *Wertach* li,
MA *Ww [W 9 Wertach Haslach Staudamm]* und *Ww [Kläranlage]*, am Ende des Weges ca. 50 m über eine Wiese, dann wieder fester Weg. Vor der Straßenunterführung re unterhalb der Straße bis vor den Sportplatz, jetzt re bis zum Campingplatz, durch den Campingplatz hoch zur Straße.

● **Restaurant-Pension Wertacher Hof** – Behagliche Gästezimmer. Gemütliche Garträume, Terrasse. Familiäre und besonders kinderfreundliche Atmosphäre (Spielzeug vorhanden). Gutbürgerliche Küche mit Braten, Wild, Schweinehaxen vom Grill und Wurst aus eigener Herstellung. Bier vom Fass, offene

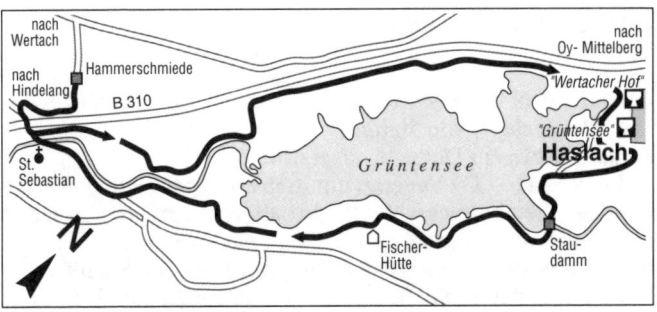

Weine. Untere bis mittlere Preislage. - *Ru = Do.*
● **Café-Pension Grüntensee** – Rustikale gemütliche Gasträume, Biergarten. Ferienwohnungen. Gepflegte Atmosphäre. Man serviert neben Braten, Wild und Geflügel auch Vesper und Pizza sowie Kuchen und Torten aus eigener Herstellung. Leckere ital. Eisspezialitäten. Untere bis mittlere Preislage.
– *Ru = Mo (nur außerh. der Saison).*
● **Weiterer Wanderweg:**
Ab *Staudamm* über *Feriendorf Reichenbach* nach *Nesselwang*.

# Wertacher Hof

**Familie Speiser
Grüntenseestr. 10,
87466 Haslach
Tel. 0 83 61/5 94**

Restaurant direkt am Grüntensee mit großer Sonnenterrasse und Kegelbahn. Alle Zimmer mit DU/WC, z. T. Balkon, Ferienwohnungen, gutbürgerliche Küche. Ruhetag: Donnerstag

Pension

# Grüntensee

Café - Restaurant
Grüntenseestraße 11
87466 Haslach
Tel. 0 83 61/16 66 • Fax 81 80

- Gemütlicher Gastraum und Nebenzimmer
- Gutbürgerliche Küche
- Kaffee und Kuchen, Kaffeeterrasse
- Italienische Eisspezialitäten
- Parkplatz am Haus

# Immenstadt i. Allgäu

**Anfahrt** – B 19 von *Kempten* bzw. *Oberstdorf.* – B 308 von *Lindau* bzw. *Hindelang.* – Von *Wertach.* – *Bahnstation.*
**Parken** – Etwa ein Dutzend ausgeschilderte P.

● **Immenstadt** – *Erholungsort* inmitten einer beispielhaften *Ferienregion*, die eindrucksvolle landschaftliche Schönheiten bietet und intensive Naturerlebnisse – *Natur pur* – vermittelt.

● **Sehenswertes** – *Marienplatz* mit historischem Stadtkern. – *Stadtschloss* der *Grafen v. Königsegg-Rothenfels,* 16./17. Jh., mit Rittersaal u. Ahnengalerie. – *Mariensäule* 1773, Brunnenanlage 1988. – *Rathaus* von 1640, umgebaut nach 1753. – *Kath. Pfarrkirche St. Nikolaus,* 1705–1707 nach dem großen Stadtbrand neu aufgebaut, Anfang 20. Jh. erweitert, 1990 Innenrenovation. Barocke Marmoraltäre, prächtige Muttergottesstatue um 1470, Statuen des *Hl. Sebastian* u. des Hl. Rochus von 1520, Kreuzweg mit 14 Stationen, reicher Deckenstuck. – *Ölbergkapelle* nördl. der Pfarrkirche um 1760 mit beachtenswerter Ölbergszene sowie Epitaphien u. Fresken. – *Ehem. Kapuzinerkloster St. Josef,* 1654–55, gegr. von *Graf Hugo v. Königsegg-Rothenfels*, neuromanische Ausstattung. Der *ehem. Klostergarten* ist seit 1988 öffentl. zugänglich. – *Gottesackerkapelle* von 1619 am Friedhof mit Zopfaltar u. Gemälden aus dem 1. Jahrzehnt des 19. Jh. – *Heimatmuseum Hofmühle* an der Ach.

● **Sehenswertes in der Umgebung** – *Kirchen oder Kapellen* in *Akams, Bühl a. Alpsee, Diepolz. Eckarts, Knottenried, Rauhenzell* und *Stein.* – *Burgruinen: Laubenbergerstein, Rothenfels, Hugofels, Rauhlaubenberg* und *Werdenstein.*


# Immenstadt – Mittag-Schwebebahn – Bärenkopf – Mittag – Mittelstation – Talstation

**Weg und Zeit** – 2–2 ½ Stdn – Wenige Höhenmeter im Aufstieg, 733 im Abstieg.
**Charakteristik** – Die luftige Auffahrt mit der *Mittag-Schwebebahn* bringt den Wanderer zu einem traumhaft schönen Aussichtspunkt auf dem *Mittagberg*. Nach dem genussvollen Besuch des *Bärenköpfles* führt der direkte Wanderweg über die *Mittelstation* zur *Talstation* zurück.
**Anfahrt u. Parken** – Von der Ortsmitte über die Bahngleise in die *Mittagstr* zu zwei gr P an der *Talstation.*

● **Die Mittag-Schwebebahn** – *Talstation* 720 m, *Bergstation* 1451 m. Umsteigen an der *Mittelstation*. Mit ihren beiden Sektionen und insgesamt 2300 m ist sie die längste Sesselbahn Deutsch-

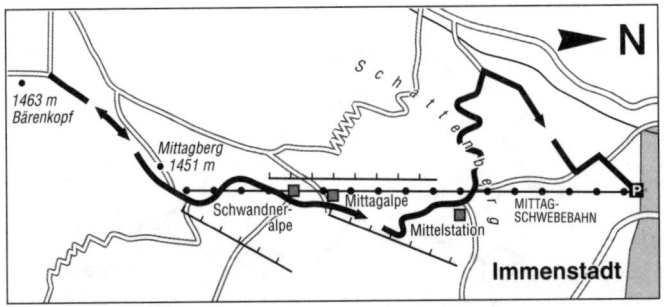

lands und landschaftlich auch eine der attraktivsten.
- **Mittag – Bärenkopf und zurück** – gut ½ Std – Der Ausblick vom *Mittaggipfel* ist überwältigend. Um nur einige Namen zu nennen: *Grünten, Aggenstein, Gimpel, Rote Flüh, Kl u. Gr Daumen, Hochvogel, Nebelhorn, Höfats, Marchspitze, Krottenkopf, Trettachspitze, Mädelegabel, Hohes Licht, Rappenseekopf, Biberkopf, Hammerspitze, Kanzelwand*. Fast zu Füßen im *Illertal* liegen *Immenstadt* u. *Sonthofen*. – Dem *Ww [Bärenköpfle]* folgen. Phan- MA
tastischer Panoramaweg oberhalb des Drachenfliegerhangs – jetzt auch mit Blick ins *Ostallgäu* oder zu *Widderstein* u. *Ifen* – zum *Bärenköpfle* (1463 m). – Von hier aus gibt es weitere prächtige Wandermöglichkeiten: 1) Wegfortsetzung über *Steineberg* u. *Stuiben* mit Abstieg ins *Steigbachtal* oder 2) Fortführung der Route über die *Nagelfluhkette* bis zum *Hochgrat* u. der *Hochgratbahn* (s. S. 140–143) oder 3) Weg über die *Alpe Vorderkrumbach* abw nach *Gunzesried*. – *Bärenkopf* – *Mittagberg*: wie Herweg.
- **Mittag – Mittelstation – Talstation** – 1 ½–2 Stdn – Die Abstiegs- OM
direttissima hält sich zunächst immer in der Nähe der *Schwebebahn*. Kl Felsstufe bei Stütze 13. Abw zur *Alpe Schwanden* (1258 m). Br Weg abw zur *Alpe Mittag* (1210 m). Später schöner *Alpseeblick*. Von der *Mittelstation* geht es mit *Ww [Talstation]* u. *[40,* MA
*Immenstadt, Steigbachtal]* in Kehren im Wald abw ins *Steigbachtal*. Unten re, *Ww [Talstation]*. Vor Rechtsbogen Pfad (!) abw, *Ww*. Später Stufen (!) re. Noch einmal kräftig abw zur *Talstation*.

# MITTAG-SCHWEBEBAHN
Immenstadt/Allgäu, Tel. 0 83 23/61 49

### Ein unvergessliches Erlebnis!

In 25 Minuten bringt Sie die längste Sesselschwebebahn Deutschlands bequem von 720 auf 1450 m. Hier eröffnet sich Ihnen ein herrlicher Rundblick über die Allgäuer und österreichischen Alpen. Der Mittag ist Ausgangspunkt für die beliebten Höhenwanderungen.

Geöffnet ab 8.00 Uhr, letzte Talfahrt 16.30 Uhr.

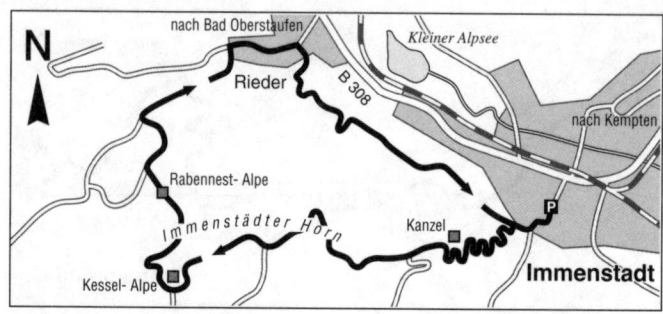

## Immenstadt – Kanzel – Immenstädter Horn – Kessel-Alpe – Rieder – Immenstadt

◩ ◠ ◯ ▨ ▬ ⚶ ⛉ ⛝

**Weg und Zeit** – 9 km – 4 Stdn – davon 750 Höhenmeter im Auf- und Abstieg.

**Charakteristik** – Der steile Anstieg wird durch reizvolle Ausblicke vom Plateau des *Horns* aus auf den *Alpsee* und die *Nagelfluhkette* sowie auf *Immenstadt* belohnt. Der Abstieg gestaltet sich ebenfalls abwechslungsreich: Almen, ein kleines Moor, Bäche, Buchenwälder, *Nagelfluhfelsen* und – nicht zu vergessen – ein „Beinah'-Marterl".

**Anfahrt** – Wie S. 66.

**Parken** – Gebührenpflichtiger P beim Friedhof.

● **Der Rundweg** – Vom Friedhof, der an der Flanke des *Horns* liegt, eine kurze Strecke auf schmaler Teerstr aufw. Mit dem
MA Ww *[Auf das Horn]* und der Markierung *[Blau, 43]* re ab, nach ca. 30 m wieder re auf schmalen Steig. Nach ca. 70 m Wegegabel, hier li aufw durch den Buchenhochwald mit eingestreuten *Nagelfluhfelsen*. Nach ca. 1 Std ist die *Kanzel* (1186 m) erreicht – herrlicher Ausblick. Oberhalb der *Kanzel* wird der Weg merklich weniger steil, führt an einem Marterl vorbei zu einer Wege-
MW gabel. Mit Ww *[Immenstädter Horn]* re aufw, bei nächstem Abzweig li, nach ca. 30 m wieder re. Bei Waldaustritt ist der Gipfel (1490 m) erreicht, das eindrucksvolle Gipfelkreuz ragt re am Steilhang auf. Zum Abstieg am Unterstand vorbei, Ww
MW *[Rieder]*, zur *Kessel-Alpe*. Mit neuer Markierung *[Blau, 42]* re
MW abw bis zum Ww *[Bühl-Alpsee]*, weiter re abw bis zum „Beinah'-Marterl" (mit folgender Inschrift:„Hier an dieser Stell / fiel Kessels Beiknecht fascht in'd Höll..." – Dazu passende Illustration). An der *Rabennest-Alpe* vorbei, bei Wegegabelung re abw bis *Rieder*. Auf der Teerstr re abw, am Ende der
MW Gefällstrecke mit Ww *[Hornweg–Immenstadt]* re aufw. Bei Wegegabel li und dem *Hornweg* folgend an der steilen Nordflanke des *Immenstädter Horns* entlang bis zum Herweg und abw zum Friedhof.

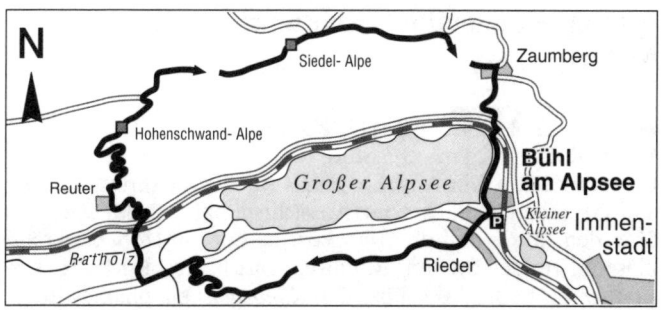

## Bühl a. Alpsee – Rieder – Reuter – Siedelalpe – Zaumberg – Bühl

**Weg und Zeit** – 14 km – 4 Stdn – davon ca. 500 Höhenmeter im Auf- und Abstieg und 2 ½ km Talweg.

**Charakteristik** – Eine prächtige Höhen- und Talwanderung rund um den *Großen Alpsee,* einen malerisch zwischen Höhenzügen eingebetteten See.

**Anfahrt** – A 7 bis *Kempten,* auf B 19 bis *Immenstadt.* – B 308 von *Immenstadt* oder *Oberstaufen.*

**Parken** – Großer gebührenpflichtiger P in *Bühl a. Alpsee.*

● **Bühl a. Alpsee** – Der staatl. anerk. Luftkurort, Teilort von *Immenstadt,* besitzt in seinen beiden Kirchen, *St. Stephan* und der *Loreto-Wallfahrtskapelle,* bemerkenswerte Malereien und Schnitzereien.

● **Der Große Alpsee** – In 724 m Höhe gelegen, mit unverbauten Ufern. Beliebter Badesee, da er neben seiner schönen Lage auch angenehme Wassertemperaturen aufweisen kann.

● **Der Rundweg** – Vom P aus li in den *Kirchsteig* einschwenken, li an der Kirche vorbei, die *Lindauer Str* queren und mit der *Rieder Steige,* dem *Ww [Rieder–Gschwend]* und der Markierung *[Blau]* aufw. In *Gschwend* mit *Ww [Ratholz]* re, bei Abzweig *Stadtwald* mit Markierung *[Blau, 51]* li aufw. Nach Abstieg zur B 308 auf dieser li bis zum *Ww [Ratholz],* mit diesem re ab und bei Straßengabel wieder re. Mit neuer Markierung *[Blau, 21]* über das Bahngleis, auf schmaler Teerstr aufw zur *Hohenschwandalpe* (2 Stdn). An der Alpe vorbei, mit *Ww [Seeblick]* und *[Blau, 1]* li aufw. Auf dem Höhenkamm nach re, mit *Ww [Siedelalpe]* weiter bis zu breitem Schotterweg. Hier mit *Ww [Zaumberg]* re bis zur *Siedelalpe,* an dieser mit *Ww [Zaumberg–Bühl]* ca. 2 ½ km nach *Zaumberg. Ww [Bühl] [Blau, 30]* folgen, vor (!) Hs. Nr. 4 re abw, nach ca. 200 m mit *Ww [Bühl],* nach li und über Wiesenpfade abw zum *Großen Alpsee.* Durch die Bahnunterführung und am Seeufer li entlang bis zur *Konstanzer Ach,* diese auf der Brücke überqueren, wenige Meter bis zum P.

*MA*
*MW*
*MW*
*MW*
*MW*
*MW*
*MW*
*MW*
*MW*
*MW*

## Missen – Jugetalm – Knottenried – Kühberg – Missen

◩ ◠ ◬ ⌘ ⏻ ⚒ ⎅ ✼ ⌺

**Weg und Zeit** – 12 km – 3 ½ Stdn.
**Charakteristik** – Ein Augenschmaus für den Naturfreund. Der atemberaubende Blick vom Aussichtspunkt bei der *Jugetalm* über den *Alpsee* und die *Alpenkette* ist nur ein Höhepunkt auf diesem wunderschönen Rundweg. Auch der Rückweg von *Knottenried* nach *Missen* über den *Kühberg* ist ein phantastischer Panoramaweg, der das Herz jedes naturverbundenen Wanderers höher schlagen lässt. Höhendifferenz ca. 250 m.
**Anfahrt** – Von *Isny* B 12 neu Ri *Kempten,* ab *Seltmans* li Ri *Immenstadt,* hinter *Sibratshofen* li. Von *Immenstadt.*
**Parken** – Gäste-P vor dem *Gasthof Albrecht.*

● **Missen – Knottenried** – 7 km – 2 ¼ Stdn – Vom *Gasthof Albrecht* über die *Hauptstr* Ri *Immenstadt* aus dem Ort hinaus. Mit
MA [2], Ww [*Pfarralpe, Jugetalpe*], re im Tal am Bach entlang. Zu Beginn des Anstiegs li auf der gesperrten Fahrstr bleiben. Nach
MW ca. ½-stündigem Aufstieg mit Ww [*Wanderweg Jugetalpe*] li durch die Schranke auf Forstweg. Achtung: Nach ca. 15 Min im
MW Wald mit Ww [*Stixnerlift, Jugetalpe*] auf schmalem Pfad li abbiegen. Über einen steilen bewaldeten Hügel erreicht der Wanderer die auf einer Anhöhe liegende, bewirtschaftete *Jugetalpe*. An der Alpe vorbei zum Gipfelkreuz. Von hier aus einmaliger Ausblick auf *Immenstadt,* den *Alpsee,* das *Immenstädter Horn* und das dahinter liegende phantastische *Alpenpanorama*. Abw mit
MW [1], Ww [*Knottenried*]. Bei kl Holzhütte auf br Forstweg li abw. Jetzt sanft abw durch den Wald bis zur Str *Missen-Immenstadt*. An der Str entlang re. Nach 150 m li aufw, Ww [*Knottenried*]. Die kl ländliche Gemeinde *Knottenried* liegt in beherrschender Aussichtslage auf einer Anhöhe. Hier bietet sich dem Wanderer eine Einkehrmöglichkeit im

● **Hotel Bergstätter Hof** – Ein bekannter Treffpunkt für Feinschmecker. Herrlicher Blick auf die *Alpen*. Behagliche Komfortzimmer, stilvolle Gasträume, gepflegte Atmosphäre. Schwimmbad, Sauna, Solarium. Hervorragende Küche. Feine, kreative Lamm- und Fischvariationen, leckere Allgäuer Spezialitäten, frisch und kunstvoll zubereitet. Mittlere bis gehobene Preise. – *Ru = Mo, Di erst ab 15 Uhr geöffnet.*

● **Knottenried – Missen** – 5 km – 1 ¼ Stdn – Vor der Kirche mit
MW [23], Ww [*Stixner, Kühberg, Missen*] leicht aufw. Außerhalb des Ortes li durch Viehgatter. Jetzt auf herrlichem Panoramaweg über die Wiesen. Später geht es ein kurzes Stück durch Wald. Vorbei an der *Kaplanalm,* mitten durch die staunenden Kühe. Auf mehreren Bänken in Aussichtslage kann der Naturfreund den wunderbaren Alpenblick in Ruhe in sich aufnehmen. Ein

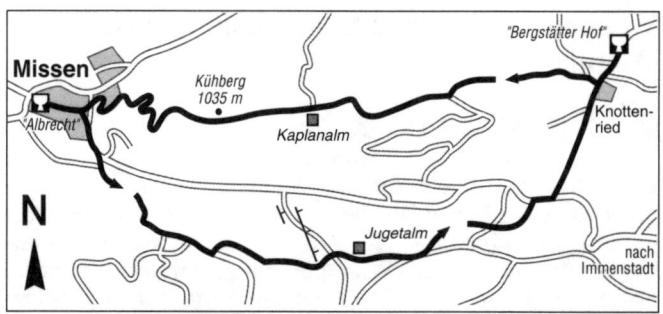

steiler Abstieg über sonnige Wiesenhänge bringt ihn dann zurück zum Ausgangspunkt in *Missen*.

● **Gasthof-Pension Albrecht** – Ein zentral gelegenes Haus im Allgäuer Stil mit großzügigen, komfortablen Gästezimmern. Heusackkur. Kegelbahn. Gemütliche, stilvolle Governmentrräume, gepflegte Atmosphäre. Gutbürgerliche Küche mit regionalen Akzenten. Eigene Schlachtung. Sehr schmackhafte Lamm- und Wildgerichte, feine Fischspezialitäten, umfangreiche Vesperkarte. Kinder- und Seniorenteller. Mittlere Preise. – *Ru = Do.*

**HOTEL Bergstätter Hof**
**Margarete Scholz**
**87509 Immenstadt-Knottenried**
**Telefon 0 83 20/92 30**
**Fax 0 83 20/9 23 46**

*Wo die Straßen zu Sträßchen werden, die sich durch Wiesen und kleine Ortschaften schlängeln, wo der Dunst des Tales unter Ihnen bleibt und der Blick auf die Berge immer schöner wird - da kommen Sie zu uns, zum Bergstätter Hof.*

## Gasthof · Pension
# Albrecht

- modernst eingerichtete Gästezimmer mit DU/WC
- bekannt gute Küche, hausgemachte Kuchen
  Fleischgerichte aus heimischer Erzeugung
- gemütliche Gaststuben, Tagungsraum, vollauto. Kegelbahn

**Schäffler Bräu**

**Hauptstraße 26**
**87547 Missen/Allgäu**
**Tel. 0 83 20/9 22-0, Fax 9 22-22**

## Weitnau – Höhenweg Sibratshofen – Seltmans – Weitnau

**Weg und Zeit** – 8 km – 2 ½ Stdn.
**Charakteristik** – Eine erholsame Wanderung in gesunder Luft durch die malerischen Wälder und Wiesen des *Weitnauer Tals* unterhalb der *Voralpengipfel*. Auf dem ersten Teil des Rundweges warten auf den Wanderer einige mittlere Anstiege. Dafür wird er aber immer wieder mit herrlichen Ausblicken auf die eindrucksvolle Umgebung *Weitnaus* belohnt.
**Anfahrt** – A 7 *Ulm–Kempten,* ab *Kreuz Allgäu* A 980 und B 12 neu bis *Weitnau.* Von *Isny* über B 12 und B 12 neu.
**Parken** – Großer Gäste-P vor dem *Gasthaus Goldener Adler* in *Weitnau.*

● **Weitnau** – 5200 Einw. Die staatlich anerkannte Fremdenverkehrsgemeinde in den Allgäuer Voralpen liegt in einer Höhenlage von 800-1243 m. Der freundlich einladende Marktflecken liegt in einem der Quelltäler der *Argen,* umrahmt von herrlichen Bergwiesen, ursprünglichen Hochmooren und den Gipfeln der *Allgäuer Voralpen.* Bereits 1200 wurde der Ort erstmals urkundlich erwähnt. Früher war *Weitnau* kaiserlich-königlicher Amtssitz. Sehenswert die *St. Pelagius-Kirche,* eine der schönsten neugotischen Kirchen in ganz *Schwaben.* Malerische Winkel und Gassen mit historischen Gebäuden machen den Charakter des Ortes aus. Insgesamt 9 Ortschaften gehören zur Gemeinde *Weitnau: Ettensberg; Hellengerst* (Barockkapelle St. Stephan, Radwanderweg Weitnau-Kempten); *Kleinweiler-Hofen* (Waldlehrpfad zur Ruine Alt-Trauchburg, Freizeitpark); *Rechtis* (Hochmoorlandschaft); *Seltmans* (Freizeitpark, Ausgangspunkt für Wanderungen zur *Riedholzer Kugel); Sibratshofen;Waltrams* (Barockkapelle, Ausgangspunkt zum Lohweg auf den *Hauchenberg); Weitnau; Wengen* (Ort an der alten Römerstraße, Wandergebiet *Sonneck* und *Alpe Wenger Egg).* Der beliebte Fremdenverkehrsort ist idealer Ausgangspunkt für zahlreiche schöne Rundwanderungen im Gebiet *Sonneck* und *Hauchenberg.* Freizeitmöglichkeiten: Panorama-Golfplatz Hellengerst, Kletteranlage in Seltmans, Freibad, Trimm-Dich-Wege, Wassertretanlagen, Waldlehrpfad. Kunsthalle Schwaben. Freizeit- und Miniaturpark. Im Winter stehen dem Wintersportler 4 Skilifte und zahlreiche Langlaufloipen zur Verfügung.

● **Der Rundweg** – Vom *Goldenen Adler* am *Rathaus* vorbei
MA  aufw aus dem Ort hinaus. Am Ortsende mit *[4], Ww [Höhen-*
MW  *weg],* ger. Bei Gabel außerhalb des Ortes halbre, *Ww [Höhenweg Sibrats-hofen].* Jetzt geht es stetig ansteigend durch den
MW  Wald. Nach ca. ¼ Std bei Gabel im Wald mit *[4]* und *[8]* halb-

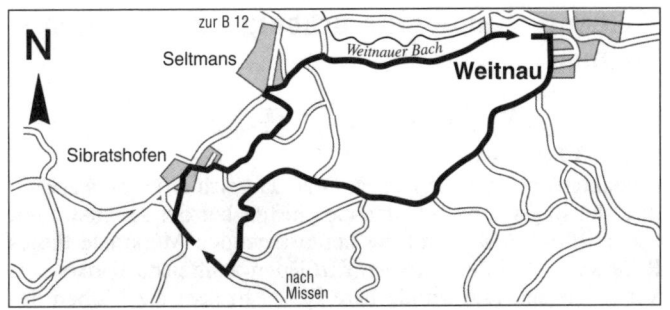

re, später nur noch mit *[8]* ger. Nächste Gabel halbli. Vor einer Viehweide scharf li abw und vor bis zur Str *Missen–Sibratshofen*. Str überqueren, parallel zur Str re, vorbei an einem Bauernhof. Ein kurzes Stück auf der wenig befahrenen Str nach *Sibratshofen,* nach Hochspannungsmast *ohne Markierung* re in den Ort hinein. *Hauptstr* re, *Martin-Jäger-Weg* mit *[7]* und *[8]*, MW *Ww [Seltmans, Weitnau],* re. Achtung: Bereits nach 20 m bei der Gabel re am Gebäude vorbei. Hinter der Dorfhalle li. Jetzt ger durch ein liebliches Wiesental, nach kurzem Anstieg ger durch ein Viehgatter. Über die Viehweide auf ziemlich morastigem, schwer erkennbarem Weg leicht abw und über eine kl Brücke nach *Seltmans. Hauptstr* re, nächste Str gleich wieder mit *[8],* Ww *[Weitnau],* re. Nach kurzer Zeit erreicht der Wan- MW derer eine wenig befahrene Fahrstr, die ihn in einer guten ½ Std durch bezaubernde Wiesenlandschaft zurück zum Ausgangspunkt in *Weitnau* bringt.

Erholungsgebiet
Sonneck

Zentrale Lage im Allgäu –
gute Verkehrsanbindung.
Die idealen Orte (zwischen 800 und 1200 m
Höhe) für Erholung, Ferien, Freizeit und
Sport. Zu allen Jahreszeiten.

**Kostenlose Info und Prospekte: Verkehrsamt Weitnau,
Hauchenbergweg 6, 87480 Weitnau, Tel. 08375/92 02-12, Fax 15 31**

# Weitnau – Ruine Alttrauchburg – Sonneckgrat – Weitnau

**Weg und Zeit** – 8 km – 2 ½ Stdn.
**Charakteristik** – Großartige Panoramaaussicht vom *Sonneckgrat* und die Begegnung mit der Geschichte bei der sehenswerten *Ruine Alttrauchburg* sind die herausragenden Merkmale dieses Rundwegs. Auf dem *Sonneckgrat* laden zahlreiche Bänke zum Verweilen ein. Die wunderbare Bergsicht lässt die Mühen des Aufstiegs schnell vergessen. Höhendifferenz insgesamt 350 m.
**Anfahrt** – Wie Wanderung S. 72.
**Parken** – Gäste-P vor dem *Landhaus Engelhof*.

MA
● **Weitnau – Ruine Alttrauchburg** – 4 km – 1 ¼ Std – Vom *Engelhof* mit *[6]*, Ww *[Sonneckgrat Alttrauchburg]*, aus dem Ort hinaus. Unter der B 12 hindurch. Nach der Unterführung li. Nach 200 m re aufw, vorbei an 2 Bauernhöfen, durch ein Viehgatter und weiter aufw. Jetzt geht es über grüne Almwiesen mit herrlichem Blick auf das *Weitnauer Tal*. Der Weg ist sehr gut ausgeschildert, immer der *[6]*, Ww *[Sonneckgrat Alttrauchburg]*, folgen. Abwechslungsreich verläuft der Anstieg durch schattigen Wald und sonnige Abschnitte. Nach einem ¾-stündigen Aufstieg oben im Wald bei Wegetafel mit *[1, 6]*, Ww *[Alttrauchburg]*, ger über eine kl Treppe abw. Auf dem Forstweg unterhalb der Treppe li. Nach kurzer Zeit geht es dann in 15 Min steil abw zu der auf einem Bergvorsprung liegenden

● **Ruine Alttrauchburg** – Die Burg wurde im 12. Jh. von den *Freiherrn von Trauchburg* errichtet. Seit 1258 gehörte sie den *Truchsessen von Waldburg*. 1529 wurde sie durch die Bauern, 1623 durch die Schweden besetzt. Ab 1772 war sie Vogtei der *Grafen von Waldburg-Zeil*. 1784 wurde die Burg abgebrochen. In den letzten Jahren wurde die Ruine liebevoll restauriert. Informationstafeln geben dem Besucher interessante Einblicke in das mittelalterliche Burgleben.

● **Ruine Alttrauchburg – Sonneckgrat – Weitnau** – 4 km – 1 ¼ Std – Auf gleichem Weg wieder zurück zum Wegekreuz oberhalb der kl Treppe. Von hier aus li aufw und auf dem *Sonneckgrat*
MW entlang mit *[1]*, Ww *[Sonneckgrat, Wengen]*. Vom Gratweg aus sehr schöner Blick Ri Norden ins *Wengener Tal*. Später von einer Lichtung wunderschöner Blick nach Süden auf *Weitnau*, den *Hauchenberg* und die dahinter liegende *Alpenkette*.
MW Bei Gabel nach 20 Min mit *[1]*, Ww *[Rechtis]*, halbli. Bei der *Wanderhütte Sonneckgrat* (1050 m) scharf re abw auf breitem
MW Forstweg mit Ww *[Weitnau]*. Ein bequemer Abstieg bringt den Wanderer in ca. 1 Std mit schöner Aussicht wieder zurück zum Ausgangsort *Weitnau* und zur gemütlichen Einkehr im

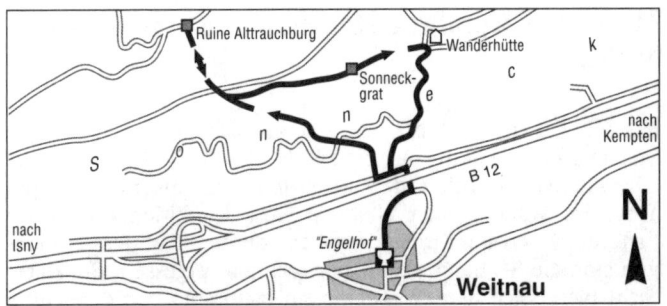

- **Landhaus Engelhof** – Im *Engelhof* in *Weitnau* kann der Gast typisch englische Gastlichkeit mitten im *Allgäu* erleben. Die Wirtsleute *Pam* und *Ray Charlton* verstehen es, ihre Gäste mit englischer Atmosphäre zu verzaubern. Guinness-Bier vom Fass, Billardzimmer, Tennisplatz, Musikfeste und nicht zuletzt die köstlichen englischen Spezialitäten der kleinen, aber feinen Küche machen den Aufenthalt in diesem Landhaus zu einem besonderen Erlebnis. Behagliche Gästezimmer. Mittlere Preise. – *Ru = Mo.* (siehe auch Seite 77).

Pam & Ray Charlton
Hoheneggstr. 28
Telefon 08375/8393
Telefax 08375/8394

*Neue Fewos für höchste Ansprüche für 2 bis 6 Personen. Dusche/WC/Farbfernseher/Balkon. Wir bieten Ski-Lift-Pässe fast zum halben Preis. Tennis-, Volleyball- und Basketballeinrichtungen stehen kostenlos zur Verfügung. Idealer Ausgangspunkt zur Erkundung der Allgäuer Voralpen.*

## Weitnau – Rundweg Hauchenberg – Wilhams – Weitnau

🖼 🏠 🔼 📝 🧭 ⛰ 🅺 ❌ ❌ 🏛

**Weg und Zeit** – 12 km – 4 ½ bis 5 Stdn.
**Charakteristik** – Einer der schönsten und anspruchsvollsten Wege im Wandergebiet *Weitnau*. Gute Kondition und festes Schuhwerk werden für den Aufstieg benötigt. Auf dem Höhengrat sind die Mühen des Aufstiegs schnell vergessen. Bei klarer Sicht bietet sich dem Wanderer ein Panorama von den *Tölzer Bergen* über sämtliche Gipfel des *Allgäuer Landes* bis zu *Säntis* und *Bodensee*. Höhendifferenz 430 m.
**Anfahrt** – Wie Wanderung S. 72.
**Parken** – Gäste-🅿 vor dem *Landhaus Engelhof*.

• **Weitnau – Hauchenberg – Wilhams** – 8 km – 3 ½ bis 4 Stdn – Am *Rathaus* vorbei aufw aus dem Ort hinaus. Am Ortsende mit
MA  [*4*], Ww [*Höhenweg*], ger. Bei Gabel außerhalb des Ortes mit [*5*,
MW  *13*], Ww [*Hauchenberg, Jägersteig*], li aufw. In Wald bei gr Wander-
🅿 Mehrwegegabel mit [*5, 13*] auf 2. Weg von li aufw. Nach 5 Min Gabel ger mit [*13*]. Nächste Gabel ger leicht abw. Unten nach Bachbrücke halbli mit [*5, 13*] steil aufw. Nach ca. 10 Min Linkskurve. Achtung: Beim nächsten Wegekreuz mit Ruhebank halbre weiter auf schmalem, zunächst schwer erkennbarem Waldpfad,
MW  Ww [*Jägersteig*]. 2 Forstwege ger überqueren, jetzt mit [*Rot-*
MW  *Grün*], [*Jägersteig*]. Bei roter Ruhebank bietet sich eine Pause mit herrlicher Aussicht an. Das letzte Stück auf dem *Original-Jägersteig* bis zum Grat des *Hauchenbergs* ist sehr steil. Bei Wegekreuz
MW  wieder mit [*13*], Ww [*Hauchenberg*] li. Nach kurzem ebenen Stück mit [*5, 13*] re steil aufw zum Grat des *Hauchenbergs* (1230 m). Von einer Almwiese mit Ruhebank kann der Wanderer ein grandioses Alpenpanorama genießen. Allein schon dieser Anblick macht die Wanderung zu einem unvergesslichen Erlebnis. Auf dem Grat-
MW  weg mit [*13*], Ww [*Missen, Wilhams*], re. Herrlicher Panorama-
MW  weg. Nach knapp ½ Std mit [*2*], Ww [*Wilhams*], ger. Jetzt folgt ein
MW  steiler Abstieg, [*Rote Punkte*] an den Bäumen weisen den Weg.
MW  Unten auf Almwiese bei Wegekreuz re, Ww [*Wilhams*]. Nach 10 Min erreicht der Wanderer die Ortschaft *Wilhams*. Nach der kl Kapelle re und in ca. 5 Min zur

• **Gaststätte Schrofenalm** – In Ortsrandlage direkt am Skilift liegt diese sympathische, kinderfreundliche Gaststätte mit schöner Sonnenterrasse in herrlicher Aussichtslage. Der Gast wird mit gutbürgerlicher Küche mit regionalen Akzenten verwöhnt. Selbstgebackene Kuchen. Mittlere Preise. – *Ru = Mo, Di, Mi.*

• **Wilhams – Weitnau** – 4 km – 1 Std – Weiter auf asphaltierter
MW  Str mit [*13*], Ww [*Weitnau*]. Bei Dreiwegegabel nach den Bau-
MW  ernhöfen mit Ww [*Weitnau, Hauchenberg*] li an roter Bank vor-

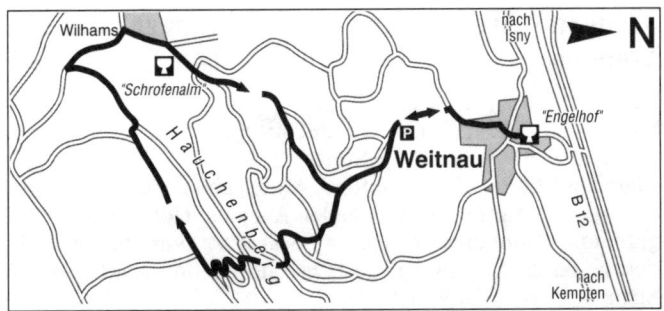

bei. Ein schöner bequemer Rückweg über Almwiesen, später durch Wald bringt den Wanderer in ca. 1 Std zurück nach *Weitnau*. Bei mehreren Gabeln jeweils *Ww [Weitnau]* folgen. Bei Dreiwegegabel vor dem Eintritt in den Wald mit *Ww [Weitnau, Hauchenberg]* halbli aufw. Nächster Querweg li, gr Kreuzung im Wald ger aufw mit *[5]*, *Ww [Weitnau Ortsmitte]* und auf dem MW gleichen Weg wie anfangs zurück nach *Weitnau* und zur Einkehr im

● **Landhaus Engelhof** – Beschreibung siehe S. 75.

## Wengen – Wenger Egg – AT Schwarzer Grat – Wengen

◪ ⌐ ⌂ ✍ ⛰ ℙ ✲ ⌧ ⛺

**Weg und Zeit** – 7 ½ km – 2 ½ Stdn.
**Charakteristik** – Eine zünftige Mittelgebirgswanderung mit einem ca. 1-stündigen, z. T. steilen Aufstieg. Höhepunkt ist die grandiose Panoramasicht vom *AT Schwarzer Grat*, die die Wanderung zu einem unvergesslichen Naturerlebnis macht. Festes Schuhwerk ist erforderlich.
**Anfahrt** – Von *Isny* B 12 Ri *Kempten*, nach *Großholzleute* li über *Bolsternang* nach *Wengen*. Höhendifferenz 320 m.
**Parken** – Gäste-Ⓟ vor dem *Gasthof „Engel"*, öffentlicher Ⓟ gegenüber dem *Gasthaus „Zollerwirt"*.
● **Gasthaus „Zollerwirt"** – Ein gemütliches Landgasthaus in zentraler Lage. Ungezwungene, herzliche Atmosphäre. Die Küche ist gutbürgerlich und bietet dem Gast neben sehr lecker zubereiteten Schnitzel- und Bratenvariationen insbesondere köstliche Wildspezialitäten. Umfangreiche Auswahl an Vespern. Kinder- und Seniorenteller. Untere Preise. – *Ru = Mi*.

MA ● **Der Rundweg** – Neben dem *Gasthof „Engel"* mit *[3]*, Ww *[Wenger Egg, Schwarzer Grat]*, aufw an der Kirche vorbei. Bei Gabel li aus dem Ort hinaus. Auf asphaltiertem Weg zunächst durch grüne Wiesenmatten. Nach einer Wassertretanlage geht es auf einem Feldweg steil aufw. Der gesamte Aufstieg ist gut markiert. An der nächsten Gabel halbli. Von halber Höhe immer wieder großartige Aussicht auf das im Tal liegende *Wengen*. Auf einer der zahlreichen Ruhebänke kann der Naturfreund die friedliche Stimmung in sich aufnehmen. Achtung: Nach ca. ½ Std bei Gabel halbli weiter aufw auf schmalem Pfad. Es folgt ein sehr steiles Waldstück. Hier ist festes Schuhwerk erforderlich. Nach kl Holztreppe breiten Weg schräg überqueren und auf dem Pfad mit Handlauf weiter aufw. Nach ca. 200 m, vor den Wegweisern, hat der Wanderer von der roten Ruhebank zum ersten Mal einen grandiosen Ausblick auf das Alpenpanorama. Oben mit dem Zeichen des *[Rundwanderweges*
MW *Oberallgäu]*, Ww *[Wenger Egg, Schwarzer Grat]* vorbei an der bewirtschafteten *Almhütte Wenger Egg*. Von hier aus ist der *AT Schwarzer Grat* schon sichtbar. Oberhalb des *Wenger Egg* herrliche Aussichtsplattform in Ri *Alpen* bei gr Holzkreuz. Nächste
MW Abzweigung li, Ww *[Schwarzer Grat, Bolsternang]*. Nach 20 m re aufw durch dem Wald zum *AT Schwarzer Grat*. Der Blick vom *AT* reicht bei guter Sicht vom *Bodensee* über die gesamte *Alpenkette*, eine schöne Belohnung für die Mühen des Aufstiegs. Der Abstieg ist sehr bequem. Wieder auf gleichem Weg vorbei am
MW *Wenger Egg*. Dann geht es mit Ww *[Wengen]* auf der wenig befahrenen Mautstraße gemütlich abw. Der Weg schlängelt sich

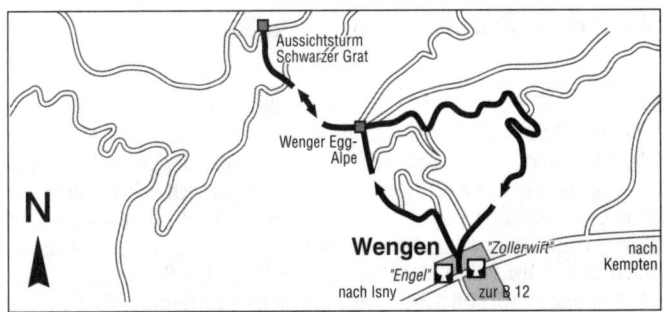

bei teilweise herrlicher Aussicht leicht abfallend zunächst durch Wald, später durch die Almwiesen und bringt den Wanderer in einer knappen Stunde zurück zum Ausgangspunkt nach *Wengen*.
● **Gasthof-Pension Engel** – Ein sehr gepflegtes Haus mit rustikalen Galsträumen und schöner Sonnenterrasse. Die Küche ist exzellent. Kreative Gerichte vom Lamm aus eigener Herde sowie die kräftigen Wild- und die feinen Fischgerichte können den Feinschmecker überzeugen. Auch Vesper, Schonkost. Allgäuer Bauernbuffet ab 20 Personen. Mittlere Preise. – *Ru = Di.*

## Bekannt gutes Speiserestaurant

- deftige Brotzeit
- Kaffee und hausgemachte Kuchen
- Eisspezialitäten
- Mittwoch Ruhetag

Auf Ihren Besuch freut sich
**Familie Möslang**
**Telefon 0 83 75/86 70**

**Familie Hauser**
**87480 Wengen/Allgäu**
**Telefon 0 83 75/3 17**
**Telefax 0 83 75/85 12**
Dienstag Ruhetag

In unseren gemütlichen Galsträumen bieten wir unseren Gästen:
Gutbürgerliche frische Küche • erlesene Lammgerichte vom Lamm aus eigener Haltung • Wild aus heimischen Wäldern •
deftige Brotzeit und hausgemachte Kuchen
• Große Sonnenterrasse • Gästezimmer mit DU/WC • 2 Kegelbahnen

Auf Ihren Besuch freut sich **Familie Hauser**

# Wengen – Rundweg Sonneckgrat

**Weg und Zeit** – 10 ½ km – knapp 3 Stdn.
**Charakteristik** – Eine gute Kondition sollte der Wanderer auf diesem herrlichen Rundweg auf den *Sonneckgrat* schon mitbringen. Der Aufstieg beginnt recht harmlos. Das letzte Stück vor dem Grat ist aber außerordentlich steil und kräftezehrend. Nach den Mühen folgt selbstverständlich die Belohnung. Auf dem *Sonneckgratweg* und später auf dem bequemen Abstieg hat der Wanderer immer wieder wunderbare Aussichten auf die *Alpenkette* und das *Wengener Tal*. Höhendifferenz ca. 300 m.
**Anfahrt** – Wie Wanderung S. 78.
**Parken** – Gäste-P vor dem *Gasthof Engel*, öffentlicher P gegenüber dem *Gasthaus „Zollerwirt"* (siehe S. 78).

● **Wengen** (798 m) – Der beliebte Fremdenverkehrsort gehört zum *Markt Weitnau* und liegt in einmalig schöner Voralpenlandschaft in einem Tal zwischen *Sonneck* und *Schwarzem Grat*. Der schmucke kleine Ort mit der sehenswerten gotischen Kirche und den stattlichen Landgasthöfen ist Ausgangspunkt für zahlreiche abwechslungsreiche Wanderungen. Modelleisenbahnfans werden begeistert sein von der

● **Miniland H0-Modelleisenbahn-Schau** – Einmalig in Europa ist diese herrliche, naturgetreue Naturlandschaft vom Meer bis zu den Alpen auf einem 88 m langen Modellbahntisch. Auf 1800 m Schienen sind 200 Loks und 1100 Waggons zu sehen. 85 Züge sind in ständigem Einsatz. Die Schau ist ein lohnendes Ausflugsziel für die ganze Familie. *Öffnungszeiten: Von Mitte März bis Anfang November sowie in den Weihnachtsferien täglich von 9.30 bis 18.00 Uhr. In der übrigen Zeit nur samstags, sonn- und feiertags.*

● **Der Rundweg** – Schräg gegenüber vom *Gasthof Engel* neben
MA der *Raiffeisenbank Römerstr* mit *[l]*, Ww *[Alttrauchburg, Sonneckgrat, Rechtis]* aus dem Ort hinaus. Im *Altbach* ger, vor Kinderspielplatz Gabel ger. Zunächst geht es durch ein liebliches Almwiesental. Bei Dreiwegegabel mit gelber Ruhebank re aufw in den Wald abbiegen. Nächste Gabel mit *[l]*, Ww *[Sonneckhöhe]* scharf re. Nach langgezogener Linkskurve bei Gabel *ohne Markierung* halbli aufw. Querweg wieder mit *[l]*, Ww *[Trauchburg, Hirschlache]*, re. Bei der nächsten Gabel halbli
MW mit Ww *[Rechtis]*. Achtung: Nach 20 m mit dem Zeichen des *[Oberallgäuer Rundwanderweges]* re steil aufw, Ww *[Sonneckhöhe]*. Nach 5 Min an der Gabel halbli. Nach ca. 20 Min steilem Aufstieg erreicht der Wanderer den *Sonneckgrat* (1060 m). Oben
MW li weiter auf dem *Gratweg*, Ww *[Osterhofen, Rechtis]*. Bei Gabel
MW vor Anhöhe mit dem Zeichen des *[Gratwanderweges]* ger aufw. An einigen Stellen wunderschöne Aussicht auf die *Alpengipfel*.
MW Nach ½ Std in einer Linkskurve dem Ww *[Wengen]* folgen.

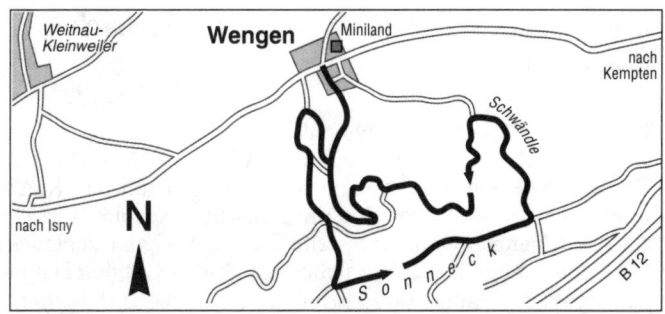

Bequemer, gut ausgeschilderter Rückweg mit herrlicher Aussicht auf das *Wengener Tal*. Achtung: Auf halber Höhe nicht re dem schmalen Fußweg mit *Ww [Wengen]* folgen, sondern ger weiter auf Forstweg, *Ww [Neutrauchburg]*. Nach ca. ½ Std nächste Abzweigung mit *Ww [Wengen]* re abw. Dieser Weg bringt den Wanderer in 20 Min nach *Wengen*.

## HO-MODELLEISENBAHN-SCHAU

Herrliche, naturgetreue Modelllandschaft vom Norden bis zum Süden Deutschlands auf 88 m Tischlänge. 200 Loks, 1.100 Waggons, 85 Züge in stetem Einsatz auf 1.800 m Schienen

**Miniland**
87480
WENGEN IM ALLGÄU
B 12 KEMPTEN-ISNY
383 qm MAMMUT-ANLAGE

**Unvergleichlich in Europa.**

### ATTRAKTIONEN:

Start und Landung von beleuchteten Modellflugzeugen auf dem Flugplatz der Anlage (Deutsches Patent). "RHEIN IN FLAMMEN". Elektronisches Feuerwerk am Anlagenhimmel.

**NEU:** Landschaftsmotive aus den neuen Bundesländern mit Zügen aus der Jetztzeit, aber auch typischen Zuggarnituren aus der verflossenen DDR-Zeit (Deutsche Reichsbahn)

ÖFFNUNGSZEITEN: Von Mitte März bis Ende der 1. Novenberwoche und vom 25.12. bis Ende der Weihnachtsferien täglich von 9.30 bis 18.00 Uhr. In der übrigen Zeit nur samstags, sonn und feiertags geöffnet. Tel. (08375) 8622

Anfahrt über die A7, Ausfahrt Kempten (Mitte), dann alte B 12 Richtung Isny/Lindau über Rothkreuz, Buchenberg nach WENGEN.

## Buchenberg – Eschacher Weiher – Eschach – Buchenberg

◪ ◠ ◠ ▦ ⋒ ⦗ ✳ ⊠

**Weg und Zeit** – 10 km – 2 ½ Stdn.
**Charakteristik** – Auf weiten Teilen dieses beschaulichen Rundwegs kann der Wanderer eine unvergleichlich schöne Aussicht auf das Alpenpanorama und weite Teile des *Allgäus* genießen. Ein Wanderweg für Naturgenießer, die abseits von den Hauptwanderwegen Ruhe und Erholung suchen. Im Sommer Bademöglichkeit im *Eschacher Weiher*.
**Anfahrt** – Von *Isny* B 12 alt über *Wengen*. – Von *Kempten*.
**Parken** – Öffentliche P in der *Eschacher Str* in *Buchenberg*.

● **Buchenberg** (850 m) – Der freundliche Marktflecken liegt am ehemaligen römischen Straßenzug von *Kempten* nach *Bregenz*. Erstmals erwähnt 804. Marktrecht von 1485 bis zum 30-jährigen Krieg und wieder ab 1930. Sehenswert die *Pfarrkirche St. Magnus* von 1793 sowie eine freigelegte römische *Felsenstraße*.

● **Buchenberg – Eschacher Weiher – Eschach** – 7 km – 1 ¾ Stdn – *Ohne Markierung Eschacher Str* bis *Restaurant Tannenhof*. Hier
MA mit *[4]*, Ww *[Galgenmoos-Rundweg] Römerstr* li. In beschaulicher Atmosphäre geht es über eine ehemalige Eisenbahntrasse schnurgerade am Rande des *Galgenmoos* entlang. Am Ende des langen Holzhandlaufs *ohne Markierung* ger weiter. In der Ortschaft *Schwarzerd* ein Stück auf dem Fußweg parallel zur Durchgangsstr re. Nächste Abzweigung re aufw auf wenig befahrener
MW Fahrstr mit *[3]* Ri *Steckenried*. Durch sattgrünes Weideland am Rande eines Moorgebietes geht es jetzt leicht aufw, vorbei an mehreren Einzelhöfen. Auf Anhöhe weiter ger auf Feldweg mit *[3]*, Ww *[Hahnemoos, Eschach]*. Herrliche Aussicht auf *Blender*
MW und *Alpenpanorama*. Beim nächsten Wegekreuz li, Ww *[Escha-*
MW *cher Weiher]*. Nach *Ferienhof Bergblick* mit *[Rotem Punkt]* li. Nach kurzer Zeit erreicht der Wanderer den idyllisch am Waldrand gelegenen *Eschacher Weiher* (Bademöglichkeit, Liegewiese,
MW Ruhebänke). Auf dem gleichen Feldweg zurück, Ww *[Buchenberg]*. Bei Beginn des asphaltierten Weges re. Nächste Abzwei-
MW gung mit Ww *[Eschach]* li. Unterhalb des Bauernhofes Querweg re. In 5 Min erreicht der Wanderer *Eschach,* das in wunderschöner Aussichtslage auf einer Anhöhe liegt. Am Ortsausgang Ri *Buchenberg* Einkehrmöglichkeit im

● **Gasthof zur Krone** – In ruhiger Lage mit Alpenblick. In wohltuend familiärer Atmosphäre findet der Gast eine kleine Auswahl guter Hausmannskost mit leckeren Braten, Schnitzeln und herzhaften Vespern. Kinder- und Seniorenteller. Bier vom Fass. Urgemütlicher Biergarten. Sehr günstiges Preis-Leistungsverhältnis. – *Ru = Di*.

OM ● **Eschach – Buchenberg** – 3 km – ¾ Stdn – *Ohne Markierung* ein

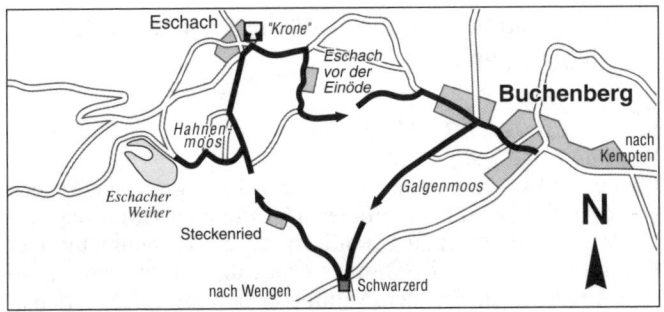

Stück auf dem Fußweg parallel zur Str nach *Buchenberg*. Nach Transformatorenturm nächster asphaltierter Weg re, *Ww [Vor der Einöde]*. Nach dem 2. Hof: Achtung (!), 200 m nach der Linkskurve *ohne Markierung* ger auf Wiesenweg in den Wald hinein (nicht re dem asphaltierten Weg folgen). Durch Wald und Wiesen leicht abw, bei Gabel vor roter Ruhebank li, *Ww [Buchenberg]*. An der Str ein kurzes Stück re und auf der *Eschacher Str* zurück zum Ausgangsort.  MA OM MA

● **Weiterer Wanderweg** – Empfehlenswert ist auch eine Wanderung von *Buchenberg* zum *Rohrbachtobel* und zum *Bender* (1072 m) mit dem *Hölzlestobel*.

# Gasthof zur Krone

Besitzer Adelbert Miehler
87474 Eschach-Buchenberg
Telefon 0 83 78/74 17

- Herrliche Alpensicht – Höhenluftkurort
- Reichhaltige Vesperkarte
- Parkplatz am Haus
- Dienstag Ruhetag

**Allgäuer Brauhaus**

**wandern & erholen**

**Luftkurort Buchenberg Allgäuer Voralpen**

Tel. 0 83 78/ 92 02-22

# Eschachthal/Gasthaus Batschen – Rundweg AT Schwarzer Grat

**Weg und Zeit** – 7 km – 2 Stdn.
**Charakteristik** – Ein kleiner, aber feiner Rundweg. Der Anstieg von ca. ¾ Std ist völlig unproblematisch und auch von ungeübten Wanderern leicht zu bewältigen, ca. 250 Höhenmeter. Der Rundumblick vom *AT Schwarzer Grat* zählt mit zu den schönsten Eindrücken, die der Naturliebhaber im *Allgäu* erleben kann. Der knapp 1-stündige Abstieg ist sehr bequem und dennoch reizvoll.
**Anfahrt** – Von *Kempten* über *Buchenberg*. Dort Abzweigung re Ri *Eschach*. Der *Gasthof Batschen* liegt ca. 5 km hinter *Eschach* direkt an der Str nach *Kreuzthal*.
**Parken** – Gäste-P vor dem *Gasthaus Batschen*. Wander-P auf der anderen Straßenseite.

● **Gasthaus-Pension Batschen** – Mitten im Wald liegt dieses urgemütliche Landgasthaus mit behaglichen Gästezimmern. Zünftige Galerie und schöne Sonnenterrasse. Die gutbürgerliche Küche bietet neben leckeren Schnitzeln und Braten auch Lamm- und Fischgerichte. Kreative Vollwertküche. Hausspezialität ist das köstliche Batschenpfännle. Mittlere Preise. – *Ru = Do*.

● **Der Rundweg** – Schräg gegenüber vom *Batschen* beginnt die Wanderung. Bei Gabel zu Beginn des Waldes mit Ww *[Wenger*
MA *Egg, Wengen]* halbli leicht aufw in den Wald. Bei Gabel nach ca. 15 Min halbli, Ww *[Wengen]*. Nach Bachbrücke mit grünem
MW Eisengeländer Gabel halbre. Bei Mehrwegegabel nach 5 Min ger auf dem Hauptweg bleiben. An dieser Stelle *keine Markie-*
OM *rung!* Nach einiger Zeit ger durch ein Weidegatter. Jetzt aus dem Wald heraus und über sonnige Almwiesen aufw zur bewirtschafteten *Alpe Wenger Egg*. Li oberhalb der Alpe am Gipfelkreuz herrlicher Aussichtspunkt mit überragendem Alpenpanorama. Weiter leicht aufw über die Wiesen.

## Gasthaus-Pension
## Batschen

Kleines gemütliches Gasthaus am Wald gelegen. Zimmer 1 bis 4 Betten. Durchgehend warme Küche (gut bürgerlich und Vollwert), Sonnenterrasse, Liegewiese, Fahrradverleih, Kinderspielplatz. Ausgangspunkt für Wanderungen, Badesee 3 km (auch FKK), Freibad ohne Eintritt. Donnerstag Ruhetag.

**I. Schmuck, Im Eschachtal 89, 87474 Buchenberg, Tel. 07569/1297**

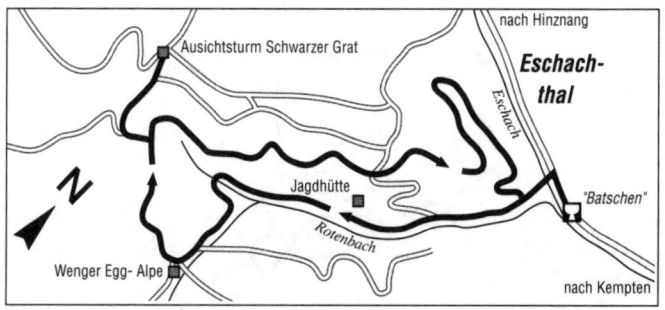

Nächste Abzweigung li zum *AT Schwarzer Grat* (siehe auch S. 78). Nach der wunderbaren Rundumsicht, bei guter Sicht vom *Bodensee* über die gesamte *Alpenkette,* vom *AT* auf dem gleichen Weg zurück bis zum breiten Weg, der re zum *Wenger Egg* MA führt. An dieser Stelle beginnt der Rückweg mit Ww *[Kreuzthal],* li. In mehreren großen Schleifen geht es jetzt sanft abw durch Wald, anfangs auch über Wiesenabschnitte. Immer wieder schöne Aussicht. Bei Gabel auf einer Lichtung durch das Viehgatter hindurch halbre abw. Der Abstieg über den *Höhenweg* zurück zum *Gasthaus Batschen* dauert eine knappe Stunde.

## Oberkürnach/Blockhäusle – Rundweg Karlstobel – Kreuzleshöhe – Kl. Goldach – Blockhäusle

**Weg und Zeit** – 9 ½ km – 2 ½ Stdn.
**Charakteristik** – Eine sehr schöne Waldwanderung mit einem ca. 1-stündigen, mittleren Anstieg, 300 Höhenmeter. Auf überwiegend gut befestigten Wegen wird der Naturfreund in der gesunden Luft und der erholsamen Stille des Waldes schnell den Alltagsstress vergessen.

**Allgäuer Brauhaus**

𝔅𝔩𝔬𝔠𝔨𝔥ä𝔲𝔰𝔩𝔢 „Am Karlstobel"
Pension - Ferienwohnungen
87487 Oberkürnach
Tel. 0 83 70/4 97 und 10 70

Gutbürgerliche Küche. Wir liegen inmitten von Wiesen mit großem Parkplatz und Freigelände.
Wir sorgen für angenehmen Aufenthalt **Familie Fischer**

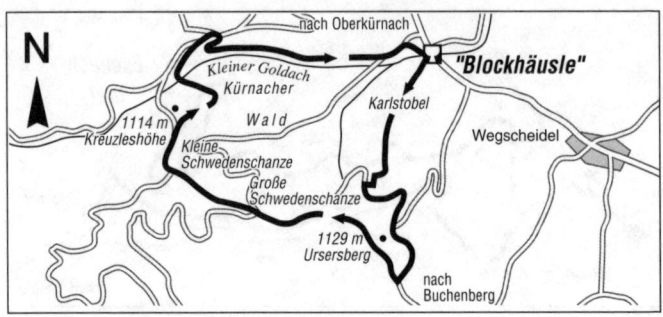

**Anfahrt** – Von *Leutkirch* Ri *Isny*. Nach *Urlau* li über *Winterstetten, Unterkürnach*. Das *Blockhäusle* liegt 1 km außerhalb von *Oberkürnach* an der Str.

**Parken** – Großer Gäste-P beim *Gasthaus Blockhäusle*.

● **Gasthaus-Pension Blockhäusle** – In ruhiger Einzellage am Waldrand liegt dieses sympathische Gasthaus mit gemütlichen Galerien, Gartenterrasse und behaglichen Gästezimmern. Ferienwohnungen. In familiärer Atmosphäre werden gutbürgerliche Gerichte wie leckere Braten, Schnitzel und herzhafte Vesper serviert. Untere bis mittlere Preise. – $Ru = Di$.

● **Der Rundweg** – Neben dem *Blockhäusle* ohne Markierung vorbei am Schild *[Durchfahrt verboten]* auf Waldweg leicht aufw durch den *Karlstobel* am Bach entlang. Nach 10 Min ist der Weg MA mit *[Eichhörnchen]* markiert. Am Ende des geschotterten Weges mit *[Eichhörnchen]* scharf re auf schmalem Waldpfad steil aufw und mitten durch die im Wald weidenden Kühe. Oben MW auf br Forstweg mit *[Hirsch]*, Ww *[Eschacher Weiher]*, li. Weiter OM geht es leicht aufw. Bei breitem Querweg *ohne Markierung*, Schild *[18/14 Berleberg]* re. Nächster Querweg re steil aufw, Ww MA *[Eschacher Weiher]*. Nach 5 Min auf breiten Querweg mit *[11]*, MW Ww *[Rundweg Kreuzleshöhe, Blockhäusle]* re aufw. Kurz darauf erreicht der Wanderer bei der *Witzgall-Linde* am *Ursersberg* mit 1129 m den höchsten Punkt des Rundweges. Auf gr Waldlichtung mit idyllischem kl Weiher laden Ruhebänke vor einer Holzhütte zum Verweilen ein. Dieser wunderschöne Platz eignet sich für eine erholsame Rast. Mit *[11]*, Ww *[Kreuzleshöhe]*, MW ger weiter, nach 200 m wieder mit *[Eichhörnchen]*. Nächster Querweg re abw. Nächste Gabel halbre mit *[Eichhörnchen]*, Ww *[Blockhäusle]*. Jetzt geht es wieder abw ins Tal. Nach ca. 5 Min Gabel li. Nächste Gabel ger abw. Bei gr Waldkreuzung mit Kruzifix scharf re abw. Unten auf breitem Forstweg an *Kleiner Goldach* entlang. Vor dem Wander-P im Tal re mit *[Eichhörnchen]*, Ww *[Blockhäusle]* über kl Bachbrücke. In ca. 5 Min auf schmalem Pfad über eine kl Anhöhe zurück zum Ausgangspunkt.

# Kempten – Cambodunum – Museen – Wandern

**Anfahrt** – A 7 *Würzburg – Ulm/ Elchingen – Memmingen* bzw. *Nesselwang* (später *Füssen*). – A 96 *München – Memmingen* (abschnittsweise 1998 noch im Ausbau) – A 7. – A 96 *München* – Ausfahrt *Jengen/Kaufbeuren* – B 12. – B 12/ B 12n von *Lindau*. – B 19 *Oberstdorf – Sonthofen*. – B 308/ B 19 *Oberstaufen – Immenstadt*. – *IC-Station*.

● **Kempten** (672 m) – *Metropole des Allgäus*, nach *Augsburg* die zweitgrößte Stadt des bayer. Regierungsbezirks Schwaben, im Alpenvorland beidseits der *Iller*. Die ehem. *Kelten-* und *Römerstadt Cambodunum* kann auf eine über 2000-jährige Geschichte zurückblicken. Bereits um 18 n. Chr. wurde sie in dem umfangreichen Werk des Griechen *Strabon* (63 v. Chr. – etwa 28 n. Chr.) erwähnt. Es ist das älteste schriftliche Zeugnis für eine deutsche Stadt überhaupt. Im Mittelalter war *Kempten* für fast 600 Jahre streng und unerbitterlich getrennt: Nebeneinander gab es hier zwei feindliche Territorien, die sich kompromisslos bekämpften, die vom *Bürgertum* getragene *Freie Reichsstadt* und die vom *Fürstabt* regierte *Stiftsstadt*. Erst 1818 wurde diese Fehde auf Befehl des *Königs v. Bayern* beendet. Heute ist *K.* ein vielseitiger Industriestandort, der neben dem berühmten „*Allgäuer Käse*" auch Maschinen, Werkstoffe, Elektronik u. v. a. in alle Welt exportiert.

● **Archäologischer Park Cambodunum (APC)** – **1. Abschnitt:** Hier ist der **Gallorömische Tempelbezirk** zugänglich gemacht worden. Auf den originalen Grundmauern wurden einige Gebäude rekonstruiert. – **2. Abschnitt:** Die **Kleinen Thermen** des sog. Unterkunftshauses als originale Ruine unter einem Schutzbau. – **3. Abschnitt**: Teile des **Forums** sind in einem Parkgelände markiert und frei zugänglich. Ein Modell und Schautafeln erläutern die Anlage. Herrlicher Blick auf *K.*

● **Römisches Museum im Zumsteinhaus** – Das Bild der *Römerstadt Cambodunum* wird – bes. vor oder nach einem Besuch des *Archäologischen Parks* – durch Modelle und Karten vervollständigt. Unter den einmaligen Exponaten, die auch Ausrüstungsteile röm. Legionäre zeigen, nimmt der wertvolle *Wiggensbacher Schatzfund* mit Schmuckstücken und Münzen aus der Zeit um 233 n. Chr. eine Sonderstellung ein.

● **Naturkundemuseum** – Mineralien, Reliefs u. v. a. zeigen die Entstehungsgeschichte von *Kempten* und seiner Umgebung.

● **Alpinmuseum im Marstall** – *Größtes alpingeschichtliches Museum in Europa*. Themen u. a.: *Heiliger Berg, Erlebnis Berg, Topographie, Alpinismus, modernes Klettern, Ski u. Skifahren*.

● **Alpenländische Galerie** – Hervorragende spätmittelalterl. Bildnisse, Tafelbilder u. Flügelaltäre aus dem Alpenraum.

● **Wanderwege** – Es locken *14 schöne Rundwege* (3 bis 13 km) unweit der Kernstadt. *Karte* m. exakten *Beschreibungen* beim **i** .

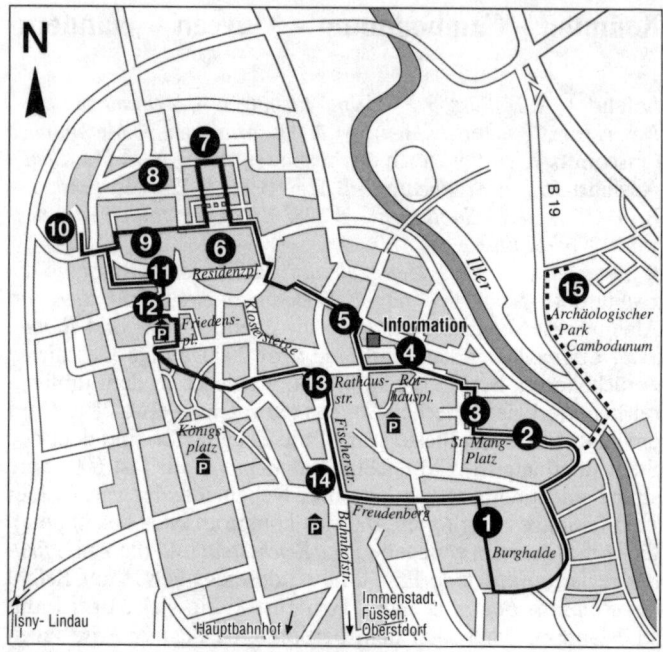

## Kempten – Altstadtrundgang

1) **Burghalde**, röm. Kastell, got. Burgturm, Freilichtbühne. –
2) **Bäckerstraße**, Häuserensemble 17./18. Jh. – 3) **St.-Mang-Platz**, got. *Kirche, Rotes Haus* 1600/1763, got. Häusergruppe *Mühlberg*. – 4) **Rathausplatz**, Patrizierbauten 16./ 18.Jh., Nr. 2, *Londoner Hof*, Nr. 3, *Altes Zollhaus*, Nr. 5, *Neubronnerhaus*, Nr. 10 u. 12 *Ponickauhaus* 1570/ 1740 (Treppenhaus!). Nr. 24 **i** **Tourist-Information** (kostenlose umfassende Rundgang-Beschreibung). **Rathaus** 1368/ 1474/ 1987. *Rathausbrunnen*, Säule 1601 (Kopie). – 5) **Kronenstraße**, Häuser Nr. 29 u. 31, 1570/ 1712/ 1771. – 6) **Residenz** der Fürstäbte 1651–74, prächtige Prunkräume mit Rokoko-Ausstattung. – 7) **Orangerie** 1780, *Hofgarten*. – 8) **Marstall** mit **Alpinmuseum** und **Alpenländer Galerie**. – 9) **St.-Lorenz-Basilika**, begonnen 1652 von *Beer* und *Serro*, großartige Doppelturmfassade, mächtige Kuppel, prächtige Ausstattung. – 10) **Großer Kornhausplatz**, **Kornhaus** um 1700. – 11) **Hildegardplatz** mit dem **Landhaus** 1732, stuckierter Saal (über der Buchhandlung). – 12) **Zumsteinhaus** 1802, schönstes klassizistisches Bürgerhaus der Stadt, **Römisches Museum** und **Naturkunde-Museum**.
– 13) **Freitreppe Schlössle** 1593 mit Blick auf *Rathausstraße*. *Rathaus* und *Rathausplatz*. – Abstecher zur **Fischersteige**.
– 14) **Fischerstraße**, erste Fußgängerzone Schwabens.
– 15) **Archäologischer Park Cambodunum**, s. Seite 87.

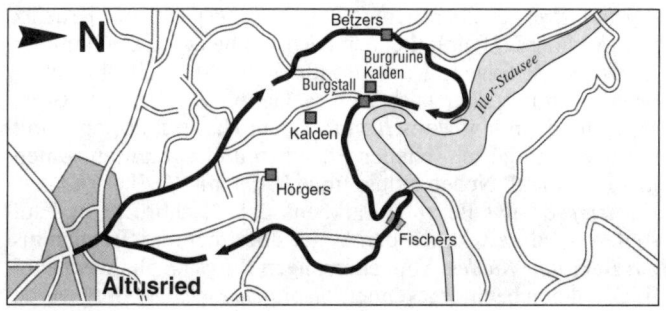

## Altusried – Rundweg zum Illerdurchbruch

**Weg und Zeit** – 9 km – 2 ½ Stdn.
**Charakteristik** – Wandern von Hof zu Hof durch die seit Jahrhunderten von Allgäuer Bauerngenerationen gestaltete Landschaft. Immer wieder herrliche Rundblicke. Höhepunkt des Rundweges ist der Blick auf den canyonartigen Einschnitt des *Illerdurchbruchs,* der ein 70 m hohes Steilufer geschaffen hat.
**Anfahrt** – Von *Leutkirch* Ri *Kempten* über *Kimratshofen*.
**Parken** – Öffentliche P beim *Marktplatz*.
● **Altusried** (722–950 m) – Der anerkannte Erholungsort im *Allgäuer Voralpenland* liegt auf einer aussichtsreichen Anhöhe. Erstmals urkundlich erwähnt 1180. Von 1545–1803 immer wieder Zerstörungen durch Krieg und Dorfbrände. Seit 1879 finden alle 4 bis 5 Jahre die *Allgäuer Freilichtspiele* mit 400–500 Mitwirkenden statt. Sehenswert die *Pfarrkirche St. Blasius und Alexander* von 1670, eine Hallenkirche auf toskanischen Säulen, die 1725 mit reichlichem Stuck versehen wurde.
● **Der Rundweg** – Vom Marktplatz *ohne Markierung* Hauptstr li, *Kaldener Str* ger, nach 30 m Gabel mit *[Grün-Weiß]*, Ww *[Ruine MA Kalden, Illerdurchbruch]*, *Kaldener Str* li. Aus dem Ort hinaus,

---

**Besuchen Sie altusried**

**Annerkannter Erholungsort im Allgäuer Voralpenland und Ort der „Allgäuer Freilichtspiele"**

- 240 km herrliche Wanderwege
- Radtourenprogramm
- beheiztes Freibad
- ausgedehntes Loipennetz
- vielfältige Freizeit- und Sportmöglichkeiten
- Käse- und Flachsmuseum
- Große Gemeindebücherei
- „Allgäuer Theaterkästle"
- gemütliche Gasthöfe und Cafés
- Urlaub auf dem Bauernhof
- Preiswerte Urlaubsquartiere in Privathäusern und Pensionen
- 1999 große Allgäuer Freilichtspiele

Sie werden sich wohlfühlen bei uns! Information: Verkehrsamt • Hauptstr. 18
87452 Altusried • Telefon 0 83 73/70 51 • Fax 70 54

MW *Alpenblickstr* ger überqueren. Bei Dreiwegegabel mit Kruzifix mit *[Radweg 22]* halbli. Bei den nächsten beiden Gabeln immer *[Radweg 22]* folgen. Kurz nachdem die Str steil abzufallen beginnt, unmittelbar nach dem gr Gehöft *Betzers*, mit *[Grün-Weiß]* re, dann li abw ins *Illertal*, einem Naturschutzgebiet mit breitem Schilfgürtel, seltenen Pflanzen- und Vogelarten. Unten im Tal bei kl Nebenzufluss mit *[Grün-Weiß]*, Ww *[Kalden, Fischers]* re aufw. Bei roter Parkbank über Bachbrücke und auf steilem Pfad aufw durch den Wald, über mehrere Treppen bis zur *Burgruine Kalden*. Vom ehemaligen Burgstall phantastischer Blick auf den beeindruckenden *Illerdurchbruch*. Die Burg wurde im 12. Jh. errichtet. Die berühmtesten Besitzer waren die *Marschälle von Pappenheim*. 1803 wurde die Burg abgerissen. Heute steht nur noch die Ruine des Rundturms. Hinter dem Burg-
MW turm über kl Treppe auf dem *[Oberallgäuer Rundwanderweg]* li aufw, Ww *[Fischers]*. Jetzt geht es abw zum kl Örtchen *Fischers*. Hier ger Abstecher zu herrlichem Rastplatz an der *Iller* mög-
MW lich. Rückweg mit *[Gelb], [2]*, Ww *[Hörgers, Altusried]*. Auf Fahrstr vorbei am Weiler *Hörgers* und von dort in ca. 30 Min zurück zum Ausgangsort.

## Kimratshofen – Walzlings – Ursulers – Spöck – Oberhofen – Kimratshofen

◤ ◠ ◠ ❋ ⓚ

**Weg und Zeit** – 10 ½ km – 2 ¾ Stdn.
**Charakteristik** – Eine wunderschöne Rundwanderung auf überwiegend befestigten Wegen mit zahlreichen kleinen Anstiegen. Der Wanderer durchstreift die hügelige Wiesenlandschaft des *Allgäus* und kommt durch zahlreiche weltvergessene Weiler und Dörfer. Das satte Grün der Almwiesen und kleinen Wälder ist Balsam für Augen und Gemüt.
**Anfahrt** – Von *Leutkirch* auf der *Oberschwäbischen Barockstraße* über *Adrazhofen, Wuchzenhofen*.
**Parken** – Großer Gäste-P vor dem *Gasthof „Zum Fässle"* in *Kimratshofen*.
MA ● **Der Rundweg** – Schräg gegenüber vom *Gasthof zum „Fässle"* mit *[Blau]*, Ww *[Reinthal]*, auf *Waldstr* aus dem Ort hinaus. Nach dem Ortsendeschild mit *[Blau]*, Ww *[Holzmühle, Hohentann]* re auf Feldweg aufw durch die Wiesen. Oben auf asphal-
MW tiertem Weg li, Ww *[Reinthal]*. Bei gr Kreuzung halbre abw. Immer auf der wenig befahrenen Str bleiben. Vorbei an den Bruderhöfen und dem Weiler *Reinthal*. Jetzt folgt eine längere Steigung bis zum Weiler *Schmidberg*. Nicht der Linkskurve in
MW den Ort hinein folgen, sondern mit *[Weißem Punkt auf blauem*

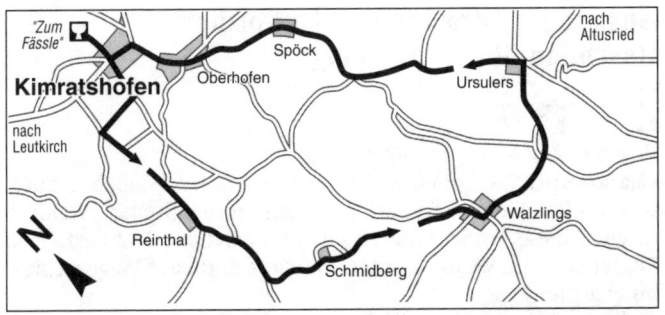

*Untergrund], Ww [Walzlings, Altusried]* ger auf Feldweg weiter. Jetzt geht es leicht abw durch die Wiesen. Unten im Tal Bach überqueren und wieder aufw bis zur Str. An der Str re bis *Walzlings*. Im Ort mit *[Blau], Ww [Bodenwalz, Ursulers]*, li. Auf MW wenig befahrener Str vorbei am Gehöft *Bodenwalz*. In *Ursulers* mit *[Blau], Ww [Kimratshofen]*, li. Nach 20 m Gabel mit *Ww [Spöck, Oberhofen]* ger. Auf asphaltierter Str geht es jetzt bequem durch die beschauliche Wiesenlandschaft. Bei gr Kreuzung halbre mit *[Blau], Ww [Spöck, Oberhofen]*. Ger durch den MW Weiler *Spöck* und das Dorf *Oberhofen*. Vom malerischen *Oberhofen*, das in herrlicher Aussichtslage auf einer Anhöhe liegt, wieder abw über den *Kirchberg* zurück nach *Kimratshofen*. Auf der Landstr li geht es zur verdienten Einkehr im

● **Gasthof „Zum Fässle"** – Bekannter Landgasthof mit gemütlichen Gasträumen, Gartenterrasse und 2 Bundeskegelbahnen. Familiäre Atmosphäre. Hervorragende Küche. Herrliche Wildgerichte, saftige Braten, auch Vollwertgerichte und deftige Vesper. Einfache Gästezimmer. Heimatabende, Terrassenfeste. Sehr günstiges Preisniveau. – *Ru = Mo.*

# Gasthof „Zum Fässle"

- Über 110 Jahre im Familienbesitz
- Fremdenzimmer, Ferienwohnung
- Gutbürgerliche Küche
- Reichhaltige Vesperkarte
- Sonnenterrasse, 2 Kegelbahnen
- Montag Ruhetag.
- Kaffee und Kuchen, Eis-Spezialitäten

**Familie Böswald**
**87452 Kimratshofen**
**Telefon 0 83 73/87 28**

Wir freuen uns auf Ihren Besuch.

## Ausnang – Adrazhofen – Luttolsberg – Boschenmühle – Ausnang

**Weg und Zeit** – 11 ½ km – 2 ¾ Stdn.

**Charakteristik** – Sonnige Wiesenwege, stille Waldabschnitte, verträumte kleine Weiler und ein romantischer Waldsee machen diese Wanderung zu einem friedvollen Naturerlebnis. Leider sind die Wege nicht gut markiert. Bitte auf Wegbeschreibung achten!

**Anfahrt** – Von *Leutkirch* Ri *Kempten* über *Wuchzenhofen*. In *Ellmeney* li Ri *Ausnang*.

**Parken** – Gäste-P vor dem *Gasthaus zur oberen Mühle* und dem *Gasthof zum Stiefel* in *Ausnang*.

● **Gasthof zum Stiefel** – Ein typischer Allgäuer Landgasthof mit rustikalen Gasträumen und Biergarten. Behagliche Atmosphäre. Die Küche ist im besten Sinne gutbürgerlich. Den Gast erwartet eine große Auswahl an schmackhaften Schnitzel- und Steakvariationen sowie eine umfangreiche Vesperkarte. Untere bis mittlere Preise. – *Ru = Do*.

*MA* ● **Der Rundweg** – Vom *Stiefel* mit *Ww [Wuchzenhofen]* über die *Freihalder Str* aus dem Ort hinaus. An der Gabel vor dem Hof *Fuchsen 1* halbre. Vorbei an den Gehöften *Waldhof* und *Freihalden*. Kurz nach *Freihalden* verläuft die Str ein Stück am Waldrand entlang. Achtung: Am Ende des Waldrandes nicht der
*OM* Linkskurve der Str folgen, sondern *ohne Markierung* re auf schwer erkennbarem Wiesenweg unmittelbar am Waldrand entlang. Nach 100 m macht der Waldrand einen Linksknick. Jetzt nach 30 m vor dem *Schild [Durchfahrt verboten]* re leicht abw
*MA* durch den Wald. Nach 100 m im Wald weiter mit *[3]*. Aus dem Wald heraus und vor bis zur Str. An der Str re bis zur kl Ortschaft *Adrazhofen*. Bereits am Ortseingang auf befestigter br Fahrstr mit *Ww [Tannhöfe, Allmishofen]* scharf li. Bei gr Linde nach dem *Tannhof* ger weiter auf Feldweg. Jetzt immer am Waldrand entlang, nicht in den Wald hinein. Nach ca. 15 Min vor roter Ruhebank *ohne Markierung* li auf Feldweg leicht aufw zum Einzelhof *Luginsland*. Oben herrliche Aussicht. An der Str li mit *[R 4]*, *Ww [Wuchzenhofen]* durch den Weiler *Luttolsberg*. Weiter geht es mit schöner Aussicht auf wenig befahrener Str. Nach 15 Min asphaltierter Feldweg, an *[Briefkasten mit Namens-*
*MW* *schild Roth]* mit *[7]* re leicht aufw. An einem Bauernhof vorbei, vor dem Wald li über die Wiese zum gegenüberliegenden Waldrand. Jetzt ein Stück durch den Wald, Str mit *[7]*, *Ww [Boschenmühle]* ger überqueren. Vorbei am idyllischen *Boschensee* und durch die Ferienhäuser der *Boschenmühle* hindurch auf Wiesenweg bis zum gegenüberliegenden Waldrand. Li neben einer
*OM* roten Bank auf schwer erkennbarem Waldpfad *ohne Markierung*

in den Wald hinein. Nach 50 m auf br Weg li. Bei Gabel im Wald halbre. Wieder aus dem Wald hinaus, vor bis zu Str und in ca. 5 Min li zurück nach *Ausnang*. Über den *Oberen Mühlenweg* li zur wohlverdienten Rast im

● **Gasthaus zur oberen Mühle** – Ein zünftiges Landgasthaus in einer liebevoll restaurierten ehemaligen Sägemühle. Großer Biergarten. Kleine, aber feine Auswahl gutbürgerlicher und regionaler Spezialitäten. Sehr zu empfehlen sind die leckeren Kässpatzen und Krautnudeln. Untere bis mittlere Preise. – *Ru = Di u. Mi.*

# GASTHOF ZUM STIEFEL
## gutbürgerliche Küche

**Fam. Erwin Hagspiel**
**Ausnang 44,**
**88299 Leutkirch**
**Tel. 0 75 61/48 73**

# Gasthaus zur oberen Mühle

... ein urgemütliches Lokal mit Wasserrad und einem schönen Biergarten am Bach, in herrlicher Umgebung – der ideale Platz nach einer Radtour, einer Wanderung oder für private Feiern. Gutes Essen und Trinken laden außerdem zum Verweilen ein.

**Besitzer: E. Echteler • 88299 Leutkirch – Ausnang/Allgäu**
**Tel. 0 75 61/34 25 • Fax 0 75 61/7 16 67**

## Leutkirch – Einöden – Herbrazhofen – Schloss Zeil – Unterzeil – Leutkirch

◧ ◠ ◬ Ⓚ ✳ ⌘ 🏞 🏰 🏠

**Weg und Zeit** – 12 km – gut 3 Stdn.
**Charakteristik** – Eine geruhsame kl Wanderung durch die flache Wiesenlandschaft rund um *Leutkirch*. Höhepunkt ist der Rundgang durch das auf einer bewaldeten Anhöhe liegende *Renaissanceschloss Zeil* mit den schön angelegten Gartenanlagen und der herrlichen Sicht von der Sonnenterrasse. Das Innere des Schlosses kann nicht besichtigt werden.
**Anfahrt** – A96 von *Lindau* bzw. von *Memmingen* (z.T. B18), Ausf. *Leutkirch Süd* bzw. *Leutkirch-West*. – Von *Kempten* Landstr über *Altusried* oder B12 bis *Isny*, dann Landstr bis *Leutkirch*. – An der Bahnstrecke *Memmingen-Lindau*.
**Parken** – Öffentliche Ⓟ in der Innenstadt.

● **Leutkirch** (655 m) – Die ehemalige *Freie Reichsstadt* mit ihrer reichen geschichtlichen Vergangenheit liegt an der Ostroute der *Oberschwäbischen Barockstraße*. Erstmals urkundlich erwähnt 766. Von *Lindau* erhielt sie 1293 die Reichsrechte und ihre spätere volle Reichsunmittelbarkeit. 1802 wurde die Stadt bayerisch. Seit 1810 gehört *Leutkirch* zu *Württemberg*. Sehenswert die *Pfarrkirche St. Martin*, 1514–19 als dreischiffige gotische Hallenkirche erbaut. Die *ev. Dreifaltigkeitskirche* 1613–15. 1973 wurde der Innenraum modern umgestaltet. Das *Rathaus* von 1739–43, das mit verspielten Rokokostatuen, einem zierlichen Balkon und mit verschwenderischer Stuckzier im *Rathaussaal* ausgestattet ist. Gleich neben dem *Rathaus* das *Kornhaus* aus dem frühen 16. Jh. Das *Heimatmuseum Im Bock*. Schöne Fachwerkhäuser und Laubenhäuser am *Marktplatz* aus der Reichsstadtzeit.

● **Der Rundweg** – *Ohne Markierung* auf der *Brühlstr* ortsauswärts. *Schleifweg* ger überqueren und li neben Telefonzelle auf
MA *Dammweg* mit *[HW 5, Rotem Strich]*, Ww *[Schloss Zeil]*, aus dem Ort hinaus. Li durch die Eisenbahnunterführung. Nach der Unterführung re am Bahndamm entlang. *Ölmühlestr* li bis zur *Firma App. Zeppelinstr* li über die *Eschach*. Nach der Brücke auf befestigter Nebenstraße Ri *Unterzeil* re. Jetzt immer ger mit dem Blick auf *Schloss Zeil* durch flaches Wiesenland. Vor dem nächsten Bauernhof mit *[HW 5]* li. Nach der Autobahnbrücke Kreuzung ger überqueren. Auf Brücke über die *Wurzacher Ach* in die kl Ortschaft *Herbrazhofen*. Im Ort Str ger überqueren Ri *Brunnentobel*. Außerhalb des Ortes bei Gabel vor dem *[Schild*
MW *Fischzucht]* mit *[Blauem Punkt]* re aufw, Ww *[Schloß Zeil, Altmannshofen]*. Im kl Weiler *Altmannshofen* steil re aufw, Ww *[Fußweg Schloss Zeil]*. Nach kurzem Aufstieg erreicht der Wanderer das *Schloss Zeil,* das erstmals 1143 erwähnt wurde. Der

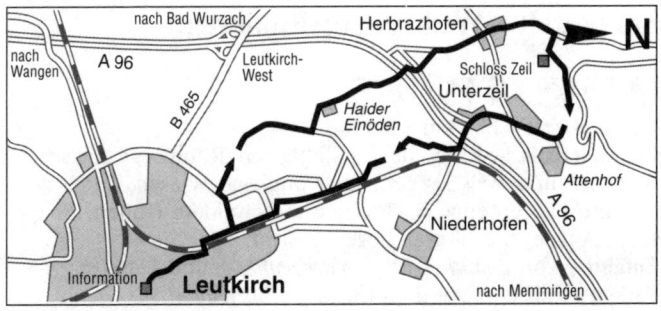

Neubau der großen vierflügeligen Anlage mit Eckpavillons erfolgte 1598. Erst 1888 wurde der Bau vollendet. Das Schloss ist heute noch im Besitz der *Fürsten von Waldburg-Zeil* und bildet zusammen mit dem *Stiftshof* und der *Stiftskirche* eine wahrhaft fürstliche Siedlung. Sehenswert ist die *Pfarrkirche Maria Himmelfahrt* mit großartigem Hochaltar. Von der Sonnenterrasse des schönen Renaissanceschlosses bei klarer Sicht großartiges Alpenpanorama. Nach dem Rundgang durch die Schlossanlagen beginnt der Abstieg *ohne Markierung* auf OM Fußweg li neben der Kirche abw nach *Unterzeil*. Unten ger auf Fußweg neben der Str. Ger durch *Unterzeil* hindurch Ri *Sportplatz, Leutkirch*. A 96 überqueren, danach re abw am Sägewerk vorbei und auf Fußweg an der Bahnlinie entlang mit *[14, R10]* MA wieder zurück zum Ausgangspunkt nach *Leutkirch*. Der Rundweg schließt sich bei der *Zeppelinstr.* Hier kurz li, dann weiter re am Bahndamm entlang und wie auf dem Hinweg zurück ins Zentrum von *Leutkirch*.

● **Weitere Wanderungen** – Eine Wanderkarte mit 14 ausführlich beschriebenen Wanderwegen ist gegen eine Gebühr von DM 6,90 beim *Leutkircher Gästeamt* erhältlich.

**lädt Sie ein:**

Infos:
Gästeamt, Gänsbühl 10
88299 Leutkirch i. Allgäu
Telefon 07561/ 87154
Fax 07561/ 87186

- Rundgang durch die hist. Altstadt
- Barock-Rathaus, reiche Stukkaturen
- Museum im Bock
- gemütliche Gasthäuser u. Cafés
- 14 beschild. Wandertouren
- ca. 200 km beschild. Radtouren
- Rad- und Wandertourenkarte
- Fahrradverleih

# Frauenzell – Walkenberg-Rundweg

**Weg und Zeit** – 10 ½ km – 2 ¾ Stdn.
**Charakteristik** – Einer der vielfältigsten Rundwege zwischen *Leutkirch* und *Isny*. Es geht über hügelige Wiesen, durch verträumte Dörfer, enge Bachtäler und bewaldete Höhen. Einige steile Anstiege, z. T. grandiose Aussicht.
**Anfahrt** – Von *Leutkirch* über *Wuchzenhofen* und *Luttolsberg*.
**Parken** – Gäste-P vor dem *Gasthof „Zur Krone"*.

● **Der Rundweg** – Von der *Krone* ohne Markierung Isnyer Str, Dorfstr re aus dem Ort hinaus. Auf der wenig befahrenen Str MA bis *Rungatshofen*. Im Ort 2. Str li mit *[Grün-Weiß]*, Ww *[Walkenberger Weg]* Ri Freibad. Aufw in die kl Siedlung *Vorderbrennberg*. Dort Gabel halbre, Ww *[Gschnaidt]*. Nach 300 m nächste Gabel bei Bauernhof halbre abw ins Tal und in langer Linkskurve wieder aufw nach *Hinterbrennberg*. Herrliche Aussicht. Vor dem letzten Hof mit *[Grün-Weiß]*, Ww *[Remser Tobel, Walkenberg]*, re abw durch den Wald. Nach einer Viehtränke am Weidegatter re am gegenüberliegenden Waldrand entlang. Auf Hohlweg abw durch den Wald. Achtung: Unten im *Remser Tobel* auf kl Lichtung ohne erkennbaren Weg re ein Stück am Bach entlang und nach 100 m Bach überqueren. Jetzt auf breitem Forstweg mit *[Grün-Weiß]*, Ww *[Walkenberg]* li aufw und immer am Bach entlang durch den romantischen *Remser Tobel*. Nach 150 m Gabel ger, auf der li Seite des Bachs bleiben. Nächste Gabel ger. Nach knapp 10 Min Bach re überqueren, auf Wiesenweg weiter. Zunächst ca. 30 m am Waldrand entlang, dann re über die Wiese aufw in den Wald. Kurzer Anstieg durch Wald, später über Wiesen. In *Walkenberg* mit *[Grün-Weiß]*, *[Rot-Weiß]* re. Unmittelbar nach dem Ortsende auf Feldweg MW mit *[Rot-Weiß]*, Ww *[Brennberg, Gschnaidt]* re. Auf schmalem Pfad sehr steil abw durch den Wald. Unten vor Bach auf MW Forstweg mit Ww *[Winterstetten]* li. Nächster asphaltierter Weg

**Gasthof - Pension**
**„Zur Krone"**

Inh. Hubert Ziesel, Isnyer Straße,
87452 Altusried - Frauenzell
Tel. und Fax 0 83 73 / 83 04

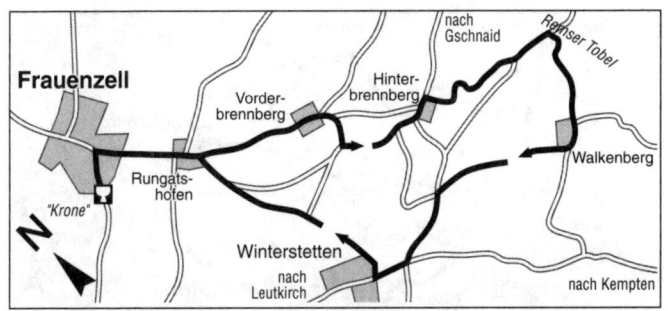

re nach *Winterstetten* hinein. *Ohne Markierung Hauptstr* re, *Win-* OM
*terstetter Staig* re aufw Ri *Frauenzell*. Auf der wenig befahrenen
Str über *Rungatshofen* in ca. ¾ Std zurück zum Ausgangsort.

● **Gasthof-Pension „Zur Krone"** – Schöner Landgasthof mit
komfortablen Gästezimmern. In den gemütlichen Galsträumen
und im Biergarten herrscht eine angenehme, familiäre Atmosphäre. Die Küche ist spezialisiert auf kleine, köstliche Gerichte
wie heiße Seelen, gute hausgemachte Suppen und deftige Vesper. Bier vom Fass, offene und Flaschenweine. Mittlere Preise.
– *Kein Ru.*


## Waltershofen – Zaisenhofen – Argensee – Sigratzhofen – Waltershofen

**Weg und Zeit** – 11 km – gut 2 ½ Stdn.
**Charakteristik** – Wenig begangener Weg, doch reich an Eindrücken: Behäbige Bauernlandschaft mit Weilern und Einödhöfen, schattige Waldwege, zwei malerische Seen, Fernblick bis zu
den *Allgäuer Alpen*.
**Anfahrt** – A 96/E 54, Ausfahrt *Waltershofen*. – Bus von *Bad Wurzach* – *Leutkirch* und *Wangen* – *Kißlegg*.
**Parken** – Gäste-P *Landgasthof Neubau*.

● **Landgasthof Zum Neubau** – Verkehrsgünstige Lage am Ortsrand, ruhige, behagliche Gästezimmer. Die Gasträume sind
gemütlich und rustikal eingerichtet, bei schönem Wetter lädt ein
Biergarten zum Verweilen. Gutbürgerliche Küche mit wechselnder Tageskarte. Auch Vegetarisches und Vesper. Kinder-
und Seniorenteller. Tanznachmittage und -abende. Mittlere
Preislage. – *Ru = Mi und Fr.*

● **Der Rundweg** – Vom *Landgasthof Neubau* in die *Sandstr* einbiegen, mit der Unterführung die A 96/E 54 unterqueren. Auf
Teerstr ger und an einigen Gehöften vorbei bis zu einem

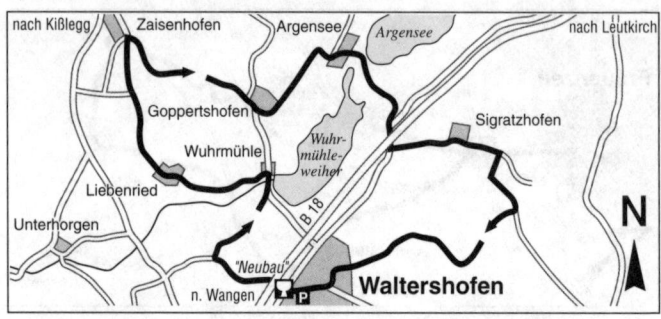

schmiedeeisernen Kreuz zwischen zwei Bäumen. Hier re ab und ca. 800 m bis zum *Wuhrmühleweiher*. An dessen Ufer eine kurze Strecke li entlang, nach *Wuhrmühle*. Vor dem letzten Gebäude li ab und ca. 1 km nach *Liebenried*. Durch den Weiler und weiter nach *Zaisenhofen*. Ger und am re Ortsrand entlang mit der *Robert-Bosch-Str* zum *Ww [Goppertshofen]*. Hier mit der
MA Markierung *[Rotes Kreuz]* re aufw. Nach ca. 800 m ist der höchste Punkt der Wanderung, eine Hügelkuppe, erreicht – nach halbre und re herrlicher Ausblick auf die *Allgäuer Alpen*. Von
MW der Kuppe abw bis *Goppertshofen,* dort mit dem *Ww [Argensee]* ger und mäßig abw nach *Argensee*. Durch den Ort und weiter abw bis zur Enge zwischen *Wuhrmühleweiher* und *Argensee*. Durch die Enge und mit der Teerstr aufw bis zu der Parallelstr dicht bei der A 96/E 54. Mit dieser halbre weiter durch die
MW Unterführung und ca. 30 m bis zum *Ww [Sigratzhofen]*. Mit der
MW bekannten Markierung *[Rotes Kreuz]* li ab, durch *Sigratzhofen* und auf landwirtschaftlichem Weg weiter bis zum Wald. Wenige
OM Meter nach Waldeintritt *ohne Markierung* halbre. Auf diesem Weg verbleiben, bis eine Wegekreuzung erreicht ist. Hier re (!) abw, bei Querweg wieder re. Nach ca. 30 m Waldaustritt, auf dem Teersträßchen weiter bis in den nun sichtbaren Ort *Waltershofen*. Bis zur Ortsmitte, dann nach li und sich am Kirchturm orientierend bis zur Kirche. Mit der *Kirchstr,* re an der Kirche vorbei aufw zum *Landgasthof zum Neubau*.

# Karsee – Hochberg – Wernersberg – Leupolzmühle – Karsee

**Weg und Zeit** – 11 km – knapp 3 Stdn.
**Charakteristik** – Abwechslungsreiche Wanderung in voralpiner Landschaft. Im ersten Wegteil eröffnet sich ein herrlicher Blick bis zu den *Allgäuer Alpen*, dem *Bregenzer Wald*, zum *Rhätikon* und den *Sarganser Alpen*. Die parkähnliche Niederung des *Karbachs* schließt sich an.
**Anfahrt** – A 96, Ausfahrt *Wangen-West*, Ri *Wangen*, L 325 bis *Karsee*. – Busverbindung von *Ravensburg* und *Wangen*.
**Parken** – Gäste-P am *Gasthausf Adler*.
● **Der Rundweg** – Vom *Adler* in die neben dem P ihren Anfang nehmende *Seestr* einbiegen, li gr Teich, ca. 500 m bis zur Straßengabelung am Ortsende. Hier re aufw (von li mündet der spätere Rückweg ein). Nach weiteren ca. 500 m, beim Ortseingang *Riefen*, li ab in eine schmale, asphaltierte Straße. Weiter über *Oberwies* bis kurz vor *Hochberg* (ebenfalls ca. 500 m). Lohnender Abstecher über einen heckenumsäumten Weg li aufw zum *AP*. Zurück zur Straße, li ab und ca. 2 ½ km über *Oberhalden, Felbers, Eggers* bis zu *Ww [Wernersberg]*. Diesem folgend li MA ab, auf geschottertem Weg zum Gehöft. Zwischen den Gebäuden halbli (!) abw auf unbefestigtem Weg bis zu einem Holzstadel. An diesem li vorbei, nach 10 m Waldeintritt, nach ca. 50 m Waldaustritt. Auf nur schwach (!) erkennbarer Fahrspur am Wald entlang. An Waldecke ca. 50 m über sich erweiternde Wiese abw zu nun deutlicheren landwirtschaftlichen Fahrspuren und nach *Albishaus*. An Straßengabelung *[Schwarze 16]* li aufw MW bis Querstraße. Re nach *Steißen,* dann abw in Windungen nach *Oberhof*. Dort an Straßengabelung re abw. Nach Ortsende *Ruzenweiler,* bei Schild ND, li ab auf geschotterten Weg. Nach ca. 90 m re Fahrspur, die zum *Karbach* führt. An dessen li Ufer (entgegen der Fließrichtung) auf kaum sichtbarer (!) Pfadspur

## Gasthaus Adler
### Karsee im Allgäu

Auf Ihren Besuch freut sich Familie Glatz
**88239 Karsee-Wangen • Vogterstr. 1
Telefon 0 75 06/4 26**

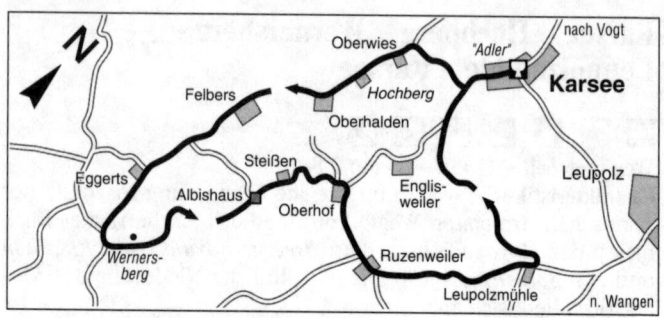

ca. 1 km bis zu einem Steg (re ist die *Leupolzmühle* zu sehen). Steg nicht (!) überschreiten, vielmehr nach li abbiegen und mit bekannter Markierung *[Schwarze 16]* auf breitem Weg am Fuß eines Laubwaldes entlang. Nach ca. 1 ½ km Wegegabelung. Hier re ab, bis zur ca. 200 m entfernten asphaltierten Straße. Auf dieser re aufw ca. 300 m bis zur Straßengabelung beim Sportplatz. Ab hier Rückweg zum *Adler* wie Herweg.

● **Gasthof Adler** – Der Gasthof verfügt über behagliche Gästezimmer und rustikale Galerie. Gutbürgerliche Küche, auch aus eigener Schlachtung. Auch Kinderteller. Vesper, Hausspezialitäten, Vegetarisches. Untere bis mittlere Preise. – *Ru = Di*.

## Bahnhof Ratzenried – Dürren – Ratzenried – Sechshöf – Artisberg – Bahnhof Ratzenried

**Weg und Zeit** – 13 km – 3 ½ Stdn.
**Charakteristik** – Ein schöner Rundweg ohne größere Steigungen durch eine ursprüngliche Landschaft mit Bächen und Weihern.
**Anfahrt** – A 7 Kreuz *Memmingen*, A 96 Ri *Lindau*, Ausf. *Wangen-Nord*, B 18 Ri *Wangen/Argenbühl*, *Bhf. Ratzenried*. – B 32 *Ravensburg*, B 18 *Wangen*, *Bhf. Ratzenried*.
**Parken** – Gäste-P beim *Landgasthaus zum Starz*.
● **Burgruine Altratzenried** – Burg und Herrschaft *Ratzenried*, 1145–1369 der Ritter *von Ratzenried*, 1453 derer *von Humpiß*, 1633 von den *Schweden* verbrannt, 1813 der Grafen *von Beroldingen*, 1911 der Gräfin *von Waldburg-Zeil*.
● **Der Rundweg** – Vom „*Starz*" Geh- und Radweg Ri *Leutkirch* leicht bergab, Holzbrücke über die *Argen*. In *Dürren* nach letztem Haus re, *Ww [Ratzenried–Isny]* 150 m folgen, über Steg in Wald, nach li gehen, *[RW Nr. 10]*, nach 200 m re, *Ww [Ansberg–Ratzenried]*, leicht (!) aufw wandern. *[RW Nr. 8]* im Wald etwas steiler bis zur lichten Anhöhe, Feldweg, li halten. Am Waldrand Weg *[Nr. 7]* nach re, Ri *Ratzenried*, durch kl Wohngebiet am Ortsrand bis zur *Wangener Str*, diese etwa 100 m

MA
MW
MW

MW

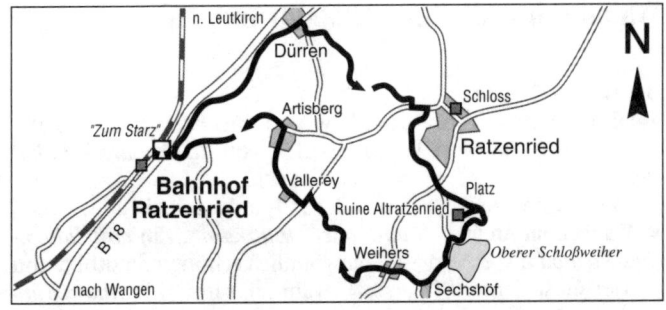

Ri Schloss gehen, danach in *Schloßhalde-Weg* re einbiegen. Li Dorfweiher. An der Wegegabelung ganz re halten und dem *[RW Nr. 1]* am Waldrand folgen, nächste Wegegabelung li, *[Nr. 1]*, Ww *[Oberer Schloßweiher]*, nach 150 m im Wald (!) li abbiegen. *[Nr. 1]*, der überwachsene Weg führt leicht aufw. Li, bis zur Str wandern u. überqueren. Dem *Ww [Burgruine]* u. *[Ellmenweg]* leicht aufw folgen bis zum Wohnhaus *Ratzenried-Platz*. Scharf re abw, durch Tor aufw zur Burgruine *(AP)*, zurück auf gleichem Weg bis zum Wohnhaus. Der Weiterweg *[Nr. 1]* führt in den Wald leicht bergab, am Badesee *Oberer Schloßweiher* vorbei, li Weg *[Nr. 2]* auf Str bis *Sechshöf*, ca. 800 m. In *Sechshöf* am Kreuz re abbiegen, *[Nr. 1]* bis *Weihers* wandern, in *Weihers* Str überqueren und nach re *[Nr. 9 bzw. 11]* auf Feldweg hinabwandern. Im Wald an Wegegabelung re. Nach dem Wald auf den Aussichtsberg (694 m) zuwandern. Str nach li, *[Nr. 10]* folgend ca. 50 m bis zur kleinen Kapelle, re Ri *Valleray,* beim Bauernhof re, *[Nr. 10]*, leicht abw bis nach *Artisberg*. In *Artisberg* Str li ca. 1,3 km angenehm abw bis zum Ausgangspunkt *Bhf. Ratzenried*.

MW
MW
MW
MW
MW
MW
MW
MW
MW
MW

● **Landgasthaus zum Starz** – Traditionsreicher Gasthof, am Ortsrand einzeln gelegen. Gemütlich-rustikale Galerie und Gartenterrasse. Zwei Kegelbahnen. Behagliche u. familiäre Atmosphäre. Gepflegte gutbürgerliche Küche mit köstlichen regionalen Schmankerln. Hausspezialitäten. Vegetarische Speisen. Bier vom Fass. Mittlere Preise. – *Ru = Di.*

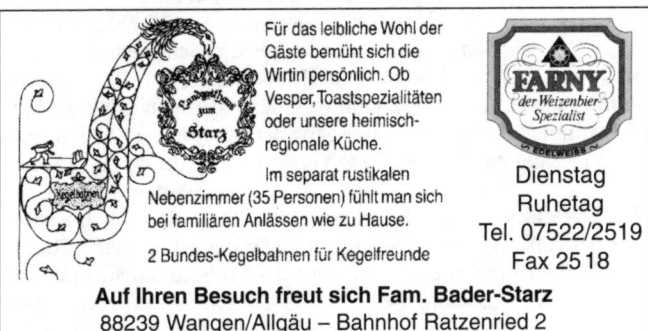

# Wangen im Allgäu - Altstadtrundgang

**Dauer** - 1 - 2 Stdn.
**Anfahrt** - A 96 vom *Bodensee* bzw. von *Memmingen* (z. T. B 18).
- B 12n/ B12/ B32 von *Kempten*. - B 32 von *Ravensburg*. - *Bahnstation*.
**Parken** - Mehrere gr P am äußeren Rande der Altstadt.
● **Wangen im Allgäu** - *Staatl. anerk. Luftkurort*. Ein *mittelalterliches Kleinod* mit einem außergewöhnlich schönen Stadtbild und reicher Geschichte: 815 erste Erwähnung, um 1150 *Marktgründung*, 1182 erste urkundl. Nennung der *Pfarrei*, 1217 *Reichsunmittelbarkeit*, nach deren Unterbrechung Bestätigung als *Reichsstadt* um 1347, großer Stadtbrand 1539, ab 1802 zu *Bayern*, 1810 zu *Württemberg*, 1880/90 Eisenbahnbau, 1973 *Große Kreisstadt*.
● **Der Rundgang** - In komprimierter Form, in Anlehnung an die ausführliche Broschüre „*Rundgang durch die Altstadt*" vom Gästeamt der Stadt. - Der mittelalterliche Grundriss der Altstadt/Oberstadt blieb bis heute unverändert erhalten. Schon von weitem genießt man die faszinierende Altstadtsilhouette mit ihren zahlreichen Türmen. - **1) Rathaus**, Reste aus der *Stauferzeit*, Neubau 15./16. Jh., *Barockfassade* 1721, schönes barockes *Treppenhaus*, *Landtafel* 1617, *Pfaffenturm*, 14. Jh., mit Trauzimmer. - **2) Hinderofenhaus**, markanter Renaissancebau 1542. - **3) St.-Martins-Kirche**, Teile von *Turm* und *Mittelschiff* romanisch, wesentliche Restteile gotisch, 15. Jh., *Chor* gotisch, 1386, *Ausstattung* überwiegend 18./19. Jh. - **4) St.-Martins-Tor/Lindauer Tor**, 1347 genannt, heutige Form 1608. - **5) Rochuskapelle** 1592-94, *Holzdecke* mit *Bilderbibel* u. *Wappen, Rosenkranzmedaillons* 1622. *Friedhof* 16. Jh. mit *Arkadengang* u. *Grabmalen* des 16.-18. Jh. - **6) Frauentor/Ravensburger Tor** 14. Jh., *Portal* 1592/93, heutige Form 1608. - **7) Weberzunfthaus**, ältester Profanbau der Stadt, 14./15. Jh. (1998 in Renovation). - **8) Ritterhaus**, erb. 1784-89 von *Fr. A. Bagnato*, ehem. Kanzlei der *Reichsritterschaft* des *Bezirks Allgäu-Bodensee*. - **9) Herrenstraße**. Sie bietet eines der schönsten Straßenbilder Süddeutschlands und vermittelt starke mittelalterliche Impressionen. - Am *Marienbrunnen* li in die **10) Schmiedstraße**, in der früher die Schmiedezunft heimisch war. Fast am Ende re zur **11) Eselmühle**, 15. Jh., mit **Heimatmuseum** u. **Käsereimuseum** u. einem **Museum f. Mech. Musikinstrumente**. Über den **Wehrgang der Stadtmauer** gelangt man zu den **Eichendorff- u. Freytag-Museen** sowie durch den **Pulverturm** zur Hist. **Badstube** u. zur **Städt. Galerie**. - **12) Pulverturm** 14./15. Jh., heutige Gestalt 1596. - **13) Badstube** (s. auch Ziff. 11), erb. 1589, mit vollständig erhaltener mittelalterl. Badhauseinrichtung. Ein Muss!! - **14) Spitalkirche und Heiliggeistspital**, Barockkirche von 1719-23 mit sehenswerter Ausstattung: *Muttergottesskulptur* im *Hochaltar*, um 1620,

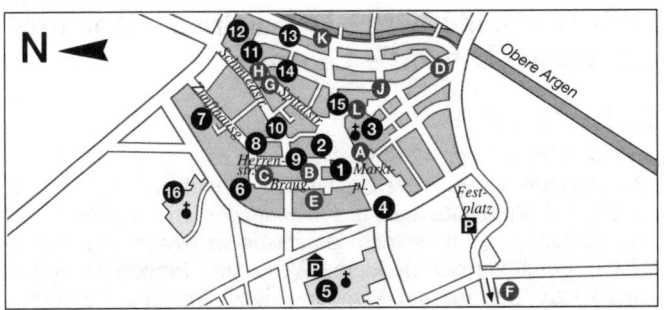

Wallfahrtsaltar „*Christus im Kerker*", *Eligius-Altar*, Deckengemälde. Im *Heiliggeistspital* (seit 1440) ein malerischer Innenhof mit Brunnen.
- **15) Kornhaus und Postplatz.** Sehr stimmungsvolles Ensemble hinter dem *Rathaus*. Das stattliche *Kornhaus* wurde 1600–1602 erb. – **16) Ev. Kirche,** err. 1890–93 von *Th. Frey*, Einweihungsgast: der *König v. Württemberg*. – **Die Brunnen**: **A)** *St.-Martins-Br.* – **B)** *Mariensäule.* – **C)** *Adlerbr.* – **D)** *Gusseiserner Br.* – **E)** *Braugassen-Br.* – **F)** *Amtsschimmelbr.* – **G)** *Spatzenbr.* – **H)** *Eselbr.* – **I)** *Antoniusbr.* – **K)** *Badstuben-* o. *Kopfwäschebr.* – **L)** *Der Wahrheitssucher.*

---

**Luftkurort**
# Wangen im Allgäu
**Mittelalterliches Kleinod zum Wohlfühlen und Erleben.**

- Malerische ehemalige Reichsstadt, Fundgrube für Maler-, Film- und Fotofreunde, Stadt der schönen Brunnen.
- Schöne und gut beschilderte Rad- und Wanderwege.
- Topographische Rad- und Wanderkarte 1:25000.
- Führung durch die historische Altstadt ganzjährig jeden Do., im Sommer auch dienstags, 15.30 Uhr sowie nach Vereinbarung
- Gemütliche Hotels u. Gasthöfe, preiswerte Pensionen, Landgasthöfe und Ferienwohnungen.
- Idealer Ausgangspunkt im Dreiländereck Österreich/Schweiz.

**Info und Prospekte:**
**Gästeamt im Rathaus, 88239 Wangen i. A.**
**Telefon 0 75 22/74-211, Fax 0 75 22/74-111**

## Oflings – Steibisberg – Deuchelried – Wohnried – Breiten – Laudorf – Oflings

**Weg und Zeit** – 8 km – 2 Stdn.
**Charakteristik** – Ein netter kleiner Rundweg durch die typische, hügelige Wiesenlandschaft des *Westallgäus*. In ständigem Auf und Ab geht es auf überwiegend befestigten Wegen und Nebenstraßen durch verträumte kleine Weiler und Einödhöfe. Schon nach kurzer Zeit hat der Wanderer den Lärm und die Hektik des Durchgangsverkehrs an der Bundesstraße vergessen und taucht ein in eine ländliche Idylle, in der die Zeit stehen geblieben zu sein scheint.
**Anfahrt** – A 96 *Memmingen–Lindau*, Ausfahrt *Wangen Nord*. *Oflings* liegt 5 km nördlich von *Wangen* an der alten B 18.
**Parken** – Großer Gäste-P vor dem *Gasthaus Rößle* direkt an der B 18.

● **Der Rundweg** – Die Wanderung beginnt beim *Gasthof Rößle*.
MA B 18 überqueren und mit *[4]*, Ww *[Steibisberg]* auf asphaltierter Fahrstr bis zur Gabel nach dem Bauernhof. Hier halbre aufw,
MW Ww *[Deuchelried]*, (nicht mehr mit *[4]*!). Von der kl Anhöhe beim Gehöft *Steibisberg* hat der Wanderer einen sehr schönen Blick auf die typische Allgäuer Landschaft. Auf dem *Steibisberger Weg* ger leicht abw am Ortsrand von *Deuchelried* entlang.
MW Unten mit *[1]* auf *Oberer Dorfstr* li, an der Kirche vorbei aus dem
MW Ort hinaus. An der nächsten Gabel mit *[5]*, Ww *[Watt]*, re. Auf wenig befahrener Str aufw in den Wald. Vorbei an den Bauern-
MW höfen *Bach* und *Wohnried*. Beim Weiler *Breiten* mit Ww *[Laudorf-Zimmerberg]* li. Bei Gabel vor Bauernhof li, Ww *[Zur-
MW wies-Laudorf]*. In der Linkskurve stößt der *[HW 9 Allgäu–Heuberg]* mit *[Rotem Strich]* hinzu. Ger durch *Laudorf*, vor dem Weiler *Bimisdorf* re. Nach 200 m nicht mehr dem *[HW*
OM *9]* nach li folgen, sondern *ohne Markierung* ger weiter bis zur
MA *Sennerei Zurwies*. Hier li, Ww *[Deuchelried]*, nach 200 m mit *[4]*,

- Gutbürgerliche Küche
- Gepflegte Gastlichkeit
- Frühst., Mittag- u. Abendtisch
- Reichhaltige Vesperkarte

Unser Gasthaus liegt an der B 18, 2 km nördlich von Wangen und ist erreichbar über die BAB-Ausfahrt „Wangen-Nord". Großer PKW- und Busparkplatz direkt am Haus.

**Marlies Landthaler, 88239 Wangen/Oflings, Tel. 07522-22979**

*oben: Rettenberg mit Grünten*
*unten: Niedersonthofener Seen mit Grünten*

*oben: Blick vom Mittagberg bei Immenstadt*
*unten: Ortsansicht von Buchenberg*

*oben: Kempten, Zumsteinhaus*
*unten: Ortskern von Leutkirch*

*Wangen im Allgäu, Herrenstraße mit Mariensäule und Frauentor*

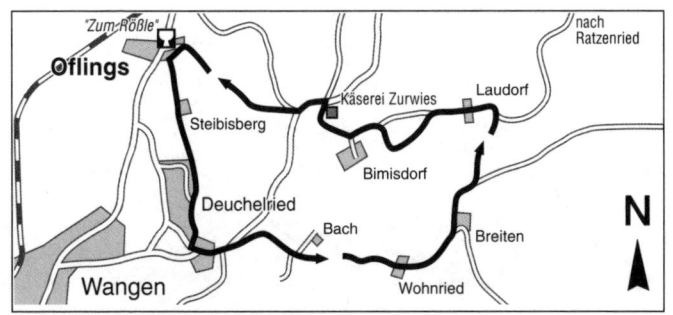

*Ww [Kohlberg]* re. Nach 20 m li auf Feldweg abbiegen. Mit *[4]* geht es jetzt leicht abw durch Wald und Wiesen. Dieser Weg bringt den Wanderer in ca. 20 Min zurück zum Ausgangsort *Oflings* und zur gemütlichen Einkehr im
● **Gasthof Rößle** - Ein gutbürgerliches Gasthaus direkt an der B 18 nördlich von Wangen. Der Besuch dieses gemütlichen rustikalen Hauses lohnt sich für Einzelreisende wie für Reisegruppen. Die bekannt gute Küche bewirtet den Gast mit ideenreich zubereiteten regionalen und internationalen Spezialitäten. Mittlere Preise. - *Ru = Mi.*

## Deuchelried - Zurwies - Ansberg - Ratzenried - Kögelegg - Breiten - Deuchelried

**Weg und Zeit** - 14 km - 3 ½ Stdn.
**Charakteristik** - Herrlicher Rundweg durch Wald und Wiesen, mit kurzem steilem Auf- und Abstieg und einem Aussichtspunkt mit Blick bis in die *Schweizer Alpen.*
**Anfahrt** - *Wangen i. Allg.,* B 18 in Ri *Leutkirch,* Abfahrt *Deuchelried.*
**Parken** - Großer Gäste-P am *Gasthof-Pension „Adler".*
● **Deuchelried - Zurwies - Käferhofen - Ansberg** - 1 ½ Stdn - Vom *Gasthof „Adler"* die *Obere Dorfstraße* re *ohne Markierung* bis zur Gabelung li, *Ww [Zurwies]* u. *[Roter Balken],* nach ca. 500 m re in den Wald. Leicht aufw, bis zum Hof *Zurwies,* Querweg li, Markierung *[4],* bis Käserei, Str queren, *ohne Markierung* auf befestigter Str ger durch Wiesen und Wald, vorbei an den Weilern *Ausleute, Unterschwaderberg* und *Oberschwaderberg* bis *Käferhofen.* Querweg re, nach ca. 500 m auf der Landstraße (!) re Ri *Artisberg* mit Markierung *[10].* Auf breitem Weg li, *Ww [Ansberg],* durch Wiesen und Wald, re eine tiefe Schlucht, bis *Ansberg.*

MA

MW
OM

MA
MW

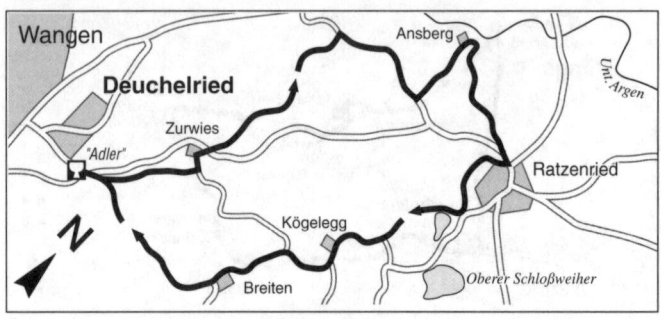

● **Ansberg – Ratzenried – Kögelegg – Breiten – Deuchelried –**
MA 2 Stdn – Vor dem Haus re, *Ww [Düren]*. Pfad steil abw in die
MW Schlucht bis zur Brücke, re, *[Rotes Kreuz]*, nach ca. 500 m am
Bach entlang, über ein kl Bächlein, gleich re den 1. Pfad aufw.
MW Über einen Steg ger aufw, Markierung *[8]*, nicht re über den
Bach (!). Oben nach dem Wald bis zum Querweg re, mit *Ww*
MW *[Ratzenried]* zuerst am Waldrand entlang zur Hauptstraße li, Ri
Ortsmitte. Nach ca. 50 m die Straße queren, in die *Schloßhalde*.
MW An Gabelung re, Markierung *[1]*, bis zu einer weiteren Gabelung, li, *Ww [Oberer Schloßweiher]*. Schöner schattiger Waldweg
bis Querstr. Dieses Sträßlein (vor einem Weiher) re bis zu dem
MW Weiler *Weihers*. Weg ger, mit *[Rotem Balken]* bis auf die
Anhöhe. *AP* mit Blick bis in die *Schweizer Alpen*. Nach *Kögelegg*
re abw. In einen Wiesenweg bis zu einer befestigten Querstr li,
OM *ohne Markierung* bis *Breiten*. Re auf asphaltiertem Sträßlein Ri
*Deuchelried*, durch die Weiler *Wohnried* und *Bach* sind es dann
noch ca. 2 km bis *Deuchelried* zur wohlverdienten Einkehr im
*Gasthof-Pension „Adler"*.
● **Gasthof-Pension „Adler"** – Gemütliche rustikale Räume,
Sonnenterrasse, gepflegte familiäre Atmosphäre. Umfangreiche
Speisekarte, wechselnde Tageskarte, Seniorenteller. Auch
Schonkost, Vesper. Bier vom Fass, offene Weine. Mittleres
Preisniveau. – *Ru = Mo, Fr.*

## Gasthof und Pension „Adler"

**88239 Wangen-Deuchelried**
**Tel. (0 75 22) 25 61**
**Bes. Familie Karrer**

**Ruhetage: Montag + Freitag**

**Bürgerliches Brauhaus**
SEIT 1817

- Gutbürgerliche Küche
- Schwäbische Spezialitäten
- Fremdenzimmer mit Dusche
- Terrasse
- Parkplatz am Haus

# Wohmbrechts – Schwarzensee – Elitzersee – Wohmbrechts

**Weg und Zeit** – 10 km – 2 ½ Stdn.
**Charakteristik** – Die einfache Wanderung verläuft durch hübsche Bauerndörfer und entlang reizender Seenlandschaft. Eine leichte und stimmungsvolle Wanderung, die bis zur Hälfte des Rundwegs auch mit Kinderwagen oder Rollstuhl begehbar ist.
**Anfahrt** – A 96, Ausf. *Wangen-West*, B 32 Ri *Hergatz*, li auf B 12 bis *Wohmbrechts*. – A 7, Ausf. *Kempten*, B 12 *Kempten – Lindau* bis *Wohmbrechts*.
**Parken** – Gr Gäste-P am *Gasthaus Tanne*.

● **Wohmbrechts** – Das Dorf zwischen *Argen* und *Leiblach* liegt in voralpiner Hügellandschaft mit württembergischem Charakter. Da *Wangen* nur 4 km entfernt liegt, bauen viele junge „*Wangemer*" *Bürger* in diesem stadtnahen und doch ländlichen Ort. Von 1613–1804 gehörte *Wohmbrechts* zur freien *Reichsstadt Wangen*. Die enge Beziehung zwischen *Wohmbrechts* und *Wangen* ist also historisch bedingt. Erst seit 1810 gehört der Ort zum *Landkreis Lindau*.

● **Der Rundweg** – Vom *Gasthof Tanne* li und nach 20 m re einbiegen Ri *Schreckelberg*. Durch *Schreckelberg* bis zur Straßengabelung, hier re Ri *Herzmanns*. Die B 32 überqueren, an Gabelung li und nach der Bahnunterführung geradeaus durch den Wald und auf der Schotterstr bleiben. Nun sieht man den *Schwarzensee* mit seinem großen Schilfbestand. An der Gabelung mit *Ww [7]* re. An der nächsten Wegekreuzung mit *Ww [7]* MA li. Am Waldende li einbiegen und gleich wieder li in die Forststr einbiegen. Bei der Wegegabel re halten. Auf dem Waldpfad *Ww* MW *[8]* zum *Elitzersee*. Am idyllischen *Elitzersee* lohnt es sich, ein wenig zu verweilen. Am *Elitzersee* weiter bis zur Forststr, re. Beim nächsten Querweg re und an der Str li. Nach ca. 200 m li

**Fam. Sohler - 88145 Wohmbrechts - Tel. 0 83 85/4 02**
• gutbürgerliche Küche • hausgemachte Kuchen
• Nebenzimmer (ca. 40 Personen) • schöner Biergarten
• Kinderspielplatz • **Montag Ruhetag**

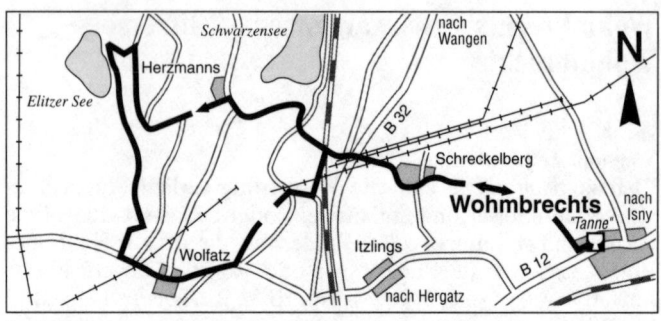

in Waldweg einbiegen. Am E-Werk re. Bei *Haus Nr. 6* re halten. Ca. 50 m vor der Bahnlinie auf einen schmalen Fußpfad li einbiegen und durch die Wiese bis zur Bahnunterführung. Danach
MW re, die B 32 überqueren, mit *Ww [7]* durch *Schreckelberg* hindurch und auf bekanntem Weg zurück nach *Wohmbrechts*.

● **Gasthaus Tanne** – Das *Gasthaus* liegt sehr zentral und ist leicht zu erreichen. Familiäre Atmosphäre zum Wohlfühlen. In den rustikalen und gemächlichen Galträumen bietet der Gasthof eine vielfältige und gutbürgerliche Küche. Kinder- und Seniorenteller. Auch Vesper. Bier vom Fass. Der schattige Biergarten lädt zur gemütlichen Rast ein. Mittlere Preise. – *Ru = Mo*.

## Malleichen – Brugg – Kessentöbele – Anna-Kapelle – Gestratz – Malleichen

**Weg und Zeit** – Knapp 9 km – 2 ½ Stdn.
**Charakteristik** – Eine großartige und abwechslungsreiche Wanderung durch waldreiche Hänge und saftige Wiesentäler. Das *Kessentöbele*, ein attraktiver Bachverlauf, führt an die hübsche *Anna-Kapelle* mit einem *Rosenkranzweg*. Die *St.-Gallus-Kirche* in *Gestratz* ist eine der ältesten im ganzen *Landkreis Lindau*. Sehenswert sind die seltene alte Holzeinrichtung, die gotischen Fresken aus dem 13. Jh. und die barocke Kanzel.
**Anfahrt** – A 7 bis *Kempten,* B 12 Ri *Isny*. Zwischen *Eglofs* u. *Isny* Abzweigung Ri *Brugg, Lindenberg*. Beim Schild *Malleichen* abzweigen. – A 96, Ausf. *Wangen-West,* B 12 bis *Eglofs*. Auf Landstr Ri *Gestratz* bis *Malleichen*.
**Parken** – Großer Gäste-P an *Badwirtschaft Malleichen*.

● **Malleichen** – Der Ort gehört zu *Gestratz* und besteht eigentlich nur aus der *Badwirtschaft Malleichen*. Früher war diese Gegend ein aufregendes Ritternest, auch Römer und Kelten trieben sich hier herum. Sie bauten mit Vorliebe Burgen und Schlösser an den Steilhängen des *Argentobels*.

- **Der Rundweg** – Am Gäste-P  *Ww [Gestratz]* re. Nach ca. 150 m mit *Ww [Brugg]* li aufw. Fußpfad folgend zuerst am Bach entlang durch Wälder und Wiesen bis *Erlach*. In *Erlach* li, *Ww [Hochglend]*, bis nochmals mit *Ww [Hochglend]* li abw und dann wieder aufw. Auf halber Strecke kann man ein tolles Echo hören. Oben am Wegkreuz li abzweigen und an der Str entlang, *Ww [Rutzen]* folgen. Schöne Aussicht auf die *Allgäuer Nagelfluhkette*. Bei *Ww [Brugg]* re abzweigen. Durch *Rutzen* und *Brugg*. Str re bis *Gasthaus Post,* li abzweigen in Ri *Schweineburg, Ww*. An Abzweigung re halten Ri *Maierhöfen*. Am *Ww [Gestratz]* re. Durch das *Kessentöbele* an der *Anna-Kapelle* vorbei bis *Gestratz*. Sehenswerte *Kirche St. Gallus*. Am *Ww [Malleichen]* li den Fußpfad entlang und die Str überqueren. Den Feldweg entlang bis zu einem Gehöft. Gabelung re abw. Nun blickt man direkt auf das beliebte Ausflugsziel, die

MA
MW
MW
MW
MW
MW
MW
MW

- **Badwirtschaft Malleichen** – Einzellage in schöner Landschaft. Heimelige und rustikale Galträume in bäuerlichem Stil. Sehr großer und einladender Biergarten mit angenehmer Atmosphäre. Gutbürgerliche Küche mit regionalen und saisonalen Spezialitäten. Feinschmecker-Menüs auf Anfrage. Auch Kinder- und Seniorenteller, Vesper. Interessante handbetriebene Holzkegelbahn auf Anfrage. Untere bis mittl. Preise. – *Ru = Mo.*

---

## Badwirtschaft Malleichen

**Inhaber: Eduard Lang**
Malleichen 41 • 88167 Gestratz •
Telefon 0 83 83/74 39 • Fax 77 22

- Großer Biergarten
- Bekannt gute Küche
- Kinderspielplatz
- Allgäuer Spezialitäten

**Wie kann man diesen Ort erreichen?
Man gehe einfach nach Malleichen!**

# Eglofs – Reute – Eglofstal – Schloss Syrgenstein – Hofs – Harratried – Eglofstal – Eglofs

**Weg und Zeit** – 12 km – 3 Stdn.
**Charakteristik** – Wunderschöner, lieblicher Rundweg mit großartigem Rundblick auf die Voralpenlandschaft und die Alpen im Hintergrund und vorbei an historischen Sehenswürdigkeiten.
**Anfahrt** – Von *Kempten* auf der A 980, B 12 über *Isny*. – Von *Memmingen* über die A 96, Ausfahrt *Wangen*, B 32 bis *Hergatz*, dann auf die B 12. – Von *Lindau* auf der B 12 oder von der A 96, Ausfahrt *Wangen*, B 32 bis *Hergatz*, dann B 12.
**Parken** – Gäste-P *Gasthof Zur Rose* oder *Tobelparkplatz* kostenfrei nebenan, Gäste-P *Gasthof „Zum Bären"*.

● **Eglofs** (662 m) – Der Ort gehört zu den am schönsten gelegenen Dörfern *Süd-Württembergs* mit idyllischem, historischem Dorfplatz. Der Panoramablick von *Eglofs* auf die ganze *Alpenkette* ist einmalig. Besonders sehenswert sind die Barockkirche *St. Martin* (14. Jh.) und die *Mariengrotte* (1914/15).

● **Eglofs – Reute – Eglofstal** – 1 ½ Stdn – Vom *Gasthaus Zur Rose* zurück zur *Hauptstraße*. Ger über die *Hauptstraße* an der Sparkasse vorbei in den *Sennereiweg*. 1. Abzweig li. Außerhalb des Ortes über sanfte Wiesen mit grandiosem Blick auf die Berge. Der „Wiesenweg" endet in *Reute*. Re dem Verkehrsweg ca. 300 m folgen. Li in Richtung *Schnaidhöfle*. 1. Weggabelung li. Ger nächste Weggabelung nach *Halden*. Durch den Wald ins Tal hinunter. Re am Fahrweg nach *Eglofstal*. Auf der Talseite gegenüber grüßt *Schloss Syrgenstein*. Die B 12 überqueren. Li an der B 12 entlang zum *Gasthof „Zum Bären"*.

● **Gasthof „Zum Bären"** – Gepflegter Landgasthof mit behaglicher, familiärer Atmosphäre, direkt an der B 12. Der Wanderer wird hier mit regionalen und gutbürgerlichen Gerichten verwöhnt. Mittlere Preislage. – *Ru = Di*.

● **Eglofstal – Schloss Syrgenstein – Hofs – Harratried – Eglofstal – Eglofs** – 1 ½ Stdn – Vom *„Bären"* über die B 12 zur *Talmühle*, erstmals erwähnt 1472. Gleich gegenüber befindet sich eine Schnapsbrennerei. Ger über die *Obere Argen*. – Hier ist die Landesgrenze von *Bayern* und *Baden-Württemberg*. Li bergan zum *Schloss Syrgenstein*.

● **Schloss Syrgenstein** – 1491 legt *Veit Sürg* den Grundstein zu diesem prächtigen Renaissancebau. In der Geschichte des Schlosses gab es auch einen englischen Besitzer. Heute ist es im Besitz der Familie *Waldburg-Zeil· Syrgenstein*. Keine Besichtigung möglich.

● **Fortsetzung Rundweg** – Der Weg führt aufw durch Wald und vorbei an schönen Wiesenflächen. Ger am 1. Abzweig. Ger am

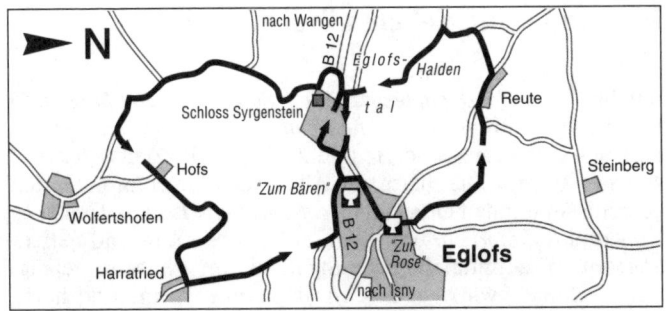

2. Abzweig in Richtung *Wolfertshofen*. Li 3. Abzweig nach *Hofs*. Herrlicher Panoramablick nach *Eglofs* und ins Tal. Ger nach *Harratried*. Li nach *Eglofs*. Über die *Obere Argen* und schöne Wiesen zur B 12. Li bis zum *„Bären"*. Re am Gasthaus Fußweg aufw. Li die sehenswerte *Lourdesgrotte*. Zurück zum Fußweg und aufw nach *Eglofs* und zum *Gasthof Zur Rose*.

● **Gasthof Zur Rose** – Auserlesene Speisen und Getränke verwöhnen den Gast. Rustikale und stilvolle Räume und eine gemütliche Atmosphäre laden zum Verweilen ein. Von der Gartenterrasse ein herrlicher Blick ins Tal. Mittlere Preislage. – *Ru = Mo*.

Das Haus mit Atmosphäre und der guten Küche

## Gasthof „Zum Bären"
**Fam. Walter Winkler**
88260 Eglofstal (an der B12) • Telefon (0 75 66) 15 15

Gasthof **Zur Rose**

**Fam. Karl-Ekkehard Kresser**
88260 Argenbühl-Eglofs • Dorfplatz 7
Tel. 0 75 66/3 36 • Fax 0 75 66/16 78

Gemütliche Zimmer mit Du/WC. Sauna, Tischtennis, Fernsehraum im Haus. Heimische und saisonale Spezialitäten aus Küche und Keller. Freiterrasse und Saal für 70 Personen mit Blick auf die Allgäuer Alpen.
Möglichkeiten am Ort: Hallenbad, Moorbad, Wanderwege und Langlaufloipen.
Ganztägig geöffnet.  - **Montag Ruhetag** -

# Isny und seine Sehenswürdigkeiten

**Anfahrt** – A 7 *Ulm–Kempten*, ab *Autobahnkreuz Allgäu* A 980 und B 12 neu über *Weitnau, Großholzleute*.
**Parken** – Gut ausgeschilderte öffentliche P (Parkleitsystem).

● **Isny** (701 m) – Die charmante Allgäustadt bietet ihren Gästen gemeinsam mit den Ortsteilen *Neutrauchburg, Beuren, Großholzleute* und *Rohrdorf* ein umfassendes Urlaubs-, Kur- und Ferienangebot. Das mittelalterliche Stadtbild von *Isny* wird geprägt durch schmale, winklige Gassen, imposante Türme und hochgiebelige Häuser.

● **Geschichte** – Der ursprünglich unbedeutende kleine Ort erhielt 1042 eine Kirche, 1096 kam ein zu *Hirsau* gehörendes Kloster dazu. Durch die *Grafen von Vehringen* wurde der Ort planmäßig zur Stadt ausgebaut, erhielt Marktrecht und wurde im 13. Jh. mit Wall und Graben umzogen. Vom 13.-16. Jh. bedeutendes Handelszentrum der Leinenproduktion. Seit 1365 *Freie Reichsstadt*. Schwere Verwüstungen während des *30-jährigen Krieges*, von denen sich die Stadt erst gegen Ende des 17. Jh. wieder erholte. 1802 Ende der Reichsunmittelbarkeit und Umwandlung in eine Grafschaft. 1806 fiel die Stadt an *Württemberg*.

● **Hauptsehenswürdigkeiten** – 1. *Kath. Pfarrkirche St. Georg* (1042), nach einem Großbrand im *30-jährigen Krieg* 1661-66 völlig neu im Rokokostil errichtet. – 2. *Ev. Pfarrkirche St. Nikolai* (1284). – 3. *Rathaus* (1685-87). – 4. *Stadtapotheke*. Daneben eine Reihe weiterer schöner alter Patrizierhäuser. – 5. *Stadtbefestigungsanlagen*. Guterhaltene Stadtmauer mit 4 Türmen, dem *Wassertor* und dem *Expantor*. Der *Blaserturm* (16. Jh.) auf dem Marktplatz diente früher dem Feuerwächter als Hochwachturm. – 6. *Heimatmuseum* (im *Wassertor*).

## Isny-Beuren – Badseeweg

**Weg und Zeit** – 7 ½ km – knapp 2 Stdn.
**Charakteristik** – Ein sehr beschaulicher kleiner Rundgang, durch leicht hügelige Wiesenlandschaft vorbei an zahlreichen Bauernhöfen. Beim *Beurener Badsee* bietet sich im Sommer Bademöglichkeit.
**Anfahrt** – Von *Leutkirch* Ri *Isny* ca. 10 km. Von *Isny* 5 km.
**Parken** – Gäste-P vor dem *Landgasthof Zum Ochsen*.
● **Der Rundweg** – Der Weg entspricht genau dem *Rundweg Nr. 15* der *Wanderkarte Isny im Allgäu*, die in der Kurverwaltung

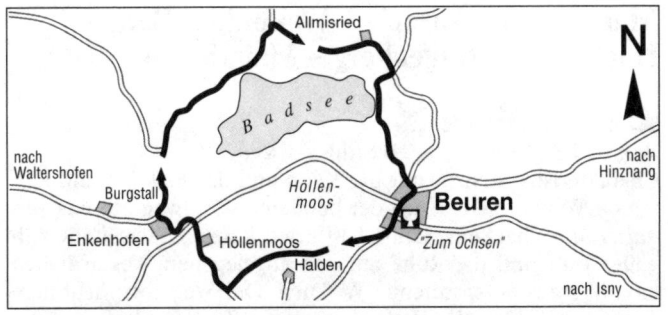

gegen eine Gebühr von DM 6,80 erhältlich ist. Er beginnt beim *Gasthof Ochsen* gegenüber der Kirche. Die Markierung *[Schwarz, 15]* findet der Wanderer nur in der hier angegebenen Richtung. Vor bis zur Hauptstr, dann li aus dem Dorf hinaus. Nach dem Ortsendeschild re Ri *Hollenmoos*. Auf asphaltiertem Weg geht es vorbei am *Haldentobel* und einzelnen Bauernhöfen. Nach ca. 20 Min Querweg re. Vom Weiler *Enkenhofen* lohnt sich bei guter Fernsicht wegen des schönen Alpenblicks ein Abstecher li aufw zum Burgstall. Nach der Durchquerung eines kl Waldstücks erreicht der Wanderer die Anhöhe nördlich des Sees mit einem Rundblick über den See, Campingplatz und Freibad. Jetzt geht es weiter am See entlang und durch den Weiler *Allmisried*. Bei Kreuzung am Wander-P re, unmittelbar vor dem See wieder li. Nach einem leichten Anstieg erreicht man wieder *Beuren*.

● **Gasthof Ochsen** – Ein wegen seiner guten Küche bekannter Landgasthof mit eigener Metzgerei. Gemütliche Galerieräume, Sonnenterrasse. Erstklassig zubereitete Allgäuer Spezialitäten. Die Krautnudeln muss man gegessen haben. Fein abgestimmte Wildgerichte, Grillspezialitäten, deftige Vesper. Untere bis mittlere Preise. – *Kein Ru.*

# Gasthof Ochsen
### eigene Metzgerei

- Gutbürgerliche Küche
- Vesperplatte aus eigener Metzgerei
- Rustikale Galerieräume
- Parkplatz am Haus
- Täglich von 14.00–17.00 Uhr geschlossen

**Fam. Helmut Gögler**
**88316 Isny-Beuren**
**Am Dorfbach 5**
**Tel. 0 75 67/3 46**

# Maierhöfen – Vorholz – Wolfbühler Berg – Hochstädt – Ringenberg – Maierhöfen

**Weg und Zeit** – 11 km – 2 ¾ Stdn.
**Charakteristik** – Nicht nur die *Kugel* und der *Eistobel* sind lohnende Wanderziele. Auch der bequeme Rundweg um das *Vorholzer Moos* hat seine landschaftlichen Reize. Die gesunde Allgäuer Luft und die Ruhe auf den abgelegenen Wegen haben eine überaus entspannende Wirkung. Der Weg entspricht dem *RW 6* der lokalen Wanderkarte und ist gut beschildert.
**Anfahrt** – Von *Isny* 5 km in südlicher Ri über *Hochstädt*. – Von *Kempten* B 12. In *Großholzleute* Abzweigung li bis *Maierhöfen*.
**Parken** – Öffentlicher P hinter dem *Rathaus* und der Kirche.

● **Maierhöfen** (745 m) – Am Fuße der *Kugel* (1069 m), inmitten von grünen Wiesen, liegt dieser schöne Erholungsort, der ganz auf Landwirtschaft und Fremdenverkehr ausgerichtet ist. Sehenswert die *Pfarrkirche St. Gebhard*, ein klassizistischer Saalbau von 1810–11.

● **Der Rundweg** – Gegenüber der Kirche auf *Happacher Weg* mit *[Blauem Punkt]* Ri *Ringenberg, Happach* ortsauswärts. Nach dem Ortsschild *Happach* ohne Markierung re weiter auf befestigter Str. Nächste Str Ri *Vorholz* mit Ww *[Isny]* ger überqueren. In Vorholz re Ri *Warmhalden, Wolfbühl*. Vorbei an verschiedenen kl Einzelgehöften. Schöne Aussicht auf die *Kugel* und das im Tal liegende *Maierhöfen*. Nach dem kl Weiler *Warmhalden* geht es ein Stück durch hohen Mischwald. Bei Wegekreuz im Wald mit *[6], Ww [Wolfbühl, Isny]* auf asphaltierter Str bleiben. Nach einer kl Anhöhe in *Wolfbühl* mit *[6], Ww [Hochstädt, Isny]*, li weiter auf Feldweg. Nach 5 Min am Waldrand Gabel re. Auf bequemem Weg durch den Wald. Nach dem Wald sieht der Wanderer die Türme von *Isny* vor sich. Jetzt re über die Wiesen und in langer Linkskurve um einen Bauernhof herum. Nach dem Gehöft *Gschwend* mit Ww *[Hochstädt]*, halb-

**Maierhöfen/Westallgäu**
745 – 1069 m ü. NN
**Staatlich anerkannter Erholungsort und Wintersport-Gebiet**
Verkehrsamt
88167 Maierhöfen/Westallgäu
Rathaus
Telefon 0 83 83/98040 + 41
Fax 0 83 83/9 80 42

li auf Feldweg abbiegen. Zur Rechten erblickt der Wanderer an dieser Stelle einen idyllischen Waldsee. Vor bis zu den Höfen von *Hochstädt*, Str nach *Isny* ger überqueren und weiter mit *[6]*, *Ww [Strass, Maierhöfen]*. Nach dem Weiler *Ehrhafts* bei Bushaltestelle mit *[Blauem Kreuz, 6]*, *Ww [Strass, Maierhöfen]* li. Nach einem Bauernhof folgt wieder eine kl Steigung. In *Strass* li Ri *Maierhöfen, Kugel*. Jetzt geht es immer leicht abw durch *Ringenberg* und *Happach* zurück zum Ausgangspunkt nach *Maierhöfen*.

MW
MW

# Maierhöfen – vor Riedholz – Riedholzer Kugel – Feriendorf – Maierhöfen

**Weg und Zeit** – 7 km – gut 2 Stdn.
**Charakteristik** – Eine kleine, anspruchsvolle Wanderung mit typischem Allgäuer Flair. Zunächst geht es am Fuße des *Flucken* vorbei an grünen Wiesenhängen. Es folgt ein strammer Aufstieg auf die *Kugel*, der wie überall auf den *Allgäuer Höhen* mit einer umwerfenden Aussicht auf die *Alpenkette* belohnt wird. Der bequeme Abstieg über die bewaldeten Hänge führt zurück in die Gemütlichkeit der Maierhöfener Gastronomie. Höhendifferenz ca. 320 m.
**Anfahrt** – Wie Wanderung S. 118.
**Parken** – Gäste-P bei der *Gaststätte Fluckenstube*.
● **Der Rundweg** – Ausgangspunkt der Wanderung ist der Gäste-P bei der *Fluckenstube* unterhalb des Skilifts. *Ohne Markierung* an der Str entlang Ri *Maierhöfen*. Vor dem *Iberg-Restaurant* (siehe S. 121) auf wenig befahrener Fahrstr mit *Ww [Schwarzen, Riedholz]* li. Durch die grünen Matten rings um *Maierhöfen* in ca. 30 Min bis vor die kl Ortschaft *Riedholz*. Gleich nach dem Ortsschild mit *[5]*, *[Blauer Punkt]*, *Ww [Kugel]* scharf li aufw. Achtung: Bei Gabel nach 200 m halbre aufw und nach kurzer

MA
MW

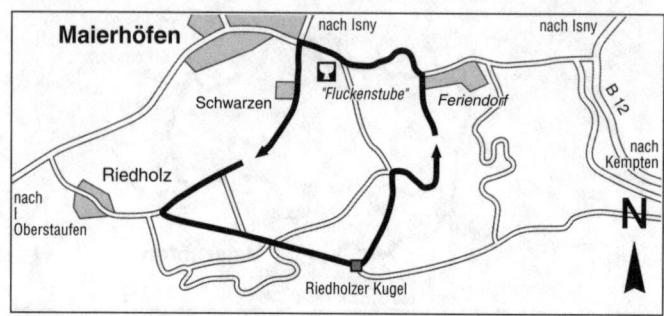

Zeit in den Wald. Es folgt ein steiler Aufstieg auf schmalem Pfad. Auf halber Höhe hat der Wanderer von der Skihütte am Ende des Lifts einen phantastischen Blick in nördlicher Ri über weite Teile des *Allgäus*. Bei gr Waldkreuzung mit *[5]*, *[Blauem Punkt]*, ger weiter aufw. Nach insgesamt ca. 1 ¼-stündigem Aufstieg erwartet den Wanderer auf der *Kugel* (1068 m) ein wunderschöner Aussichtpunkt mit Ruhebänken und eindrucksvollem Blick auf die *Allgäuer Alpen*. Vor dieser schönen Kulisse erholt sich der Wanderer schnell von den Anstrengungen des Aufstiegs. Nach dem Aufenthalt auf der *Kugel* wieder abw mit
MW *[Blauem Punkt]*, Ww *[Feriendorf, Maierhöfen]*. Es folgt ein bequemer Abstieg durch den Wald. Auf halber Höhe Forstweg
MW mit *[4]*, Ww *[Feriendorf, Höhenweg]*, re. Nach 100 m bei Gabel ger. Schon bald erreicht der Wanderer das Feriendorf. Weiter abw an der Str nach *Maierhöfen* zur zünftigen Einkehr in der

● **Gaststätte Fluckenstube** – Am Fuß des Skilifts liegt dieses urgemütliche Gasthaus mit sehr schönem Biergarten. Ungezwungene, freundliche Atmosphäre. Neben den bekannten gutbürgerlichen Gerichten wie Schnitzel, saftigen Steaks und zarten Braten werden auch hausgemachte Allgäuer Spezialitäten serviert. Mittlere Preise. – *Ru = Di*.

*Ihr ideales Ausflugsziel*
GASTSTÄTTE
**FLUCKEN-***Stube*
Christel Rothenhäusler
Große Terrasse • Hausgemachte Spezialitäten • 80 Sitzplätze
Private Puppenausstellung und eigene Herstellung

88167 Maierhöfen/Allgäu • Tel. (0 83 83) 4 70

# Maierhöfen – Rundweg Eistobel

**Weg und Zeit** – 9 km – 2 ½ Stdn.
**Charakteristik** – Höhepunkt dieses herrlichen Rundweges durch die Almwiesen rund um *Maierhöfen* ist der Weg durch den berühmten *Eistobel*. Die grandiose Felsenschlucht der *Argen* ist nicht nur eine Fundgrube für Geologen, auch der Tier- und Pflanzenfreund wird hellauf begeistert sein. Hier kann u. a. noch der seltene Eisvogel beobachtet werden.
**Anfahrt** – Wie Wanderung S. 118.
**Parken** – Gäste-P vor dem *Iberg-Restaurant*.
● **Iberg-Restaurant** – Ein ganz auf Unterhaltung der Feriengäste eingestelltes Haus. Herrlich gelegene Sonnenterrasse, Fahrradverleih, 2 Kegelbahnen, Billardraum, umfangreiches Musikprogramm mit Live-Musik und Tanz. Gutbürgerliche Küche mit bekannten, schmackhaft zubereiteten Gerichten. Große Vesperkarte. Mittlere Preise. – *Ru = Di.*
● **Der Rundweg** – Mit *Ww [Eistobel]* auf *Hauptstr* aus dem Ort hinaus. Bei Bushaltestelle außerhalb des Ortes re, *Ww [Reute]*. MA 1. Abzweigung bei Feldkruzifix *ohne Markierung* li. Vorbei an OM Wildgehege, Str ger überqueren und weiter bis vor die kl Ortschaft *Riedholz*. Am Ortseingang scharf re und wieder vor bis zur Str. Auf schmalem Pfad mit *Ww [Eistobel]* li an der Str bis MA zur *Argentalbrücke*. Hinter der Brücke li über Treppe abw, unter der Brücke hindurch bis zum Eingang zum *Eistobel* (Eintritt DM 2,- für Erwachsene, DM 1,- für Kinder). Nach dem Abstieg zur *Argen* geht es auf bequemem Fußweg flussaufwärts. Nach ¼ Std beginnt jener Teil der Schlucht, der wegen seiner Eisbildungen im Winter den Namen *Eistobel* erhalten hat. Durch ein urzeitliches Erdbeben und die Kraft der Schmelzwasser des *Rheingletschers* ist hier ein Kleinod der Natur, die romantische *Eistobelschlucht,* entstanden. Von einer Felsbarre aus erblickt man den ersten Wasserfall. Tosend und gischtend stürzt die

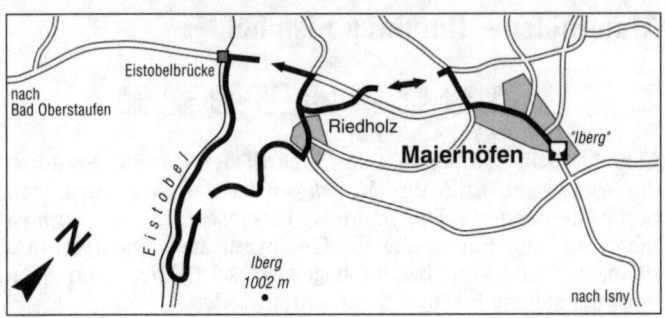

*Argen* in ein von Felsen umrandetes smaragdgrünes Becken herab. Kurz darauf erreicht der Wanderer den *Zwinger,* ein Gewirr von gigantischen Felsblöcken, durch die sich die Flut brausend zwängt. Über dem letzten Wasserfall erreicht der Wanderer auf dem Eissteg das andere Ufer. Auf dem Rückweg MW mit *[Blauem Kreuz], Ww [Riedholz]* zunächst durch den Wald oberhalb des *Argentals* und später durch grüne Wiesenmatten nach *Riedholz.* Durch den Ort hindurch, vor dem Ortsausgang re aufw und wie auf dem Hinweg zurück nach *Maierhöfen.*

## Grünenbach – Eistobel – Grünenbach

**Weg und Zeit** – 9 km – 3 Stdn.
**Charakteristik** – Herrlicher Rundweg durch ein *Westallgäuer Naturschutzgebiet* zwischen Grünenbach und *Maierhöfen* mit einer landschaftlichen Kostbarkeit *(Eistobel).*
**Anfahrt** – Von *Kempten* über B 12, in *Großholzleute* Abzweig li Ri *Maierhöfen-Grünenbach.* – Aus Ri *Lindau* B 12, in *Isny* Abzweig re Ri *Maierhöfen-Grünenbach.*
**Parken** – Gäste-P am *Landgasthof-Café Zum Dorfwirt.*

● **Grünenbach** – Ein Fremdenverkehrsort mit Käsereien und Wandermöglichkeiten in verschiedene Richtungen.

● **Eistobel** – Zeuge der letzten Eiszeit, eine Verwerfung der tertiären Molasseschicht. Schmelzwasser des Rheingletschers durchbrachen den Höhenzug *Iberg-Kapf.* Im Laufe der Jahrtausende entstand durch Erosion der romantische Tobel mit seinen beeindruckenden Wasserfällen sowie einer interessanten Flora und Fauna.

● **Der Rundweg** – Vom *Landgasthof „Zum Dorfwirt"* Hauptstr Ri *Maierhöfen,* li Sparkasse, re *Ww [Rundweg 11 Staufenberg],* überqueren. Waldweg 2 km, asphaltierter Weg *(Bräuweg)* bis Ortsende, anschließend unbefestigter Weg. An erster Weggabelung li,

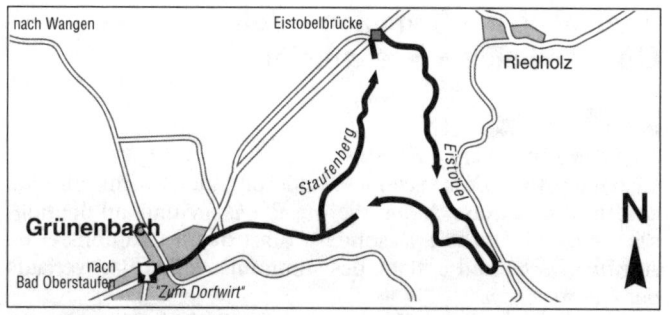

*Ww [11]*, leichte Steigung zum Waldrand auf ca. 600 m. Bevor *MA* der Wanderweg in einen abwärts führenden Waldpfad mündet, Änderung der Markierung in *[Weiße Tafel mit rotem Kreuz]*. Auf *MW* ca. 500 m zum *Eistobel* durch den Wald bis zur Straßenunterführung und zum Parkplatz und Eingang zum *Eistobel*. Eine geringe Gebühr zur Instandhaltung der Weganlagen ist zu entrichten (DM 2,- für Erwachsene, DM 1,- für Kinder). Über Treppen abw, zur *Argen* mit ihrem smaragdgrünen Wasserbecken geht ein bequemer Fußweg flussaufwärts. Schatten spendender Mischwald säumt die Ufer der *Argen*. Am obersten Wasserfall führt ein Steg auf die andere Seite des Flusses. Re der Brücke *Ww-Tafel* Ri *Grünenbach*. Ansteigenden Pfad durch den Wald ca. 500 m gehen, dann weiter am Waldrand entlang ca. 400 m bis zum unbefestigten Feldweg, nach re diesen Weg Ri *Grünenbach* zurück.

● **Landgasthof-Café Zum Dorfwirt** – Zentral und doch ruhig gelegen. Stilvolle, gemütliche Gasträume sowie Terrasse und Biergarten. Gutbürgerliche Küche mit regionalen und saisonalen Gerichten. Auch Kinder- und Seniorenteller. Vesper, Tageskarte. Hausgemachte Kuchen und Eisspezialitäten. Mittlere Preise. – *ÖZ: Wochentags ab 11.00 Uhr, So ab 9.00 Uhr. – Ru = Mo.*

# Stiefenhofen – Genhofen – Zell – Oberthalhofen – Stiefenhofen

**Weg und Zeit** – 9 km – 2 ¾ Stdn.

**Charakteristik** – Diese schöne Wanderung bietet nicht nur eine eindrucksvolle Aussicht auf die *Nagelfluhkette* und auf die hübsche *Allgäuer Landschaft,* sondern führt durch traditionsreiche *Allgäuer Dörfer* und entlang des stimmungsvollen Bachverlaufs der *Oberen Argen.*

**Anfahrt** – A 7, Ausfahrt *Kempten.* Auf der B 12 bis *Isny.* Abzweigung in Ri *Maierhöfen, Grünenbach, Stiefenhofen.* – B 308 bis *Oberstaufen,* über *Buflings.*

**Parken** – Großer Gäste-P am *Gasthof Rössle.*

● **Stiefenhofen** – Ein typisches *Allgäuer Dorf* mit repräsentativem bäuerlichem Ortskern. Die Landschaft ist von umwerfender Schönheit. Sehenswert ist die *Kapelle* von *Genhofen.* Man sagt, wer einmal dieses seltsame und magische Kirchlein von innen sieht, kommt immer wieder.

● **Der Rundweg** – Vom *Gasthof Rössle* li abw und gleich in den *Kirchholzweg* re einbiegen. Auf dem Weg bis *Ww [1],* li abzweigen. Leicht aufw hat man einen herrlichen Ausblick auf die umliegende Landschaft. Wer hier übermütig ist, kann nun seinem Echo lauschen. Bei *Ww [Wolfried]* die Str entlang bis *Ww [Genhofen],* ger. Schöne bäuerliche Landschaft. In *Genhofen* an Gabelung re, um einen Abstecher zur *Kapelle* von *Genhofen* zu machen. Sehenswert sind u. a. die Malereien (s. S. 129). Den Schlüssel bekommt man im Haus nebenan. Nun wieder zurück bis zur Gabelung und ger bis *Moos.* Am *Siechenhaus* re, Bahngleise überqueren. In *Buflings* li, ger bis zum Ortsschild *Zell,* li einbiegen. Im Ort an der Kirche li vorbei in Ri *[Weissenbachmühle],* Ww. Querstr re. Bei *Ww [Stiefenhofen]* li halten. Unvergleichlicher Weg an der *Oberen Argen* entlang. In *Oberthalhofen* an Kreuzung li. An der Bachbrücke mit *Ww [Stiefen-*

**Eine gute Adresse für gepflegte Gastlichkeit**

Erleben Sie bei uns gemütliche Wirtshaus-Tradition. Unsere bekannt gute Küche bietet Ihnen neben der reichhaltigen Tageskarte auch heimische Spezialitäten. Wir freuen uns auf Ihren Besuch
**Familie Kulmus**

Stiefenhofen
Hauptstr. 14
Telefon
0 83 83/9 20 90

*hofen]* re. An Kläranlage li vorbei, im Wald aufw und 158 Stufen steil hinauf. Vorbei am Sportplatz. Str aufw. Vorbei an der *Kirche* von *Stiefenhofen* und zur verdienten Einkehr im
● **Gasthof Rössle** – Zentral im Ortskern gelegen. Die Gästezimmer sind komfortabel und behaglich. In den stilvoll und rustikal eingerichteten Gasträumen wird man mit gehobenen und gutbürgerlichen Speisen verwöhnt. Eigene Schlachtung. Die reichhaltige Speisekarte bietet Hausspezialitäten wie Wild, Lamm, Tafelspitz und vieles mehr. Auch Kinder- und Seniorenteller. Biergarten. Mittlere bis leicht gehobene Preislage. – *ÖZ = 7.30–23 Uhr. – Ru = Do.*


# Oberstaufen

**Anfahrt** – B 308 von *Immenstadt* bzw. *Lindau*. – *Bahnstation*.
**Parken** – Mehrere gr P , z. B. am *Bahnhof* o. am *Kurhaus*.
● **Oberstaufen – Schroth-Heilbad u. Wintersportort** (792 m) – In prächtiger Lage hoch über dem *Weißachtal* zwischen *Staufen* u. *Kapf*. Berühmt durch das Naturheilverfahren nach *Johann Schroth* (1798–1856). „Grenzenlose" Wandermöglichkeiten: ca. 250 km Wanderwege vermitteln höchsten Genuss, ein Großteil davon wird im Winter geräumt. Auf den Skilangläufer warten über 120 km sorgsam unterhaltene Loipen. – Erste urkundl. Erwähnung 868. Marktrecht 1453. Zu *Österreich* 1804. Zu *Bayern* 1806. Beginn des Fremdenverkehrs u. Entwicklung zum „Bad" im 19. Jh. Entfaltung des Wintersports Anfang 20. Jh.
● **Sehenswertes – Erlebenswertes** – *Pfarrkirche St. Peter und Paul*, neugotisch, 1859–63, gewaltige *Kreuzigungsgruppe*, Anfang 16. Jh., *Heinrich Iselin* zugeschrieben. – *Pestkapelle Weißach*. – *Pfarrkirche Maria Schnee* in *Aach*. – *Rokoko-Kirche St. Johannes Baptist* in *Thalkirchdorf*. – *Heimatmuseum*. – *Bauernhausmuseum Knechtenhofen*. – *Erlebnisbad Aquaria*. *Golfplatz Steibis*. – *Viehscheid* (Mitte Sept.) u. v. a. m.

## Bad Rain/Oberstaufen – Hündle-Bahn – Hündle Alp –Thalkirchdorf – Bad Rain

🛏 🍽 ⌂ 🚡 🅿 ❄ ✴

**Weg und Zeit** – 11 ½ km – 3 Stdn – ca. 75 Höhenmeter im Anstieg, ca. 385 Höhenmeter im Abstieg.
**Charakteristik** – Wunderschöner Rundweg, bequem aufw mit der *Hündle-Sesselbahn (Doppelsessel)*, gemütlicher Höhenweg voll optimalen Genusses und hübscher Talweg. Dazu eine *Berggaststätte*, die zur Rast förmlich einlädt und ein *Alpengasthof*, der bestens als Ausgangs- und Schlusspunkt geeignet ist. – Der direkte Abstieg zur Talstation dauert ca. 45 Min.
**Anfahrt u. Parken** – Vom Bahnhofsvorplatz *Oberstaufen* über *Rainwaldstr* zum 🅿 beim *Kurhotel Alpengasthof Bad Rain*.

MA ● **Bad Rain – Hündle-Bahn – Hündle Alp** – 20 Min (ohne Auffahrt) – Vom *Kurhotel Bad Rain* Str östl., *Ww [Hündle-Bahn]*, neben kl Bach leicht aufw. Querstr li, *Ww*. Vor Unterführung der *Deutschen Alpenstraße/* B 308 Treppe re, *Ww*, Pfad zur *Hündle-Bahn* mit gr 🅿. Auffahrt, Länge 1000 m, Höhendifferenz 300 m.

● **Berggaststätte Hündle-Alp** – Herrliche Lage. Gemütliche Gasträume. Gr Aussichtsterrasse mit Dreiländerblick. Zünftige Hüttenatmosphäre. Verlockendes Speise- u. Getränkeangebot. Suppen, Leberkäs, Krautspätzle, Krautkrapfen, „Nürnberger" u.v.a. Herzhafte Brotzeiten. Leckere hausgemachte Kuchen. Niedrige Preise. – *Kein Ru.*

MW ● **Hündle-Alp – Hündlekopf – Hochsiedel-Alpe – Thalkirchdorf –** gut 1 ¼ Stdn – Mit *Ww* aufw, vorbei an der *Hündle-Alm* zum Gipfelkreuz des *Hündlekopfs* (1112 m). Prächtiger Rundblick, u. a. auf *Prodel, Hochgrat, Alpsee, Salmaser Höhe*. Graspfad östl.,
MW *Ww [Thalkirchdorf]*, br Weg abw, Grasweg, aufw, Weidezaundurchlass. Über den Kamm aufw. Bergstation *Gratlift, Ww [Moosalpe]*. – (Graspfad ger abw = steil!) – Gegenüber Kontrollturm u. *Ww* re (!), br bequemer Weg, Linksbogen. *Alpseeblick!* Bergpanorama! Unten Ruhebank, Durchlass, Grasweg re. Oberhalb der *Hochsiedel-Alpe* Grasweg halbli abw, *Ww*. – (Weg ger zur *Moosalpe*, dann abw zur *Schwandalpe* ist etwas länger, aber besser.) – Vor der *Hochsiedel-Alpe* re, Grasweg abw zum Wald. Über dem *Konstanzer Tal Salmaser* u. *Thaler Höhe*. Im Wald abw, am Waldrand li. Talstation des *Prodellifts* (Länge 1400 m) u. Bergstation des *Schwandlifts*. *Schwandalpe*. Befest. *Schwandweg* (Forststr) abw. In der Linkskehre ger in den Wald, *Ww*. – (Der befest. *Schwandweg* ist gemütlicher.) – Serpentinenpfad vor dem *Schmidstobel* kräftig abw. Unten wieder Einmündung in den *Schwandweg*. Abw, *Thalkirchdorf*.

MW ● **Thalkirchdorf – Konstanzer Tal – Bad Rain** – 1 ¼ Stdn – Beim Holzkruzifix *Kirchdorfer Str* li, *Ww [Hündle-Station]*. Vorbei an der Talstation des *Schwandlifts* durch das weite Tal zu einer

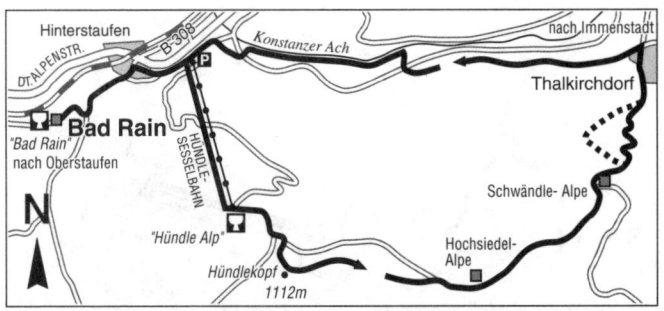

Feldscheune. Davor re, *Ww,* vor der *Konstanzer Ach* li, *Ww.* Sehr hübscher Weg neben dem Bach. Ein Linksschlenker führt über den Ⓟ zur Talstation der *Hündle-Bahn*. Nun mit *Ww [Bad Rain]* wie Herweg zurück zum

MW

- **Alpengasthof Bad Rain – Kur- u. Ferienhotel** – Sehr ruhige Waldrandlage. Großzügige Komfortzimmer. Stilvolle Gasträume. Kaminraum für 70 Pers. Gartenterrasse. Schwefel-Hallenbad u. Sauna. Gepflegte Atmosphäre. Vorzügliche gehobene Küche mit regionalen u. internationalen Köstlichkeiten. Hausspezialitäten: Wild u. Forellen. Gourmet-Menüs. Auch Diät, Schon- u. Vollwerkost. Mittl. u. leicht gehobene Preise. – *Kein Ru.*

## Alpengasthof Bad Rain

Fam. Hansjörg Kirchmann
87534 Oberstaufen
Tel. 0 83 86/9 32 40
Fax 0 83 86/93 24 99

Zwischen Oberstaufen und Hündlebahn gelegen. Idylle in der Natur, herrlicher Biergarten, gemütliche Allgäuer Stuben.
Allg. Küche, Vollwertgerichte, Kaffee, hausgemachter Kuchen.
Quellfrische Forellen.

## Gaststätte Hündle Alp (1098 m)

87534 Oberstaufen, Tel.+ Fax (0 83 96) 1720

Einkehren in gemütlicher Hüttenatmosphäre. Eingebettet in einem aussichtsreichen Wander- und Skigebiet. Bequem erreichbar zu Fuß oder mit der Hündle Doppelsesselbahn. Außer April bis Mitte Mai und November bis Mitte Dezember ganzjährig geöffnet.

**Allgäuer Brauhaus**

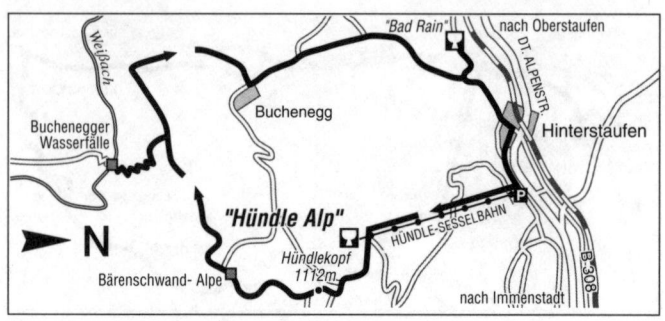

## Hündle Alp – Buchenegger Wasserfälle – Buchenegg – Bad Rain bzw. Talstation

**Weg und Zeit** – ca. 2–2 ½ Stdn – ca. 140 Höhenmeter im Aufstieg, ca. 320 Höhenmeter im Abstieg.

**Charakteristik** – Nach der Auffahrt mit der *Sesselbahn* genießt man zunächst einmal von der *Berggaststätte* (S. 126) den herrlichen Ausblick über *Steibis* und *Imberg* bis hin zu *Säntis* u. *Altmann*, um danach über den *Hündlekopf* zu den imposanten *Wasserfällen* tief unten in der *Weissachschlucht* abzusteigen.

**Anfahrt u. Parken** – Wie S. 126 zum *Alpengasthof Bad Rain* o. über die B 308 direkt zum kostenlosen P *Hündle-Bahn*.

MA ● **Der Rundweg** – Von der *Hündle-Alp* mit Ww [*Wasserfälle*] aufw. Nach dem Almbetrieb Dreiergabel, mittl. Weg, *Ww [Bärenschwand, Wasserfälle]*, aufw zum *Hündlegipfel* (1112 m). Einzigartiger Blick bis zu den *Schweizer* u. *Bregenzer Bergen*, auf *Hochgrat, Seelekopf, Eineguntkopf, Falkenhütte, Imberg* u. *Fluh*. Vom Gipfelkreuz mit Ww Pfad kräftig abw zur *Bärenschwand-Alpe*. Li daran vorbei, *Ww*, Pfad weiter über einen Grasrücken. Vorm Wald re, dann wieder li. Metallstufen zu br Weg. Re ab, *Ww*, aufw, abw, dann Linksabzweig, *Ww [Wasserfälle 0,5 km]*. Durchs *Naturwaldreservat* steil abw in die romantische Felsenschlucht der *Weissach*. Metallsteg, dahinter Pfad li zu dem mächtigen Felsenkessel, in den sich das Wasser im freien Fall donnernd hinunter stürzt, einen kl See kristallklaren Wassers bildend. Nach diesem eindrucksvollen Erlebnis wie Herweg
MW zurück. Oben befest. Weg li, abw, Rechtsbogen nach *Buchenegg*. Alte Bauernsiedlung, benannt nach „altem Buchenbestand auf einem Bergvorsprung (Eck)". Uralte *Kapelle „Hl. Maria"*. Bei
MW der Kp. li, *Ww [Bad Rain 1,5 km]*. Ger, abw zum Scheideweg: Li
MW nach *Bad Rain* o. ger mit *Ww [Hündlealpbahn]* Ri *Hinterstaufen* bis vor die Unterführung der *Deutschen Alpenstraße/ B 308*. Treppe re und Pfad neben der B 308 zum P *Hündle-Bahn*.

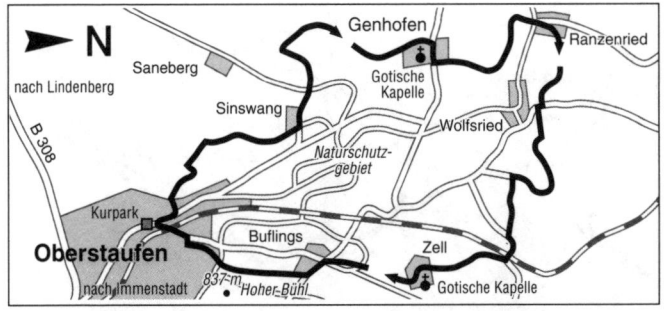

# Oberstaufen – Genhofen – Zell – Oberstaufen

◪ ◠ ⓚ ✷ ⛪

**Weg und Zeit** – 10 ½ km – 2 ¾ Stdn.
**Charakteristik** – Bequemer, abwechslungsreicher Rundweg mit nur zwei nennenswerten Steigungen zu zwei versteckten Kleinodien mittelalterlicher Kirchenbaukunst.
**Parken** – Ⓟ beim *Kurhaus/ Kurpark*.

● **Der Rundweg** – Re hinterm *Kurhaus* Landwirtschaftsweg aufw, nach 20 m re über den Bach, *Ww [Saneberg]*. Aufw, *AP* MA bei Ruhebank. Gabel halbre aufw (halbli = direkt), befest. Linksbogen, vor Anwesen re, *Ww*. Ger, *Ww [Sinswang]*. Schö- MW ner Panoramaweg, Vorblick auf *Genhofen* u. *Zell*. In *Sinswang* Querstr li, Gabel re, *Ww [Vorderreute]*. Bei den Häusern 13 u. 5 MW re, *Ww [Genhofen]*. Panoramaweg mit Alpenblick. *Genhofen*.

● **St.-Stephans-Kapelle**, eine gotische Kapelle „am Wege", am Beginn des bei Fuhrleuten berüchtigten *Hahnschenkelpasses*, erb. 1495. Gedrungener Turm, eingezogener Chor, Langhaus mit Flachdecke. *Sehenswert*: Drei vollständige got. *Schreinaltäre*, mit Hufeisen benagelte *Sakristeitür* (Votivgaben der Fuhrleute), *Wandmalereien*.

● **Der Weiterweg** – Fahrstr *OM* kurz re, li ab, *Ww [Ranzenried]*, OM später *[Stiefenhofen]*. Halbre das Feriendorf *Wolfsried*. In *Ranzen-* MA *ried* re ab, *Ww [Wolfsried]*. Waldrand, herrlicher Panoramaweg mit Alpenblick, vom *Rindalphorn* bis zum *Hochhädrich*. Fahrstr 50 m re, vor *Wolfsried* befest. Weg li aufw, *OM*. Vor den 2 Höfen OM Rechtsbogen. Linksabzweig *Ww [Weißenbachmühle]*, li am Hof MA vorbei, abw zur Eisenbahnbrücke. Dahinter re mit *Ww* nach *Zell*. MW

● **Kirche St. Bartholomäus**, ein Meisterwerk der Gotik, erb. im 14. Jh., mit drei *Schreinaltären*, jeder mit zwei Flügeltüren verschließbar. Den *Hochaltar* schuf *Hans Strigel d. Ä.* 1442. Beachtenswert sind auch die restaurierten *Wandmalereien* (um 1450) im Chor, zwei Bilderzyklen in drei Reihen angeordnet.

● **Der Rückweg** – Mit *Ww [Buflings – Oberstaufen]* auf der Str MW nach *Buflings*. Str Ri *Kalzhofen* li, Fußweg re, *Ww, Oberstaufen*. MW *Max-Ostheimer-Str*, Querstr re, *Isnyer Str* li zum *Kurhaus*.

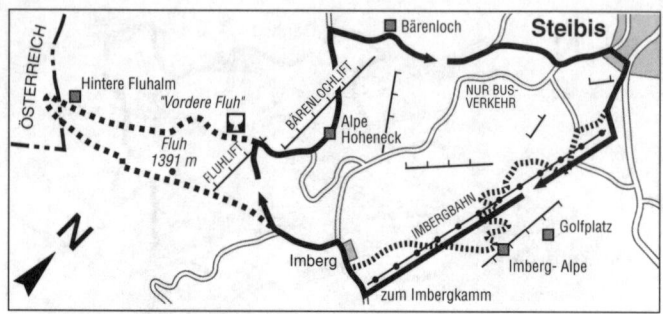

## Steibis – Imbergbahn – Wanderbahn

● **Die Imbergbahn** – *Talstation* (880 m) am Südostende von *Steibis* – Bergstation (1218 m) auf dem *Imbergkamm* – *Fahrzeit* ca. 20 Min – *Betriebszeit Sommer* etwa Anfang Mai bis Ende Oktober. – Gr P gegenüber der *Talstation*.
**Anfahrt** – Von *Oberstaufen* mit PKW oder Bus (kostenlos für Kurkarteninhaber der Ferienregion Oberstaufen).
● **Das Wandergebiet** – Es liegt in der einzigartigen Landschaft der *Nagelfluhkette* mit endlosen Almweiden, prächtiger Alpenflora und grandiosen Ausblicken. Es bietet ebene Spazierwege, gemütliche Halbtagswanderungen und zünftige Ganztagstouren. Überall gibt es Berggasthöfe und Hütten zum Einkehren (s. S. 131–142). Außerdem führen viele schöne Wege zurück ins Tal, von denen der kürzeste hier beschrieben ist.
● **Bergstation – Talstation** – ¾ Std – 100 m westl. der *Bergstation*
MA re ab, *Ww [Steibis]*. Br Weg, kurz durch Wald. Herrlicher Panoramaweg zur *Alpe Imberg*. Davor scharf li, *Ww*. In weiten Kehren abw. Unten über den *Stegenbach*. Ortsrand re. *Langholzlift/*
MW *Ski-Arena*. Gr P. *Festhalle. Golfplatz*. Querstr li, *Ww [Fußweg Steibis]*. Gabel halbre, Fußweg abw. – In der Skizze schraffiert.
● **Weitere Abstiege** – Über *Waltners Alp* oder *Bärenloch* (S. 131) oder *Schindelberg* oder *Remmeleck-Alpe – Lanzenbachsäge*.

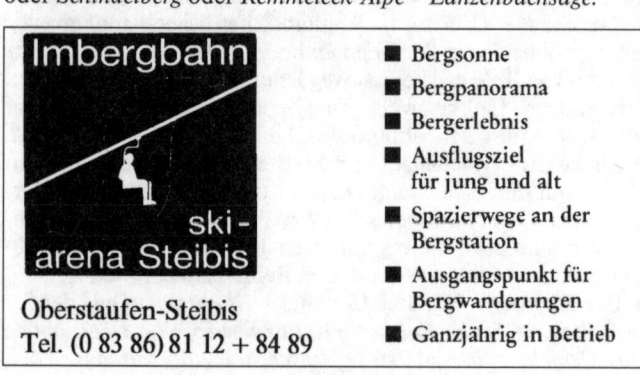

# Imberg – Vorderfluh – Bärenloch – Steibis

**Weg und Zeit** – 1 ½ Stdn – ca. 350 Höhenmeter im Abstieg.
**Charakteristik** – Nach der Auffahrt mit der *Imbergbahn* folgt ein abwechslungs- u. aussichtsreicher Weg zurück ins Tal.
- **Der Rundweg** – Von der *Bergstation* zur Str. Li ab, durch Wald bis zur Waldöffnung. Waldrand re, *[Neuer Rundwanderweg]*, Viehgatter, Dreiergabel, Graspfad re, wieder in den Wald, *Ww [Berggasthof Vordere Fluh]*. Pfädchen hanglängs, durch eine Senke, Blick zum *Hochgrat*. Bald darauf herrlicher Blick auf *Oberstaufen*. *Fluhlifthang* queren zum   MA   MW
- **Alpengasthof Vordere Fluh** – Prächtige Aussichtslage. Behagliche Gästezimmer. Gemütliche Galsträume. Terrasse. Familiäre Atmosphäre. Gepflegte Allgäuer Küche mit herzhaften Gerichten, u. a. Maultaschen, Pfannkuchen, Nürnberger m. Kraut, Leberkäs, Tellersülz m. Bratkartoffeln. „Für den kleinen Hunger". Eigene Schlachtung. Untere Preise. – *Ru (Sommer) = Di.*
- **Der Weiterweg** – Br Weg abw, Linksbogen unterm *Bärenlochlift*. Li ab, *Ww [Bärenloch – Steibis]*. *Alpe Hohenegg*. Wiese abw, Gatter, Bogen durch Wald, Wiese (Skihang) abw, unten Gatter. Mit *Ww* li, Bach überqueren, re, Querweg re, *Ww. Alpe Bärenloch*. *Ww*. Bachsteg, aufw, nach Waldaustritt ger (!). *Riegel-Hütte*, Gatter, ger. Ausblick! Abw, Gatter, li abw nach *Steibis*.   MW
- **Rundweg Vorderfluh – Fluhkamm** – gut 1 Std – Li am *Gasthof* vorbei, br Weg aufw, *Ww [Hintere Fluh-Alpe]*. Großartiger Panoramaweg mit Blick u. a. ins *Weißachtal*, auf *Pfänder* (Sendemast) u. *Säntis*. Li an der *Alpe* (privat) vorbei. *Unmarkierter* Pfad im Bergwald aufw zu einer Wiese. Aufw, vorm Hochstand am Ahornbaum Pfadspuren halbli aufw. Oberhalb des umzäunten Rechtecks in den Wald. Nach 10 m li, dann re und Pfädchen hoch zum *Fluhgrat*. Auf dem Kamm li und abw Ri Str. Dann zurück zur *Vorderfluh* bzw. mit *Imbergbahn*, Bus oder zu Fuß nach *Steibis*. – In der Skizze punktiert.   MW   OM

**Berggasthof „Vordere Fluh"**

Gutbürgerliches Berggasthaus mitten im Wander- und Skigebiet **IMBERG-FLUH**
- Gutbürgerliche Küche
- Deftige Brotzeiten
- Kaffee und hausgemachte Kuchen
- Große Sonnenterrasse
- Übernachtungsmöglichkeit
- Dienstag Ruhetag!

**87534 Oberstaufen-Steibis**
**Telefon 0 83 86/84 66**

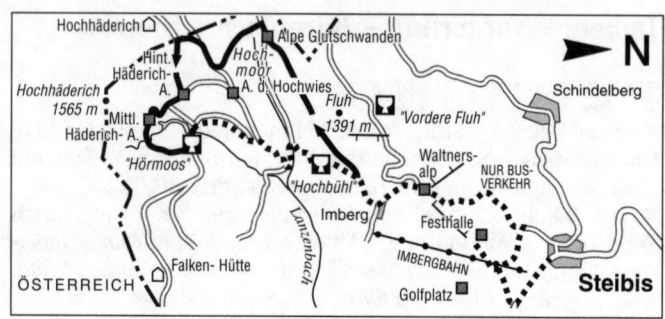

## Steinegund – Glutschwanden – Hörmoos-Alpe

🏠 ⛰ ⌂ ⛺ ☰ ⛰ ⛰ ✱ ✱

**Weg und Zeit** – 6 km – 1 ¾ Stdn.
**Charakteristik** – Ein aussichtsreicher Genussweg!

MA
● **Der Rundweg** – Mit dem *Bus* (kein PKW-Verkehr!) von *Steibis* zur Bedarfshaltestelle *Steinegund*. Mit *Ww [Schnapshütte]* hanglängs. Blick auf die *Nagelfluhkette*, *Alpengasthof Hochbühl* (S. 138), *Hörmoos-Alpe* (S. 137) u. *Falkenhütte* (S. 141). Pfadeinmündung in br Weg, ger aufw. *Grenzhütte Häuslers-Gschwend* (1300 m). Schöner Panoramaweg, Blick bis zum *Säntis*. Li drüben *Lift-Rest. Hochhäderich* (S. 138). Abw, *Alpe Glutschwanden*.

MW
Kurz danach li ab, *Ww [Hörmoos u.a.]*. Leicht aufw, dann abw, langer Bachsteg, Pfad halbre. Über kl Bach, Gatter, Pfädchen mitten durchs Hochmoor mit einigen fußfeuchten Einlagen. Beim Schild *[Vorarlberg]* li (re zum *Rest. Hochhäderich*), *Ww [Hörmoos]*. Gabel halbre, *Ww*. Metallsteg durchs Hochmoor. Aufw, Gatter, re, *Hint. Häderich-Alpe*. Br Weg re, *Ww [Hörmoossee]*. Gabel ger (li = direkter Weg über *Hubertus-Haus)* zur *Mittl. Häderich-Alpe* mit mächtigen Nagelfluhfelsblöcken. Kl Wasserfall. *Vordere Häderich-Alpe*. Lawinensprengbahn. Querweg li, *Hörmoossee, Alpengasthof Hörmoos* (S. 137). – Rückfahrt mit dem *Bus*.

---

### Wander- und Ausflugsbus:
**Linienverkehr Steibis-Dorf zur Hörmoos-Alpe**

Täglich Betrieb von Anfang Mai – Anfang November

Fahrplan und Abfahrtszeiten erhalten Sie
im Reisebüro Hölzler oder der
Tourist-Information Oberstaufen-Steibis

**Reisebüro Hölzler, Oberstaufen, Tel.: 0 83 86/22 25**

*oben: Der berühmte Eistobel bei Maierhöfen im Winter...*
*unten: ...und im Sommer*

*oben: Oberstaufen mit Hochgrat*
*unten: Oberreute, im Hintergrund die Nagelfluhkette*

*oben: Rathaus Weiler im Allgäu mit Musikkapelle Weiler*
*unten: Scheidegg im Allgäu mit Alpenpanorama*

*Brauchtum im Allgäu*

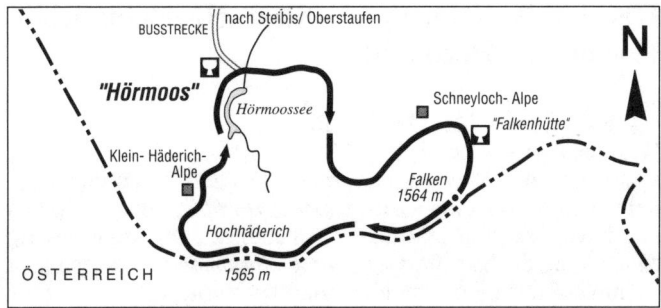

## Hörmoos – Falken – Hochhäderich – Hörmoos

**Weg und Zeit** – Eine lohnende Bergtour mit herrlicher Rundsicht. Schöne Alpenflora. Bei Nässe nicht empfehlenswert.
**Anfahrt** – *Oberstaufen, Steibis*. Ortsende re, *Ww [Steibinger Festhalle]*. – *Bahn*: Bhf. *Oberstaufen, Bus* nach *Steibis*.
**Parken** – Großer P bei der *Steibinger Festhalle*.

● **Der Rundweg** – Von der Haltestelle *Au-Festhalle* mit dem *Bus* nach *Hörmoos*. Der Weg führt li am *Hörmoos-See* vorbei, *Ww [Falkenhütte]*, zur *Falkenhütte* (s. S. 141). Der Weg biegt *ohne* MA *Ww* nach re. Man folgt dem *Ww [Hochhäderich]* zum *Falken* MW (1564 m). Abw, entlang der Steilabstürze des *Falken, Ww [Hochhädrich]*. Auf seilgesichertem Weg aufw zum *Hochhäderich* (1565 m). Abw, kurz westlich, dann re, *Ww [Hörmoos]* bis zur *Klein-* MW *Hädrich Alpe*. Hier nach re, *Ww [Hörmoos]*, bis nach *Hörmoos*.

● **Alpengasthof Hörmoos** – Herrliche, ruhige Aussichtslage. Einfache u. komfortable Zimmer. Gemütliche Gasträume. Sonnenterrasse. Hobbyraum. Gutbürgerliche Küche. Hausspezialitäten: Krautspätzle, Berg- und Bauerngerichte, Gemüseeintopf, Leberkäse, Maultaschen, Reibekuchen, Kassler. Herzhafte Brotzeiten, warm u. kalt (ab 14.30 Uhr). Flaschenweine, offene Weine. Mittlere Preislage. – *Ru = Di*. – P für Übernachtungsgäste.

## Alpengasthof Hörmoos

**urig - gemütlich - freundlich**
Familie Michael Schneider
87534 Oberstaufen-Steibis
Tel. 08386/8129 - Fax 8633

Die Einkehr am kleinen Bergsee

Im Winter dreispurige Höhenloipe, gebahnter Wanderweg und Pferdeschlittenfahrten vom Hochhäderich-Restaurant. Winterwanderweg von der Imbergbahn. Doppelzimmer mit Dusche und WC - günstige Mehrbettzimmer
Autozufahrt nur für Hausgäste - Dienstag Ruhetag

# Hochbühl – Kojengipfel – Rest. Hochhäderich – Hochwies – Hochbühl

🌱 ⛰ 🠒 🏔 🅺 ❋ ❋ 🏠

**Weg und Zeit** – 10 km – gut 2 ½ Stdn.
**Charakteristik** – Was will man mehr: Der *Bus* bringt den Wanderer von *Steibis* direkt zum *Gasthof Hochbühl*, dann folgt ein attraktiver Weg mit prächtigem Alpenblick zum Aussichtsberg *Kojen*. Eine Stichstr führt zum *Rest. Hochhäderich*, danach geht es durchs Hochmoor und über *Hochwies* zurück.
**Anfahrt** – *Bus* von *Steibis* direkt zur Haltestelle *Hochbühl*.
● **Alpengasthof Hochbühl** – Prächtige, ruhige Aussichtslage mitten im Wandergebiet. Behagliche Gästezimmer. Gemütliche Gasträume. Terrasse. Angenehme Atmosphäre. Gelobte gutbürgerl. Küche mit schmackhaften Gerichten, u.a. Suppen, Braten, Grillteller, Kesselfleisch, Speckknödel, Käsespätzle, Fleischküchle, Leberkäs, Hauswürste, Reibekuchen. Bratkartoffeln, Sauerkraut. Herzhafte Brotzeiten. Untere Preise. – *Ru = Mi (Winter = Fr)*.
● **Hochbühl – Alpe Glutschwanden – Kojen – Rest. Hochhäderich** – gut 1 ½ Stdn – Vom *Alpengasthof* ca. 100 m auf der Bus-Str Ri *Steibis*, 50 m vor der *Bergwachthütte* li aufw. Oben li halten, schöner Panoramaweg mit grandiosem Blick auf die *Nagelfluhkette*: *Hochgrat, Seelekopf, Hohenfluhalpkopf, Eineguntkopf, Falkenköpfe, Hochhäderich*. Grenzhütte Häuslers-Gschwend (1300 m). Hanglängs, dann leicht abw zur *Alpe Glutschwanden*. Von der Alpe führt ein Steig am Hang aufw. Oberhalb einer kl Hütte (Staatsgrenze, Gatter) weiter aufw zur *Fluhhöhe*. Br Gras-
MA weg li zum *Steinernen Tor*. Aussicht! Mit *Ww [Koyenstein, AP]* auf dem bewaldeten Grat weiter. Kleine Felseinlagen, prächtige Durchblicke. *Kojengipfel* (1300 m) mit Kreuz. Phantastische Aussicht, u. a. zum *Bregenzer Wald*. Toller Tiefblick auf *Riefensberg*.
OM In Ankunftsrichtung Pfad li abw, *OM*. Vorbei am *Ferienhof Kojen* zur Str. – (Hierher auch direkt über *Glutschwanden* und *Moosstüble*.) – Entlang eines *NSG* (li) zum gr 🅿 vorm
● **Lift-Restaurant-Café Hochhäderich** – Im Herzen eines großartigen Wander- u. Skigebiets. Komfortzimmer. Gemütliche Gasträume. Sonnenterrasse. Ungezwungene Atmosphäre. Gutbürgerl. Küche mit verlockenden Gerichten, z. B. Wild, Fisch, Würstl, Leberkäs, Rösti, Jausenteller. Eigene Schlachtung. Hausgemachte Apfelstrudel, Kuchen und Torten. Warme Küche 11–17 Uhr. Untere bis mittl. Preise. – *Kein Ru*.
● **Restaurant Hochhäderich – Hochwies – Alpengasthof Hochbühl**
MA – 1 Std – Man folgt zunächst dem *Ww [Falkenhütte über Hör-*
MW *moos]*, dann dem *Ww [Hörmoossee über Hochwies]*. Nach dem Weidegatter Gabel halbli, *Ww [Hochwies]*. Abw, Bachsteg, aufw. Mit Blick auf den *Fluhkamm* Bretterpfad durch ein Hochmoor,

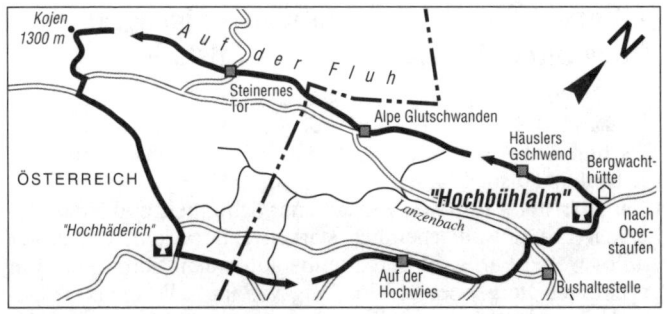

*Ww [Hochwies].* Vorbei an der *Alpe Hinterhochwies.* Es folgt *Hochwies* mit der kl *Kapelle.* Nun entweder vor bis zur Bus-Str mit der Bedarfshaltestelle *Hochwies* und dann *ohne Markierung* OM der Str folgen oder schon vorher, die Kurve abschneidend, Weg ins *Lanzenbachtal* abw. Mit der Bus-Str den *Lanzenbach* queren und aufw zum *Alpengasthof Hochbühl.*

● **Wegvarianten**
1) Bei der *Alpe Glutschwenden* ger weiter, dann mit *Ww* Abzweig li über das Hochmoor (s. S. 132) zum *Restaurant Hochhäderich.*
2) Noch weiter ger bis zum *Moosstüble,* dann direkt durch *NSG,* ein unmarkierter Weg, der allerdings zeitweise gesperrt ist.

# Alpengasthof Hochbühl

Fam. Kasper • 87534 Oberstaufen/Steibis
Telefon 0 83 86/81 38 • Fax 80 06

Unser Haus liegt mitten im schönsten Wandergebiet
zwischen Steibis und der Nagelfluhkette.
Wir bieten Ihnen eine gemütliche Gaststube und eine
gutbürgerliche Küche.
Wir haben Doppel- und Mehrbettzimmer und Matratzenlager.
Sie können wählen zwischen Frühstück, Halb- und Vollpension.

# Hoch Häderich

**Skilifte, Café- und Liftrestaurant, Gästehaus**
**Familie Johann Steurer, A-6952 Hittsau**

• Direkt im Ski- und Wandergebiet
• Herrliche Sonnenterrasse mit Schirmbar
• Liegestuhlverleih u. Ski-Verleih • Ferienheim für 70 Pers.
• Mehrbett- und Gästzimmer mit allem Komfort

**Telefon 0 55 13/82 54 • Fax 8254-52 • Schneetelefon 82 54-51**

## (Oberstaufen –) Hochgratbahn – Hochgrat – Eineguntkopf – Falkenhütte – Talstation

**Weg und Zeit** – 4-4 ½ Stdn – ca. 300 Höhenmeter im Aufstieg, ca. 1130 im Abstieg.
**Charakteristik** – Ein Weg von seltener Schönheit und Eindringlichkeit mit unwahrscheinlich starken Eindrücken, mit schier endlos weiter Fernsicht und atemberaubenden Tiefblicken. Ein großartiges Bergerlebnis! Der Weg verlangt allerdings Trittsicherheit und Schwindelfreiheit. Bei einigen Felspassagen oder freiliegendem Wurzelwerk muss man schon einmal die Hände zu Hilfe nehmen. Bei Nässe ist die Tour weniger zu empfehlen.
**Anfahrt u. Parken** – Von *Oberstaufen* über *Steibis* zum P. – Bus von *Oberstaufen/ Busbhf. Bahnhofsplatz* über *Steibis* (für Kurkarteninhaber der *Ferienregion Oberstaufen* kostenlos).

MA
● **Hochgratbahn – Hochgrat** – Auffahrt mit der Kleinkabinenbahn, s. S. 142. Von der *Bergstation* (1708 m) mit *Ww [Hochgratgipfel]* auf dem br Grat in ½ Std aufw zum Gipfel (1833 m). Die Aussicht ist überwältigend schön, u. a. hinüber zum *Rindalphorn* und zur östl. *Nagelfluhkette*, über die begrünte Vorgipfelflur zum *Allgäuer Hauptkamm* mit *Hochvogel, Krottenkopf, Trettachspitze, Mädelegabel, Biberkopf, Widderstein* und *Ifen*. Man sieht *Mohnenfluh, Rote Wand, Zimba, Schesaplana, Altmann* und *Säntis*. Man erkennt deutlich den *Pfänder*. Die Gipfel sind kaum zu zählen (es sollen um die 200 sein). Auf der anderen Seite des *Weißachtals* liegen u. a. *Oberreute, Lindenberg, Sulzberg* und *Scheidegg*.

MW
● **Hochgrat – Seelekopf – Hohenfluhalpkopf – Eineguntkopf – Falkenhütte** – 2 ½-3 Stdn – Zurück zur *Bergstation* und mit *Ww [Falkenhütte]* abw zum Sattel zwischen *Hochgrat* und *Seelekopf.* Oberhalb vom *Staufner Haus* (1600 m) über den Grat, dann auf einer Eisenleiter in eine Scharte. Aufw zu einer Gabelung. Re hoch zum *Seelekopf* (1663 m) bzw. Umgehung li (fast eben am Hang entlang). Gemeinsam abw in den Sattel zwischen *Seelekopf* und *Hohenfluhalpkopf* (1636 m). Auch er kann bestiegen oder li umgangen werden. Auf einem Pfad mit diversen felsigen Passagen geht es ein drittes Mal in einen Sattel und schließlich über den *Eineguntkopf* (1641 m) kräftig abw zum
● **Berggasthof Falkenhütte** (1439 m) – Herrliche Aussichtslage in einem verlockenden Wandergebiet. Behagliche Gästezimmer. Gemütliche Gasträume. Große Sonnenterrasse. Zünftige, familiäre Atmosphäre. Gutbürgerliche Küche mit herzhaften Allgäuer Gerichten. Leckere Braten. Wildspezialitäten. Seniorenteller. Kräftige Vesper. Mittl. Preise. – *Ru = Mo (außer Feiertag)*. – Gr P. *Übernachtungsgäste dürfen die Bus-Str benutzen!*

OM
● **Falkenhütte – Talstation** – ¾-1 Std – Unmarkiert in nördl. Ri

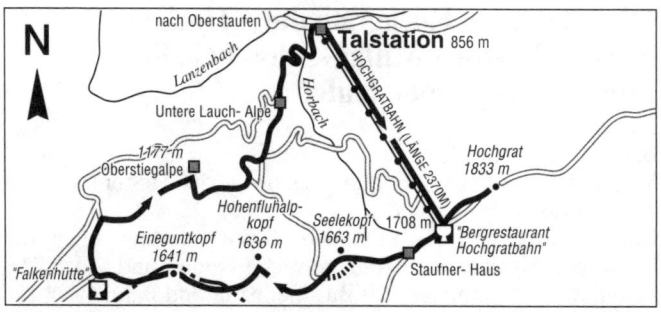

steil abw zu einer Wegkreuzung (ger *Hochbühlalm*, li *Schneyloch, Hörmoossee*), re ab, *Ww [Hochgratbahn – Talstation 4 km]*. *MA* Hanglängs, vorbei an markanten Ahornbäumen zur *Oberstiegalpe* (1177 m). Br Weg re ab, *Ww.* Bogen, kl Wasserfall. Am Bach entlang, Bachbrücke, kl *Kapelle, Alpe,* kl Teich, Bachbrücke. Befestigter Weg, vorbei an der *Unterlauchalpe*. Die folgenden Wegkehren schneidet man ab. Waldeintritt. Querung des romantischen *Horbachs*. Unten Querstr re und hinüber zur *Talstation*. – Rückfahrt mit PKW oder Bus.

● **Direkter Weg von der Berg- zur Talstation**
Von der *Bergstation* westl. abw zum *Staufner Haus*. Von dort an der *Oberen Lauchalpe* vorbei weiter zu dem Weg, der (wie vorher beschrieben) von der *Oberstiegalpe* herunter kommt. Auf ihm zurück zur *Talstation* – ca. 1 ½ Stdn.

● **Weiterer Weg vom Hochgratgipfel zur Talstation**
Vom Gipfel östl. über den Grat (s. Seite 142) in die *Brunnenauscharte* (1624 m). Dort li, steil abw (nur für Geübte!) über *Gratvorsäß* (1179 m) zur *St.-Rochus-Kapelle* im *Weißachtal*. Auf dem Fahrweg li ab zur *Talstation* – ca. 2 ½-3 Stdn.

● **Weitere Rückwegmöglichkeiten von der Falkenhütte**
1) Weg zur *Hörmoos-Alpe* (knapp ½ Std), Bus nach *Steibis*. –
2) Über die *Schneyloch-Alpe* oder direkt zur *Bushaltestelle „Abzweig Schneeloch"* - ½-¾ Std. – 3) Über die *Untere Ziehenalpe* und *Mittelstiegalpe* zur *Talstation* – gut 1 Std.

---

BERGGASTHOF

**Falkenhütte**

**Berggasthof Falkenhütte**
**Fam. Berkmann-Schneider**
87534 Oberstaufen-Steibis
Tel. (0 83 86) 81 13
Fax (0 83 86) 86 69

• Gemütliche Doppelzimmer, Mehrbettzimmer - Etagendusche
• Gemütliche Gasträume und Terrasse
• Gutbürgerliche Küche
• Autozufahrt nur für Hausgäste, Mautstr.

# Oberstaufen – Hochgratbahn – Hochgrat – Nagelfluhkette – Mittag-Schwebebahn – Immenstadt – Oberstaufen

◩ ◁ ◭ ⩙ ✻

**Weg und Zeit** – 18 km – 6 Stdn – davon ca. 500 Höhenmeter im Auf- und Abstieg.

**Charakteristik** – Eine lohnende Gratwanderung über die berühmte *Nagelfluhkette,* die herrliche Rund- und Ausblicke bietet. Sie ist kombiniert mit Bus, Seilbahn und Bahn.

**Anfahrt** – A 7 bis *Kempten,* B 19 bis *Immenstadt,* B 308 nach *Oberstaufen.* – Bahnstation in *Oberstaufen.*

**Parken** – P kostenfrei am *Bahnhof Oberstaufen.*

● **Oberstaufen – Hochgratbahn** – Mit dem Bus vom *Bahnhof* zur *Hochgratbahn-Talstation.*

● **Hochgratbahn** – Sie wurde 1973 gebaut und hat eine Gesamtlänge von 2400 m. Die Talstation liegt auf 856 m Höhe, die Bergstation auf 1708 m Höhe. Die 65 Kabinen, mit Platz für 4 Pers. je Kabine, überwinden somit einen Höhenunterschied von 852 m in ca. 15 Min Fahrzeit.

● **Bergrestaurant Hochgratbahn** – Das Bergrestaurant lädt mit seiner urgemütlichen Atmosphäre zum Entspannen und Erholen, Erfrischen und Stärken ein. Sicht, Sonne und gute Bergluft werden gratis mitgeliefert. Mit der gutbürgerlichen Küche und der Sonnenterrasse mit Liegestuhlverleih wird der Gast verwöhnt.

● **Nagelfluh** – Alle Gesteine an der Erdoberfläche unterliegen der Verwitterung. Gesteinsmaterial wird dabei zerkleinert, vielfach gelöst, von Wasser, Wind oder Gletschern wegtransportiert und an anderer Stelle wieder abgelagert. Diese Ablagerungen – locker oder zu Gestein verfestigt – heißen Sedimente. Durch tonige, kalkige oder kieselige Bindemittel verfestigte Sedimente nennt man Konglomerate oder Nagelfluh, wenn rundes Lockermaterial verkittet ist.

● **Hochgrat – Nagelfluhkette – Mittag-Schwebebahn – Immenstadt – Oberstaufen** – Der Gratwanderweg über die *Nagelfluhkette* ist gleichzeitig ein Teil des *E 5 (Europäischer Fernwanderweg 5)* vom *Bodensee* zur *Adria* und dem *E 4* von den *Pyrenäen* nach *Balaton.* Beim Verlassen des *Bergrestaurants* folgt man li dem
*MA* Schild *[Nagelfluhkette – Immenstadt].* Kurze Zeit später ist man am *Hochgratgipfel* (1832 m). In der Senke zwischen *Hochgrat* und *Rindalphorn* ist der Abstieg ins Tal möglich. Hier weiter mit
*MW* Ww beim Schild *[Rindalphorn – Stuiben – Steineberg].* Man überschreitet den Gipfel des *Rindalphorns* (1821 m). Dann geht's weiter zum *Gündleskopf* (1748 m) und von dort zum *Buralpkopf*
*MW* (1772 m). Re ein Schild *[Immenstadt 4 Stdn.].* Unterhalb des
*MW* *Buralpkopfes* in der Senke folgt man dem Ww *[Stuiben – Mittag].*

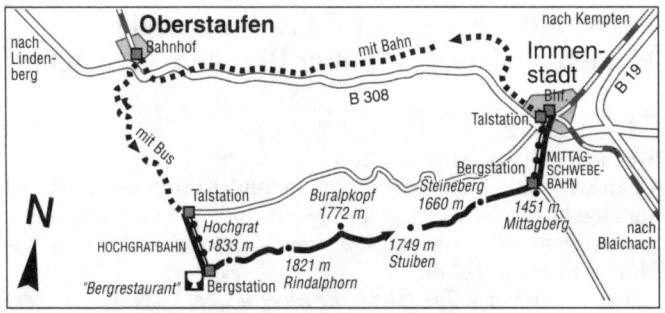

Über die *Oberen Sedererwände* kommt man zum *Sedererstuiben* (1737 m). Der *Ww* zum Gipfel des *Stuiben* (1749 m) ist relativ kurz (!). Man hat von allen Gipfeln und auch während der Auf- und Abstiege herrliche Rundblicke auf unzählige Berggipfel, und in den lieblichen Seitentälern sieht man viele verträumte Almhütten liegen. In der Senke vor dem *Stuiben* ist auch wieder der Abstieg beidseitig ins Tal möglich. Vom *Stuiben* führt der *Ww* zum *Steineberggipfel* (1660 m). Am *Steineberg* li ein Schild *[Bergstation Mittag]*. Unterhalb vom *Steineberg* hat man das erste Mal einen schönen Blick auf *Immenstadt*. Ger Ri *[Bergstation Mittag]*. Von der Bergstation schwebt man in 20 Min ins Tal nach *Immenstadt*. Man geht zum *Bahnhof* (10 Min) und fährt mit der Bahn zurück nach *Oberstaufen* (10 Min).

MW

# Hochgrat

## ... der Wanderberg

Ein unvergessliches Erlebnis ist ein Ausflug zum 1832 m hohen Hochgrat - einem der schönsten Wander- und Ausflugsberge des deutschen Alpenraumes.

- Bequeme 4-Pers.-Kabinen
- Garantierte Sitzplätze
- Bergrestaurant
- Sonnenterrasse
- Liegestuhlverleih

Tel. 0 83 86/82 23

# Irsengund – Bröger – Eibeles-Wasserfälle – Halden – Glafberg – Kalter Brunnen – Irsengund

🔲 ⊠ 🏚 ◀ ✏ ❋ ⌒ ⊟

**Weg und Zeit** – 12 km – 3 ½ Stdn.
**Charakteristik** – Zauberhafte Natur- und Kulturlandschaft mit ständigem Wechsel von Wald-, Moor- und Wiesenflächen und großartigem *AP* in die *Allgäuer Hügel- und Gebirgslandschaft*. – Höhendifferenz 420 m.
**Anfahrt** – An der B 308 *(Deutsche Alpenstraße)* zwischen *Immenstadt* und *Lindau*. – Bahnstation *Oberstaufen* der Linie *Kempten–Lindau*, Busverkehr von und nach *Oberstaufen, Sulzberg* und *Weiler*.
**Parken** – Kostenloser P am *Ferienhotel Fuchs*.

● **Oberreute** – Der höchstgelegene Erholungsort im *Westallgäu* (860 bis 1041 m ü. M.), verkehrsgünstig zwischen *Bodensee* und *Allgäuer Alpen* an der *Deutschen Alpenstraße* (B 308) gelegen. Ideale Wander- und Ausflugsmöglichkeiten für die ganze Familie. Die reizvolle Landschaft wechselt zwischen Wiesen, Mooren, Tobeln und Wäldern. Besonders reizvoll ist *Oberreute* im Mai und Juni, wenn alles blüht, und im Herbst, wegen seiner klaren und nebelfreien Tage. Sehenswert im Ort sind die *Pfarrkirche St. Martin* von 1798 mit schmuckem Zwiebelturm und das *Skimuseum,* das mit 300 Exponaten zu den weltweit größten Privatsammlungen dieser Art gehört. Näheres beim Gästeamt im Zentrum des Ortes.

● **Ferienhotel Fuchs** – In ruhiger Lage im Ortsteil *Irsengund*. Komfortabel-behagliche Gästezimmer mit Kinderermäßigung bis 12 Jahre. Die regionale und internationale Küche bietet in behaglich-ungezwungener Atmosphäre eine umfangreiche Speisekarte: Wild, Lamm, Filetsteak, Fisch und Geflügel. Erlesene Getränkeauswahl mit Bier vom Fass und offenen Weinen. Untere bis mittlere Preislage. – *Ru = Di*.

● **Irsengund – Bröger – Eibeles-Wasserfälle – Halden – Glafberg – Kalter Brunnen – Irsengund** – Vom *Ferienhotel Fuchs* geht man
MA  zur *Bergstr* abw und re auf der wenig befahrenen Teerstr mit *Ww [Zellers]*. Nach 10 Min li, *Ww [Zellers–Eibelesmühle]*, in Kehren
MW  abw bis man nach weiteren 10 Min die Teerstr beim *Ww [Eibelesmühle]* nach li verlässt. Nach Überschreitung der Grenze nach *Österreich* (Touristenzone, Personalausweis mitführen) erreicht man am Weiler *Bröger* vorbei die *Müselbach-Kreuzung*. Nach 10 Min hat man sich bei den *Eibeles-Wasserfällen* eine Pause verdient. Zurück zur *Müselbach-Kreuzung*, li, *Ww [ü.*
MW  *Müselbach n. Sulzberg]*, an der Teerstr entlang aufw. An deren Ende (!) in der Kurve beim gr Bauernhof erkennt man einen Strommasten mit rotem Pfeil, hier auf Wiesenweg steil aufw bis
MW  zum nächsten Bauernhof, *Ww [Sulzberg]*, im Weiler *Halden*

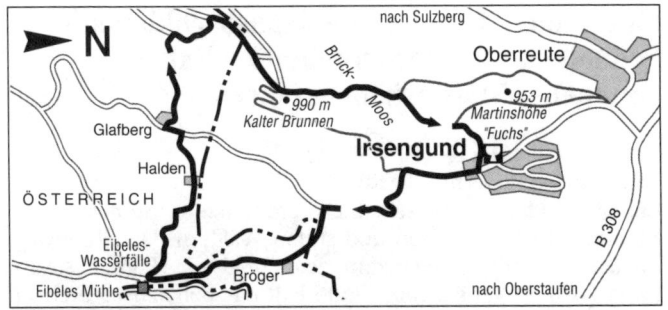

sehenswerte holzgeschindelte Kapelle. Beim Wegende an Gabelung li, nach 200 m re, *Ww [n. Sulzberg 1 St]*. Durch ein *MW* Viehgatter folgt man einem Wiesen-, später Waldweg steil aufw. Oben großartiger *AP*. Nun re Ri *Oberreute,* nach 100 m li auf einen schmalen Wiesenweg bis zu einer breiten Forststr. Auf dieser bis zum *Kalten Brunnen*, idealer Rastplatz mit Wasserstelle und offener Unterstandshütte mitten im Wald. Ab jetzt immer im Wald Ri *Oberreute* bzw. *Irsengund*. An der Weggabelung vor der *Martinshöhe* führt ein steiler schmaler Waldweg re abw in den Ortsteil *Irsengund* und nach wenigen Metern li zum *Ferienhotel Fuchs*.

**Judith und Christoph Fuchs**
**88179 Oberreute - Irsengund**
**Tel. 0 83 87/25 59**
**Fax 0 83 87/31 83**

• Restaurant-Café
• hausgemachter Kuchen
• alle Zimmer mit DU/WC, teils Balkon

## Oberreute – Unterreute – Hausbachklamm – Schnellers – Vorderschweinhöf – Kalter Brunnen – Martinshöhe – Oberreute

◪ ◸ ⊠ ◪ ▩ ✳ ⊞ ⌂ ⌂

**Weg und Zeit** – 12 km – 3 Stdn.
**Charakteristik** – Landschaftlich großartiger Rundweg mit Klamm, Mooren, Wiesen und stillen Wäldern. Der Rundweg ist auch im Sommer angenehm, da mehr als die Hälfte in schattigen Wäldern verläuft, am Ende lädt das beheizbare Freibad zur Abkühlung ein.
**Anfahrt** – wie S. 144.
**Parken** – Kostenloser P beim *Hotel Martinshöhe* oder beim *Restaurant „Alte Schule"* sowie am *Freibad,* bei der *Kirche* und am *Rathaus.*
• **Hotel-Restaurant Martinshöhe** – Das am Ortsrand gelegene Haus verfügt über komfortable Gästezimmer. Die stilvollgemütlichen Gasträume strahlen eine angenehme familiärgepflegte Atmosphäre aus. Küche und Keller bieten in mittlerer Preislage, was das Herz begehrt: Rumpsteak, Wild, Lamm, Fisch, Geflügel, Tafelspitz. Spezialität: schwäbischer Zwiebelrostbraten auf Kässpätzle. Außerdem Vesper- und Tageskarte. Bier vom Fass, offene Weine und Flaschenweine sind selbstverständlich. – *Ru = Di.*
• **Oberreute – Unterreute – Hausbachklamm – Schnellers – Vorderschweinhöf – Kalter Brunnen – Martinshöhe – Oberreute** – Vom Freibad beim *Hotel Martinshöhe* entlang des *Freibadwegs* in das Ortszentrum aufw. Re in *Hauptstr,* an *Rathaus* und *Kirche* vorbei zum *Restaurant „Alte Schule".*
• **Restaurant „Alte Schule"** – Das neben der Kirche im Ortszentrum gelegene Haus bietet in gepflegt-familiärer Atmosphäre gehobene Gaumenfreuden der regionalen, internationalen und saisonalen Küche an. Auf der Karte stehen Feinschmecker-Menüs, Kinder- und Seniorenteller, Schon- und Vollwertkost, Rumpsteak, Braten, Wild, Lamm, Schnitzel, Fisch und Geflügel. Von Juni bis August jeden Donnerstag amerikanischer Grillabend, Dezember bis Mai Fondue und heißer Stein, mit Live-Musik. Mittlere Preislage. – *Ru = Mi.*
• **Fortsetzung Rundweg** – Beim *Restaurant „Alte Schule"* die *Hauptstr* überqueren, bei der Tankstelle li, am Ortsende li, *Ww*
MA *[Unterreute],* beim einzeln stehenden Haus re, *Ww [Fußweg nach*
MW *Weiler].* Nach 5 Min li, *Ww [Hausbachklamm],* steil abw in die Klamm. Unten li dem Klammweg folgen, am Ende li über die
MW Brücke und gleich wieder re, *Ww [Schnellers].* Jetzt immer dem Bachweg treu bleiben. In *Schnellers* li am Gasthaus vorbei, bei der *Firma Schwärzler* li aufw, in *Vorderschweinhöf* die Str überque-
MW ren, *Ww [ADAC-Rundweg],* weiter Ri Wald dem *Ww [4a Kalter*

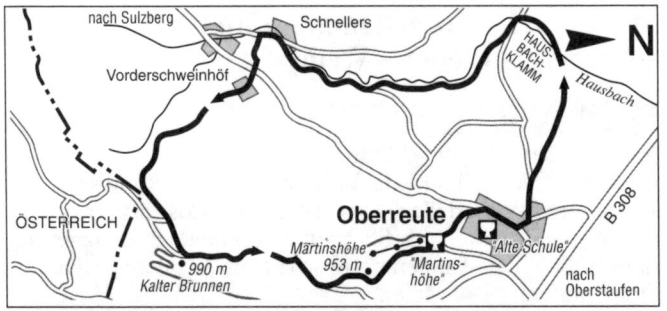

*Brunnen]* folgen. Nach Überquerung einer Lichtung im Wald  MW
*OM* li (!). Nach 5 Min li, *Ww [Kalter Brunnen]*. Nun geht man am  OM
Waldrand und im Wald weiter bis zum *Kalten Brunnen,* einem
idealen Rastplatz mit Wasserstelle und Unterstandshütte. Ab
hier führt der Weg Ri *Oberreute* stets durch Wald. Weiter *Ww
[Oberreute]* oder *[Martinshöhe]* folgen. Kurz nach Waldende  MW
steht man auf der *Martinshöhe,* einem herrlichen *AP* (953 m
hoch) mit Holzkreuz und Steintisch. Re auf Viehweiden am
Wasserwerk vorbei abw, beim Schlepplift li, nach wenigen
Metern ist man am *Freibad* und beim *Hotel Martinshöhe*.

## Hotel Restaurant **Martinshöhe**

Freibadweg 4 • 88179 Oberreute • Tel. 0 83 87/13 13 • Fax 28 83

Familie Mertens

- Komplett renoviertes Haus
  in ruhiger Ortsrandlage
- Sonnenterrassen mit hausgemachten Kuchen und Brotzeiten
- Komfortable Gästezimmer
  mit Dusche/WC, Balkon und TV
- In unmittelbarer Nähe: Tennis,
  Freibad, Reiten, Skilift und Loipen

## *Alte Schule*
### *Steak & Fischrestaurant*

Frühschoppen mit Musik auf unserer sonnigen Terrasse.
Wir servieren frischen Fisch vom Grill und andere Grillspezialitäten.
**Lassen Sie sich von unseren Angeboten überraschen!**
Unser Küchenchef freut sich,
Sie mit seinen Speisen zu verwöhnen.
**Inhaber Familie A. Schnell**
**88179 Oberreute - Hauptstr. 27 - Tel. 0 83 87/9 91 66 - Fax 9 91 67**

## Weiler – Hausbachklamm – Unterreute – Oberberg – Rieder – Weiler

◪ ◨ ❎ ◼ ▨ ❎ ◠ ◡

**Weg und Zeit** – 12 km – 3 Stdn.
**Charakteristik** – Landschaftlich großartiger Rundweg mit Klamm und Wasserfällen sowie herrlichen Aussichtspunkten in die *Allgäuer Alpen*. Auch für warme Sommertage geeignet, da der Großteil der Wanderung in schattigen Wäldern verläuft. – Höhendifferenz 280 Meter.
**Anfahrt** – A 96, Ausfahrt *Sigmarszell* oder *Leutkirch Süd*, B 308 zwischen *Immenstadt* und *Lindau*. – Bahnstation *Röthenbach/Allgäu* der Linie *Kempten–Lindau*, von *Röthenbach* regelmäßiger Busverkehr, Busse auch von *Lindau/Bodensee* und *Oberstaufen*.
**Parken** – Kostenloser ℗ vor dem *Hotel Zur Post*.
● **Weiler-Simmerberg** – Der Erholungs- und Luftkurort *Weiler im Allgäu* liegt im lieblichen *Rothachtal* auf 631 m ü. NN. Sehenswert sind die *Pfarrkirche St. Blasius* und 2 Museen sowie die *Sebastians-Kapelle (Pestkapelle)*.
● **Brauereigasthof – Hotel Zur Post** – In ruhiger zentraler Lage bietet das Haus neben stilvoll eingerichteten Gästezimmern eine gehobene internationale und saisonale Küche in familiär-ungezwungener, aber gepflegter Atmosphäre. Auf der Getränkekarte findet man zahlreiche offene Weine sowie Bier vom Fass. Mittlere bis gehobene Preislage. – *ÖZ: 11–14 und 17–23 Uhr.* – *Ru = Mi*.
● **Weiler – Hausbachklamm – Unterreute – Oberberg – Rieder – Weiler** – Vom *Hotel Zur Post* geht man an der Sparkasse vorbei Richtung Kirche und überquert die *Hauptstr* an der Fußgänger-
MA ampel. Am Bach gleich über die Brücke und li dem *Ww [Hausbachklamm]* folgen. Nach 50 m kommt rechts direkt am Weg die sehenswerte *Lourdes-Grotte*. Jetzt immer auf dem Weg, mal li, mal re des Baches bleiben, *Ww* unterwegs nicht beachten. 40 bis 50 Min Wanderzeit für diese großartige Klamm müssen angesetzt werden. Am Klammende geht es li über eine Brücke
MW zu einem Grillplatz. Hier dem *Ww [Tobel-Längene-Oberreute]* folgen. Nach 10 Min gelangt man ins Dorf *Unterreute*. Ger durch das Dorf bis zum einzeln stehenden Haus, hier li *Ww*
MW *[Fußweg nach Weiler]*, bei der nächsten Gabelung re unter der
MW Bundesstr hindurch, dann re *Ww [Langenried–Oberberg]*. 10 Min später gleich nach der Ortstafel *Langenried* scharf li auf einem gekiesten Weg zu einem gr Bauernhof. Hinter diesem steht ein hoher Fernsehturm, der nicht bestiegen werden kann. Mit 907 m ist hier der höchste Punkt des Rundweges erreicht, großartige Rundumsicht in das *Rothachtal* sowie nach Süden zur *Nagelfluhkette* der *Allgäuer Alpen*. Der Rundweg führt im Wald weiter über eine Wiese nach *Oberberg*. Zwischen den bei-

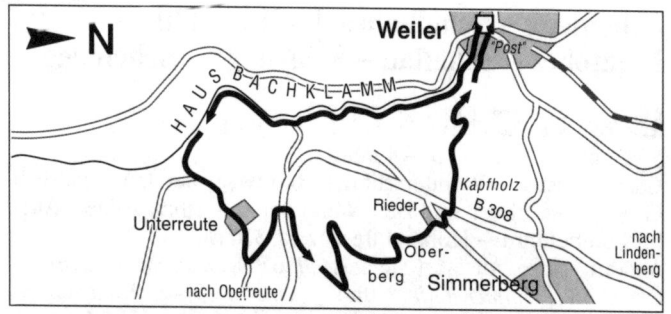

den Häusern (!) li *Ww [Unterberg–Weiler]*. Nach 5 Min li in den Wald, *Ww [Über Rieder nach Simmerberg]*. Nach 10 Min Wanderzeit bergab wird der Weiler *Rieder* erreicht. Beim Ortsschild *Rieder* li, *Ww [30 Min. Weiler]*, am neuen gr Haus re vorbei muss die verkehrsreiche B 308 überquert werden. Weiter auf einem Feldweg in den Wald *Kapfholz* hinein. Nach 10 Min *Ww [Weiler]*, li ziemlich steil abw, zuletzt am Waldrand sieht man die ersten Häuser *Weilers*. Jetzt re der *Hausbachstr* entlang bis zur Ecke *Hausbach-/Schulstr*. Ab der Fußgängerampel gelangt man auf dem gleichen Weg wie bei Beginn des Rundweges zum *Hotel Zur Post* an der Ecke *Bahnhof-/Fridolin-Holzer-Str*.

*MW*
*MW*
*MW*
*MW*

Ihre **Feriengemeinde im Westallgäu**, ganz nah am Bodensee und den Allgäuer Bergen = Natur und Kultur pur. 3 Museen, rd. 100 km Wanderwege. Zahlreiche Unterhaltungs- und Sportmöglichkeiten. Hier kann man richtig ausspannen von der Hektik des Alltags und sich rundum erholen.
**Das tut guuuuut ...!!!**

# Scheidegg – Schalkenried – Ruhmühle – Leintobel – Scheffau – Häuslings – Scheidegg

▶ ⌧ 🏠 ◣ ⌧ ⌧ ⌒ ⌐

**Weg und Zeit** – 16 ½ km – 4 ½ Stdn.
**Charakteristik** – Wunderschöner Rundweg, der landschaftlich Großartiges bietet und den Wanderer mit einzigartigen Ausblicken belohnt. – Höhendifferenz ca. 330 m.
**Anfahrt** – A 96, Ausfahrt *Sigmarszell*, B 308 *Deutsche Alpenstraße* zwischen *Immenstadt* und *Lindau*. – Bahnstation *Röthenbach/Allgäu* der Linie *Kempten–Lindau*, von *Röthenbach* regelmäßiger Busverkehr. – Busse auch von *Lindau/Bodensee*.
**Parken** – Kostenloser P hinter dem *Rathaus* in *Scheidegg*.

● **Scheidegg** – Der „Heilklimatische Kurort", „Kneippkurort" und Wintersportort mit 2800 Gästebetten in allen Preislagen liegt in 800–1000 m Höhe auf einer Sonnenterrasse zwischen *Bodensee* und *Alpen*. Von hier aus genießt der Wanderer einen malerischen Blick auf das gewaltige Bergpanorama mit über 100 *Alpengipfeln*. Charakteristisch für diese Region ist neben dem wohltuenden Heilklima die unverwechselbare Hügellandschaft rund um *Scheidegg*. Ausgedehnte Wiesen, Wälder und Hochmoore bieten Wanderfreunden ideale Voraussetzungen für grenzenlosen Wanderspaß. Aber auch für Familien und Senioren hält *Scheidegg* unzählige Angebote bereit. Zum umfangreichen Kur-, Erholungs- und Sportangebot gehören das neue Alpenfreibad, Angeln, Boccia, Minigolf, Kurpark, Kutschfahrten, Reiten, Tennisplätze, Natur- und Waldlehrpfad, Reptilienzoo, Wasserfälle, Trimm-Parcours, 100 km markierte Wanderwege und ein vielfältiges Veranstaltungsangebot. Beste Bedingungen für unvergessliche Winterfreuden bietet das Langlaufzentrum mit über 100 km gespurter Loipen, Skilift, Skischule, Eisstockschießen, Rodeln, Schlittenfahrten und gebahnten Wanderwegen.

● **Scheidegg – Buflingsried – Schalkenried – Ruhmühle – Leintobel – Scheffau** – 2 ¼ Stdn – Nach Überqueren des *Rathausplatzes* an der Kirche vorbei, die *Kirchstr* aufw bis zur *Blasenbergstr*. Hier li aufw, auf dem Gehsteig bleiben bis zur Abzweigung *Hochbergstr*, li hinunter, die 2. Str re *Am Brunnenbühl*, *Ww* MA *[Wanderweg 6]*, re ab (!), auf schmalem Wiesenpfad nach *Buflingsried*, beim *Lindenhof* re, *Ww [Wanderweg 6]* nach *Böserscheidegg*. Im Ort re auf Str, nach 50 m li, *Ww [Wanderweg 6]* nach *Schalkenried*, kleinste und älteste Kapelle *Scheideggs* aus MW dem Jahr 1622, und *Ablers*. Ab jetzt *Ww [Wanderweg 5]* Ri *Ruhmühle* bis zur gr Gabelung, *Ww [Wanderweg 5 – Natur- und Waldlehrpfad]*, auf befestigter Str zur *Ruhmühle*. Man geht weiter aufw dem *Ww [Wanderweg 5]* folgend Ri *Leintobel*, im Wald nicht re, über einen Feldweg in den Ort *Leintobel* bis zur gr Str.

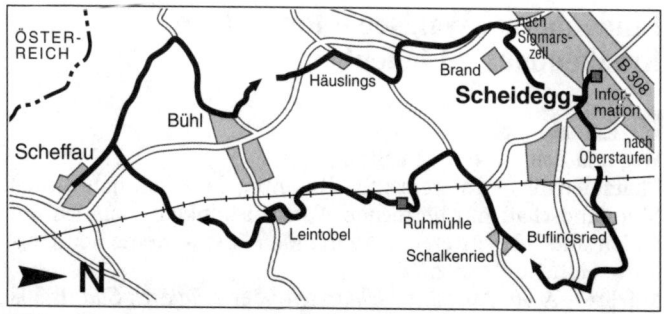

Hier geht man li und nach 80 m re mit *Ww [Erlenhof]* am Gehöft vorbei, danach re auf Feldweg bis zum *Ww [Scheffau 30 min]*, an der Gabelung im Wald re und leicht ansteigend bis zur Str. Diese überqueren, nächste Str li in das idyllische Ortszentrum von *Scheffau*. MW MW

● **Scheffau** − Sehenswertes: *Pfarrkirche* mit Zwiebelturm, schöner Maibaum, einladender Dorfplatz mit Brunnen, Wassertretstelle nach *Kneipp*.

● **Scheffau − Bühl − Häuslings − Brand − Scheidegg** − 2 ¼ Stdn − Man verlässt den Ort über die *Haslacher Str*, *Ww [Wanderweg B + F]*, wandert bis *Haslach*, hier re ab Ri *Lindenau* über *Bühl*, *Lindenweg*, li abzweigen nach *Hagspiel*. Jetzt wieder *Ww [Wanderweg 5]* folgen, Überqueren einer verkehrsreichen Str, nach *Häuslings*. Nach dem Ort li halten, mit *Ww [Forst−Scheidegg]* steil aufw in den Ort *Forst*, dem *Ww [Wanderweg 4 + 5]* folgen über *Brand* bis zum *Kurhaus*. Beim *Kurhausweiher* re hoch *Hammerbühlstr*, nach 80 m scharf re *Ww [Fußweg zum Alpenfreibad]*. Nach 50 m li, *Ww [Höhenweg]* zum *AP Kreuzberg* (866 m), einzigartiger Rundblick in die *Alpen*, zum *Bodensee* und nach *Oberschwaben*. Man bleibt weiter auf dem Höhenweg, biegt am Ende li in die *Blasenbergstr* ein und erreicht in wenigen Min den Ausgangspunkt in *Scheidegg*. MW MW MW MW MW MW MW

Heilklimatischer Kurort
Kneippkurort
Wintersport 800 - 1000 m

**Sonnige Panorama-Höhenlage zwischen Bodensee und Hochgebirge - ideal für Urlaub, Kur und Sport zu jeder Jahreszeit**
**Wanderparadies - Langlaufzentrum**
Info-Katalog kostenlos: **Kurverwaltung**, Rathausplatz 4
**88175 Scheidegg**, Telefon (08381) 89555, Fax 89550

## Lindenberg – Waldsee – Ratzenberg – Krankenhaus – Lindenberg

**Weg und Zeit** – 7 km – 2 ½ Stdn.
**Charakteristik** – Interessanter Rundweg in einer natürlichen Moorlandschaft mit herrlichen Aussichtspunkten, der sich mit Baden und Wassertreten gut verbinden lässt. – Keine nennenswerte Höhendifferenz.
**Anfahrt** – A 96, Ausfahrt *Sigmarszell* oder *Leutkirch Süd*, B 308 zwischen *Immenstadt* und *Lindau*. – Bahnstation *Röthenbach/Allgäu* der Linie *Kempten–Lindau*, von *Röthenbach* regelmäßiger Busverkehr, Busse auch von *Lindau/Bodensee* und *Oberstaufen*.
**Parken** – Kostenloser P bei der *AGIP-Tankstelle*.

● **Lindenberg – Waldsee – Ratzenberg – Krankenhaus – Lindenberg** – Vom *Stadt-Café* an der Ecke *Haupt-/Bahnhofstr* geht man die *Bahnhofstr* hinunter, dann li zur Ampel. Hier re, auf der li Seite der *Sedanstr* bis zur ev. Kirche, dort beginnt li der *Waldseeweg*. Man folgt diesem Weg, nach wenigen Min ist man im Wald und erreicht die Wassertretstelle des Kneipp-Vereins. Nach weiteren 10 Min ist der Waldsee erreicht, den man auf gutem Weg umrundet. Für die Umrundung sollten 20 bis 30 Min angesetzt werden. *Ww* unterwegs bleiben unbeachtet.
MA Gleich nach der Badeanstalt beim *Ww [Rundweg durchs Moor]* li, nach weiteren 150 m li (!), mehrere Holzwegweiser bleiben
OM unbeachtet, in den empfohlenen Weg weist kein *Ww*. Nach 20 bis 30 Min Wanderzeit geht es re auf eine Forststr, kein *Ww* in dieser Richtung, leicht ansteigend bis zu einem gr Bauernhof. Herrlicher *AP* Richtung *Oberschwaben* und *Bodensee*, nach Süden zur *Nagelfluhkette* der *Allgäuer Alpen*. Hier li ab, *Ww*
MA *[Gossholz-Nadenberg]*, hier sind 150 m auf verkehrsreicher Kfz-Str zurückzulegen. Bei der *Kapelle Ratzenberg* wird die Str über-
MW quert und re abgebogen, *Ww [Nadenberg/Goßholz]*. Nun wird 30 Min auf malerischem Waldweg gewandert, immer dem *Ww*
MW *[Rund um Lindenberg]* folgend. Kurz danach wird das Krankenhaus erreicht, hier erleichtern mehrere Ruhebänke die Aussicht auf die Stadt und in die *Allgäuer Alpen*. Der Weiterweg in die Stadt hinunter verläuft auf dem Gehsteig der *Jägerstr*, am Ende re in die *Nadenbergstr* abbiegen, am gr Fabrikgebäude vorbei gelangt man zu einer gr Straßenkreuzung. Hier biegt man re in die *Bismarckstr* ein, die dritte Str li ist die *Bahnhofstr*, nach 100 m hat man den Ausgangspunkt, das *Stadt-Café*, erreicht.

● **Lindenberg/Allgäu** – Der Höhenluftkurort mit 10200 Einwohnern liegt auf 762 m ü. NN auf der Ostabdachung des *Pfänderrückens*. Sehenswerte Sakralbauten sind die alte *Pfarrkirche St. Aurelius* mit reicher Rokoko-Ausstattung und die neuba-

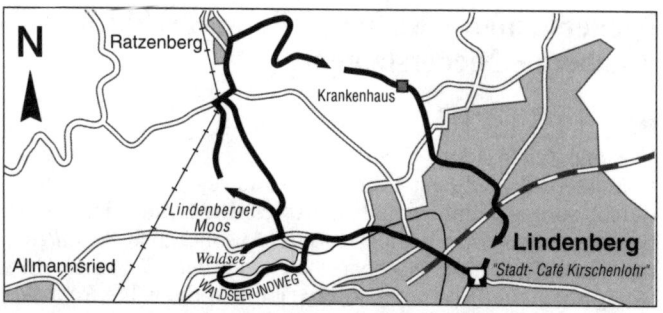

rocke *Stadtpfarrkirche St. Peter und Paul* mit 3 Schiffen und 2 zwiebelbekrönten Türmen sowie einer breiten Chorkuppel. Im *Hutmuseum* wird die Entwicklung der Strohutfabrikation seit dem 17. Jahrhundert gezeigt.

● **Stadt-Café Kirschenlohr** – In zentraler Lage wird in behaglich-gepflegter Atmosphäre eine erlesene Auswahl an Torten und Gebäck (eigene Konditorei) angeboten. Auch offene Weine und Bier vom Fass. Empfehlenswertes Straßen-Café. Untere bis mittlere Preislage. – *ÖZ: 9–19 Uhr. – Ru = Sa.*

# Konditorei Kirschenlohr

**Hauptstr. 58, 88161 Lindenberg, Telefon 0 83 81/21 34, Fax 74 81**

Im Zentrum von Lindenberg gelegen, gepflegte, rustikale Kaffeeräume, 110 Sitzplätze.
Eigene Konditorei, Samstag Ruhetag.
Parkplätze am Haus oder in unmittelbarer Nähe.

## Malerisch gelegen zwischen Bodensee und Alpen

- Wanderwochen-Arrangement „Grenzüberschreitend wandern"
- Kinder-Sommerprogramm (Erlebnis, Abenteuer, Spiel, Freizeitspaß ... ) von Juni bis September
- Geführte Bergtouren und Erlebniswandern
- Moorsee mit Naturfreibad
- Vielseitiges kulturelles Programm

**Tourist Information, Stadtplatz 83, 88161 Lindenberg i. Allgäu**
**Telefon (08381) 803-24 • Telefax (08381) 803-88**

# Niederstaufen – Kinberg – Rohrachschlucht – Adelberg – Niederstaufen

**Weg und Zeit** – 11 km – 3 Stdn.
**Charakteristik** – Zuerst führt der Rundweg leicht ansteigend durch sonnige und schattige Abschnitte. Zur Belohnung bekommt man einen wunderschönen Ausblick aufs *Westallgäu*, auf die *schwäbische* Nachbarschaft und den *Bodensee*. Ein wenig abenteuerlich ist der Rückweg durch die wilde *Rohrachschlucht*. Empfehlenswert ist gutes Schuhwerk.
**Anfahrt** – A 96, Ausfahrt *Sigmarszell*. B 308 Ri *Scheidegg* bis Abzweigung *Niederstaufen* auf die *Allgäustr*.
**Parken** – Großer Gäste-P am *Gasthaus Adler*.

● **Niederstaufen** – Seit 1972 hat man *Niederstaufen* sowie *Bösenreutin* und *Sigmarszell* zu einer Gemeinde zusammengefasst. *Niederstaufen* ist eine typische, von der Landwirtschaft geprägte *Allgäuer Gemeinde*. Im Spätherbst wird jedes Jahr der Wendelinsritt am *Kinberg* zu Ehren des Schutzpatrons abgehalten. Sehenswert ist im Ort die Kirche *St. Peter und Paul*.

● **Der Rundweg** – Vom Gäste-P auf die *Kammbachstr* li abzweigen, bis zur *Adelbergstr*, re, am Sportplatz vorbei bis
MA  Gabelung, *Ww [68]*, li. Leicht aufw durch einen schattigen Wald Ri *Leitfritz* bis zur Gabelung, mit *Ww [68]* re. Schöner Wiesenweg mit einem weiten Ausblick über die grüne Hügellandschaft. An der Gabelung mit *Ww [68]* li bis *Ww [68]*, re. Beim *Wegekreuz* li und nach ca. 20 m re am Bauernhof vorbei. Den Forstweg aufw bis zu einer Anhöhe und weiter auf schmalem Fußpfad li aufw. Wenn der Pfad auf Forstweg trifft, re hal-
MW  ten, am Bauernhof vorbei und mit *Ww [69]* li zur *St. Wendelinskapelle*. Wunderschön gelegen mit *Säntisblick,* man ahnt, warum man hier einst eine Kapelle erbaut hat. Zurück zum *Ww [69]* und re. Wieder durch den Wald hinab und den bereits gelaufenen Fußpfad abw. Auf der Anhöhe in den Forstweg li

# Gasthaus Adler

**Allgäuer Brauhaus**

Allgäuerstr. 22
88138 Niederstaufen

**Tradition und gepflegte Allgäuer Gastlichkeit**

Tel. 0 83 88/10 06    Kein Ruhetag

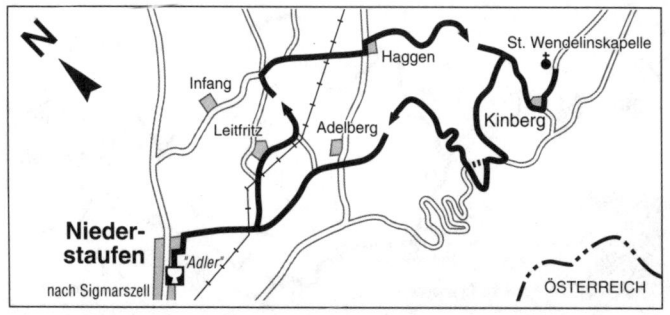

einbiegen. Dieser trifft auf die B 308, dieser abw folgen. In Kurve li und Kurve re folgen (Abkürzung quer durch den Wald möglich). Gegenüber von einem P Waldpfad re abw. Angekommen an breiterem Forstweg li abw. Aussicht auf den *Bodensee*. Kreuzung überqueren, auf die *Adelbergstr,* am Sportplatz vorbei, an der *Kammbachstr* li bis zur wohlverdienten Einkehr im *Gasthaus Adler.*

● **Gasthaus Adler** – Der gemütliche familiäre Gasthof liegt in der Ortsmitte. In rustikalen Gasträumen wird eine gutbürgerliche Speisekarte angeboten. Auch Tageskarte, Vesper. Kinder- und Seniorenteller. Hausspezialitäten sind Pizza, Nudelgerichte und Muscheln. Lauschiger Biergarten. Mittlere Preise. – *ÖZ = Werktags ab 17.30 Uhr. Wochenende ab 12 Uhr. – Kein Ru.*

# Opfenbach – Litzis – Allmannsried – Feriendorf Saarland – Widdum – Heimen – Opfenbach

**Weg und Zeit** – 11 km – knapp 3 ½ Stdn.
**Charakteristik** – Ein streckenweise fordernder Rundweg mit kurzen, steilen Steigungen. Er führt außerhalb der Wälder durch hügeliges Wiesenland und die für das *Allgäu* typischen Weiler. Schöne Rundblicke von den Höhen.
**Anfahrt** – A 96 Ausf. *Wangen,* B 32 Ri *Oberstaufen,* über *Hergatz* nach *Opfenbach.* – Von *Lindau* über B 12, vor *Hergatz* re auf B 32, Abzweigung re nach *Opfenbach.* – Busverbindung von *Lindau* – *Lindenberg/Scheidegg* und von *Wangen.*
**Parken** – Großer Gäste-P beim *Opfenbacher Hof.*

● **Opfenbach – Litzis – Allmannsried – Feriendorf Saarland** – knapp 2 Stdn – Vom *Opfenbacher Hof* auf der *Bodenseestr* ortseinwärts. Nach ca. 150 m bei *Ww [Litzis]* li auf einem schmalen Sträßchen bis zu einer ca. 400 m entfernten Straßengabel. Hier li (von re der spätere Rückweg) aufw bis *Litzis.* Im Ort, bei Hs. Nr. 63 1/2, nach re und weiter bergan bis zu einem *Ww* am Waldrand. Mit der Markierung *[Roter Balken]* ger und steil

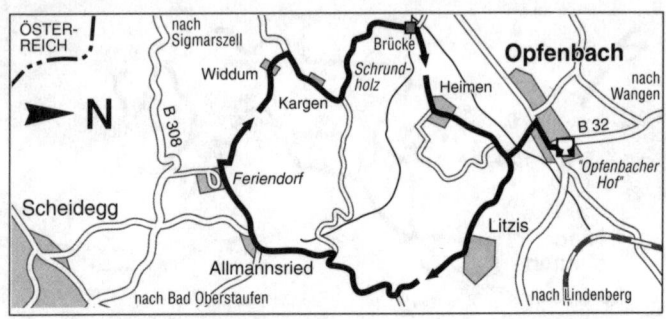

aufw, am nächsten *Ww* weiterhin ger. Am Ende der Steilstrecke ein weiterer *Ww*. Hier re ab, Richtung *Schrundholz*. Auf geschottertem Waldweg nach ca. 1200 m Wegekreuzung. Hier scharf li in einen schmalen Weg einbiegen. Dieser erreicht (re verläuft parallel eine Hochspannungsleitung) nach ca. 1 km den auf luftiger Höhe liegenden Weiler *Allmannsried*. Auf der Querstr re, am Ortsende mit dem *Ww [Wanderweg 1]* zuerst ger, dann, mit Waldeintritt, halbli. Nach Verlassen des Waldes ein Wiesenweg bis zum *Feriendorf Saarland*. Vom Spielplatz aus ein prächtiger Blick auf die westlichen *Allgäuer Alpen!*

MW

● Feriendorf Saarland – Widdum – Heimen – Opfenbach – 1 ½ Stdn – Am Nordrand des Feriendorfes entlang, zwischen Grill- und Fußballplatz zum Waldrand. Diesen entlang zu Querweg, dann re. Nach ca. 100 m, im Wald an Wegekreuzung dem *Ww [Wanderweg 69]* li folgen, steil abw nach *Widdum*. Nach dem Weiler, auf asphaltiertem Weg, re über *Kargen* nach *Schrundholz*. Hier li, ca. 1500 m bis zu einer Brücke. Hinter dieser re, mit *Ww [Heimen]* zuerst steil aufw zur Kapelle. Mit *Ww [Opfenbach]* li ca. 1 km bis zur Straßengabel, hier wieder li. Rückweg bis *Opfenbach* wie Herweg.

MW
MW
MW

● Opfenbacher Hof – Behagliche Gästezimmer und gemütliche Galerie. Gartenterrasse. Der Gastwirt, ehemaliger Fischhändler aus Hamburg, hat neben gutbürgerl. Küche besonders Fischspezialitäten zu bieten. Mittlere Preise. – *Ru = Do.*

# Hergensweiler – Wasserfall – Wolfgangsberg – Hergensweiler

**Weg und Zeit** – 8 km – 2 Stdn.
**Charakteristik** – Hübscher und teilweise schattiger Rundweg ohne nennenswerte Steigung. Er führt teilweise an rauschenden Bächen vorbei und durch saftig grüne Voralpenlandschaft mit vielen romantischen Eindrücken. Die Impressionen zwischen Natur, blumengeschmückten Allgäuer Bauernhöfen und historischen Gebäuden entzücken das Gemüt.
**Anfahrt** – A 96, Ausfahrt *Weißensberg*, B 12 Ri *Kempten* bis *Hergensweiler*. – B 308, *Deutsche Alpenstraße* bis Abzweigung *Hergensweiler*. – A 7 bis *Kempten*, B 12 bis Ortsschild *Hergensweiler*.
**Parken** – Gäste-P am *Gasthof Sonne*. Sonst Wander-P am Sportplatz. – Busverbindungen aus Ri *Lindau* oder *Isny*, Haltestelle *Hergensweiler*.

● **Hergensweiler** – (546 m) Das blumengeschmückte Dorf im *Dreiländereck* wurde 1991 beim Wettbewerb „Unser Dorf soll schöner werden" mit der Goldmedaille ausgezeichnet. Man wird vom Allgäuer Brauchtum und historischen Gebäuden, eingebettet in herrlicher und gesunder Landschaft, auf Schritt und Tritt begleitet. Sehenswerte *Pfarrkirche*. *Heimatmuseum*, das älteste Gebäude im Ort, gebaut als Salzfaktorei des Pfarrhofes im 14. Jh. Alter *Grenzstein* und ein *Maibaum*. *Hergensweiler* bietet 25 km markierte Wanderwege, von denen einer vorgestellt wird.

● **Der Rundweg** – Vom *Gasthof Sonne* 30 m re zum *Ww [Leiblachwanderung, Nr. 71]*, Weg li abw bis zum nächsten *Ww* MA *[Nr. 71]*. Der Weg führt li abw über eine offene Wiese bei schöner Aussicht bis zum *Ww [71a]*. Durch einen schattigen Wald- MW weg, an einer Bank li vorbei bis zum *Ww [Nr. 71b Grillplatz]*. MW Abzweigung re geht zum Bachufer. Man geht den Pfad entlang, über die Brücke re und den romantischen Waldpfad entlang bis *Ww [Wasserfall, Wolfgangsberg]*. Die Abzweigung li zum *Was-* MW *serfall*, ca. 50 m, liegt in idyllischer Lage und die rustikale Bank lädt zum Verweilen ein. Zurück auf dem Weg Ri *Wolfgangsberg*, li über die Brücke und am Grillplatz vorbei. Der Weg führt leicht aufw an zwei Allgäuer Bauernhöfen vorbei auf den *Wolfgangsberg*. Den Blick kann man hier über das *Dreiländereck* schweifen lassen. An Haus Nr. 3 li vorbei. Gabelung li in die *Dorf Str*. Der Weg führt an der *Pfarrkirche St. Ambrosius*, erbaut im 18. Jh., vorbei. Es lohnt sich, einen Blick auf die beeindruckende *Deckenmalerei* zu werfen. Das *Heimatmuseum*, (ÖZ: erster Sonntag im Monat, Mai bis Oktober von 10.30–16.00 Uhr und Gruppen nach Vereinbarung), das *Backhaus* und der *Grenzstein* liegen auch alle an dieser beschriebenen Strecke.

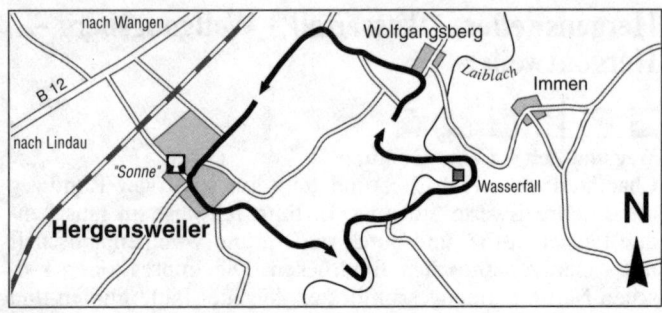

Ein paar Schritte noch zur verdienten Rast im *Gasthof Sonne*.
● **Gasthof Sonne** – Der in der Dorfmitte gelegene Gasthof bietet bei behaglicher und familiärer Atmosphäre gutbürgerliche Küche und deftige Allgäuer Hausmannskost. Steak, Geflügel, Tafelspitz und Fisch. Kinder- und Seniorenmenü. Moderne Gästezimmer in ruhiger Lage. Gemütliche Gartenterrasse. Gästehaus „garni". Untere bis mittlere Preise. – *ÖZ: täglich ab 16 Uhr, So und Fei 10–14 Uhr und ab 18 Uhr. – Ru = Mo.*

## Gasthof Sonne
Tel. 08388-1397

- Gemütliche Galträume
- 2 Bundeskegelbahnen
- Kellerbar

Unsere bekannte und gutbürgerliche Küche bietet außer vielen Allgäuer Gerichten deftige Hausmannskost. Gepflegte Biere d. „Bürgerlichen Brauhaus". Das Team des Gasthofes Sonne erwartet Sie.

### *Gästehaus „Zur Sonne"*

**Dorfstr. 7 • 88138 Hergensweiler**
**Telefon 0 83 88/2 05 • Fax 13 45**

- Komfortable Gästezimmer mit DU/WC, TV und Balkon
- Ruhige Lage
- Parkplatz am Haus
- Herrliche Bergsicht

Auf Ihren Besuch freut sich **Familie Schneider**

# Höhenreute – Greit – Hugelitz – Aspachweiher – Höhenreute

**Weg und Zeit** – 10 km – 2 ½ Stdn.
**Charakteristik** – Der einfache, aber prächtige Rundweg verläuft zuerst über einen weitblickenden Höhenweg und durch duftende Obstplantagen. Allmählich ändert sich das Landschaftsbild von Obstplantagen in Viehweiden. Schattige und märchenhafte Waldstellen werden durchstreift. Höhepunkt der Wanderung ist der *Aspachweiher*. Ein Rundweg für jede Jahreszeit.
**Anfahrt** – A 96, Ausfahrt *Weißensberg*. B 12, Ausfahrt *Rehlings*, Ri *Oberreitnau*. Ortsschild *Höhenreute* re. – Busverbindung ½- Std-Takt *Lindau–Oberreitnau*.
**Parken** – Großer Gäste-P am *Jägerhaus*.

● **Höhenreute** – Kleines ländliches Dorf, angegliedert an *Oberreitnau*. Teils alte renovierte Bauernhäuser und teils neu hinzugebaute Häuser. Phantastische Aussicht.

● **Höhenreute – Greit – Hugelitz – Aspachweiher – Höhenreute** –
Vom P re Ri Wald bis *Ww [D]*. Geteerte Str re aufw. Schöne MA Aussicht auf den *Pfänder*. Nach einem Weiher re halten und durch *Greit* bis *Ww [D]* li. Süßer Apfelbaumduft liegt hier überall in der Luft. *Ww [Hugelitz]* li bis *Ww [D+H]*, ger durch MW den Wald bis *Ww [D+H]*, re aufw nach *Hugelitz*. Bei Kreuzung *Ww [H]* re. In *Hugelitz* scharf li aufw und dem *Ww [H]* folgen. MW Angenehmer Waldweg mit romantischem Bachverlauf. *Ww [H]* stets folgen. Kurz vor Waldende an Abzweigung li. Auf Waldweg re halten bis *Ww [H]*, re. Schmaler Waldpfad bis *Ww [H]*, li bis zu einer Forststr, re. *Ww [H]* durch den Wald folgen bis zur Abzweigung, mit *[H]* li. Unter der Bahnunterführung durch und über die *Achbrücke*. Am Bahngleis entlang li aufw und an dem Hof re abw. *Schloßstr* re und nach 100 m mit *[H]* li. Nun kann der idyllische *Aspachweiher* auf einem kl Rundweg umwandert werden. Wieder am Ausgangspunkt vom *Aspach-*

---

# Gasthaus Jägerhaus

Landgasthaus mit Biergarten
Bayerische Brotzeiten
Gästezimmer, Schwimmbad mit Liegewiese

Auf Ihren Besuch freut sich
**Familie Wipper**
**88131 Lindau - Höhenreute 74**
**Telefon 0 83 80/2 62**

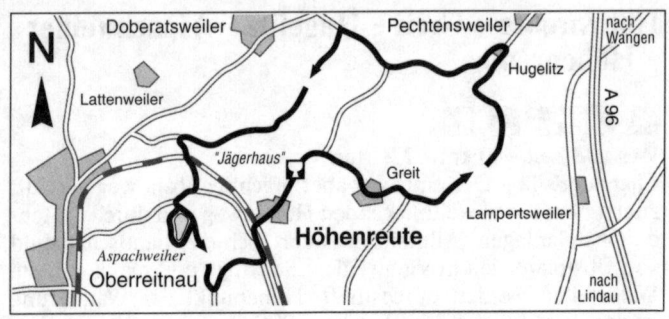

*weiher* li halten. Forstweg li aufw und immer li halten, bis der Waldpfad aus dem Wald führt. Aufw an einem alten Anwesen vorbei bis zu Hofweg. Am Haus *Höhenreute 75* über die Bahnbrücke re und nun immer ger durch *Höhenreute* und zur verdienten Einkehr im ländlichen *Jägerhaus*.

● **Gasthaus Jägerhaus** – Das sehr ruhig und am Ortsrand gelegene *Jägerhaus* bietet behagliche Zimmer. Schwimmbad, Liege-wiese. In rustikalen Gasträumen mit familiärer Atmosphäre werden einfache, aber ausgezeichnete Vesper serviert. Hausspezialität ist der Wurstsalat. Schattiger Biergarten. Untere Preislage. – *Ru = Mo*.

## Bodolz – Hermannsberg – Bruggach – Rickatshofen – Unterreitnaumoos – Taubenberg – Bodolz

▧ ▨ ▨ ▨ ▨

**Weg und Zeit** – 9 km – knapp 2 ½ Stdn.
**Charakteristik** – Rundweg durch Wälder und Bodenseeobstplantagen. Leichte Steigung mit lohnendem Blick auf die vom *Bodensee* umrahmte *Alpenwelt*. Die Landschaft vermittelt zu jeder Jahreszeit eine eindrucksvolle Stimmung.
**Anfahrt** – A 96, Ausfahrt *Sigmarszell*, B 308 Ri *Rehlings,* über *Hoyren, Hoyerberg* und *Bodolz*. – Von *Kressbronn* über *Friedrichshafener Str* (B 31 alt), Ausfahrt *Bodolz*, re *Austr*, re *Sennereistr*. – Busverbindung: Haltestelle *Bodolz* aus Ri *Lindau* oder *Nonnenhorn*.
**Parken** – Gäste-P am *Gutsgasthaus Koeberle*.
● **Bodolz** – Das obst- und blumenreiche Bodenseedorf liegt eingebettet zwischen Apfel- und Birnenplantagen und den Aussichtspunkten *Kielsberg* und *Taubenberg*. Prähistorische Funde zeugen von früher Besiedelung der fruchtbaren Kulturlandschaft. Der Ortsteil *Patovina* (heute *Bettnau*) wurde bereits 772 n. Chr. erwähnt. *Bodolz* war 1328 ein landwirtschaftliches Mustergut.

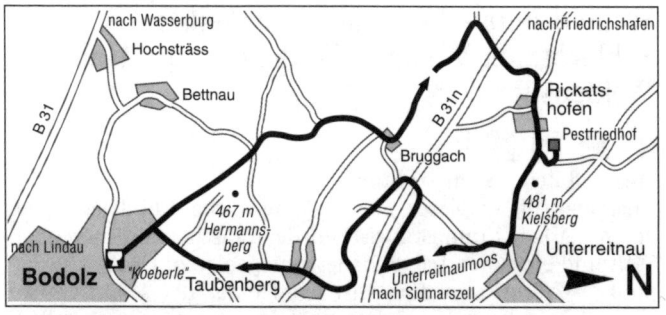

- **Der Rundweg** – Vom *Gutsgasthaus* li, die *Grundstr* entlang ger bis zum *Ww [B]*. An der Kreuzung im Wald ger, an Abzweigung re Ri *Bruggach*, immer mit *Ww [B]*. In *Bruggach* mit *Ww [B]* li. Der Weg führt durch duftende Streuobstwiesen. An der *Unterreitnauer Str* mit *Ww [26]* re, unter der Überführung B 31 (neu) hindurch und an *Rickatshofen* vorbei bis zum *Ww*. Abstecher li zum ca. 150 m entfernten alten *Pestfriedhof* empfehlenswert. Zurück zum *Ww* und Ri *Unterreitnau* über den *Kielberg*. Großartiger Rundblick auf die *Alpenwelt*. Vor *Unterreitnau* am *Ww [E]* re auf einen Fußpfad durchs *Unterreitnaumoos*. Seltene Flora. Am Feldweg re, über die Überführung li und an dem eindrucksvollen Reiterhof vorbei bis zur Abzweigung, *Ww [E]*. Auf der wenig befahrenen Str re halten, über den *Taubenberg*. Auf der *Hermannsberger Str* Ri *Bodolz* bis zur Abzweigung *Grundstr*. Hier sind es nur noch wenige Meter bis zur Einkehr im *Gutsgasthaus Koeberle*.

MA

MW

MW

- **Gutsgasthaus Koeberle** – Das in der Dorfmitte gelegene *Gutsgasthaus* bietet komfortable Zimmer. In den gemütlichen Gasträumen wird eine feine, gehobene und gutbürgerliche Küche angeboten. Hausspezialitäten sind der Bodolzer Spieß, Wild und Gans. Schonkost-, Vollwert- und Diätgerichte. Überdachte Terrasse. Mittlere bis gehobene Preisklasse. – *ÖZ = Tägl. 11–24 h. – Kein Ru.*

**Gutsgasthaus
Koeberle
Bodolz bei
Lindau**

Grundstraße 2
88131 Bodolz b. Lindau
Tel. 0 83 82/2 56 57

# Weißensberg – Weißenberger Weiher – Schlachtener Weiher – Weißensberger Halde – Weißensberg

**Weg und Zeit** – 8 km – 2 Stdn.
**Charakteristik** – Dieser abwechslungsreiche Rundweg bietet einen starken Kontrast zwischen der rauschenden modernen Welt und einsamen Landschaftsschutzgebieten. Der Aussichtspunkt *Weißensberger Halde* ist wohl einer der schönsten im *Westallgäu*. Pferde, Spielplatz, seltene Tierarten an den Weihern und ein Ziegengehege machen diesen Rundweg für Kinder zum Erlebnis.
**Anfahrt** – A 96, Ausfahrt *Sigmarszell*. B 308 Ri *Lindau* und Ausfahrt *Lindau*. B 12 re Ri Lindau. Ausfahrt *Niederhaus* re und 400 m bis zum *Bayerischen Hof*.
**Parken** – Großer Gäste-P am *Bayerischen Hof*.

● **Weißensberg** (470–530 m) – Zur Römerzeit spielte *Weißensberg* eine bedeutende Rolle, da eine wichtige *Römerstr* durch den Ort führte, die noch heute existiert. Das schwäbisch-bayerische Dorf, unweit vom *Bodensee*, liegt inmitten schöner Natur. Neben Landschaftsschutzgebieten, Wäldern, Obstanlagen und Weideland bietet *Weißensberg* 2 internationale Golfplätze. Die Kirche *St. Markus* in der *Kirchstr* ist nennenswert. Der Glockenturm, erbaut im 12. Jh., ist noch gut erhalten. Sehenswert sind die im 15. Jh. erstellten spätgotischen Glasfenster. Der Dorfplatz neben der Kirche mit traditionellem Maibaum und Festhalle bietet viele Veranstaltungen für Dorfbewohner und Gäste.

● **Der Rundweg** – Vom *Hotel Bayerischer Hof* li am Reitstall vorbei, über die Kreuzung und re aufw am Spielplatz vorbei. Fußweg entlang der Bahnlinie bis zur *Kirchstr*. Möglichkeit zur Besichtigung der *St.-Markus-Kirche*. *Kirchstr* li über die Bahnbrücke bis zur B 18. Auf dieser re und an nächster Gabelung wieder re um den *Weißenberger Weiher*. Im Frühjahr brüten hier oft die Schwäne vom *Bodensee*. Am Ortsschild *[Eggenwatt]* re. Autobahnbrücke überqueren und an der Abzweigung li. Durch den Wald abw und li halten. Re in die *Weiherstr*, an Gabelung am Sportplatz re. Der *Schlachtener Weiher* ist ein atemberaubendes Naturparadies mit wertvollem Biotop. Str entlang, über die Autobahnbrücke und weiter mit Ww *[Spitalholzweg]*. Am *Wurzelhannes* vorbei, den Fußweg re aufw und am Wegekreuz re. Von der *Weißensberger Halde* hat man einen überwältigenden Ausblick auf den *Bodensee*, *Vorarlberg* und die *Schweizer Berge*. Die *Gedächtniskapelle* auf der Halde entstand 1870 im Auftrag von *Prinzregent Luitpold*. Den *Kapellenweg* li abw, entweder die Str li abw oder den Fußpfad ger abw. Am Ziegenge-

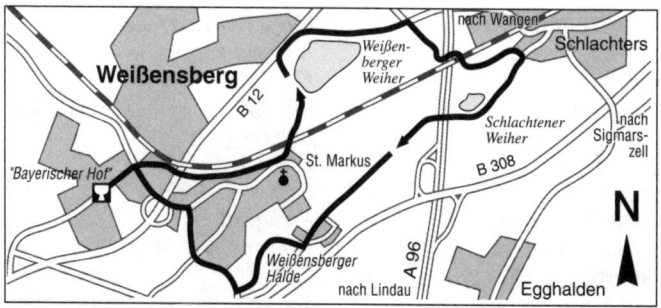

hege re und die *Lindauerstr* aufw. Li in die *Kirchstr*, durch die Unterführung und am Reitstall li und zurück zum *Bayerischen Hof.*

● **Hotel Bayerischer Hof** – Das ruhig gelegene Hotel zwischen Reiterhof und 18-Loch-Golfplatz bietet geschmackvolle Zimmer und 3 Suiten. Biergarten. In behaglichem Ambiente werden gutbürgerliche Küche sowie Feinschmecker-Menüs angeboten. Kinder- und Seniorenteller. Auch Vesper. Kässpätzle-Wochen im Sommer. Bier vom Fass und zahlreiche Flaschenweine. Mittlere bis gehobene Preise. – *ÖZ = Durchgehend 11–23 Uhr. – Kein Ru.*

*Hotel*
***Bayerischer Hof - Rehlings***

**Gundi Krügers**
**Lindauer Str. 85 - 88138 Weißensberg**
**Tel. 0 83 89/92 01-0 - Fax 92 01-99**

**Komfortable Hotelzimmer**
**Kaffee-Terrasse**
**Gemütliche Galerie**

**Das ideale Haus**
**für Geschäftsreisende**
**und Feriengäste**

# Gemeinde Weißensberg
Landkreis Lindau (Bodensee)
Telefon 0 83 89/2 78 • Telefax 0 83 89/82 17

Ein reizendes schwäbisch-bayerisches Dorf, 470-530m über dem Meer gelegen mit mildem, südlichem Klima. Bis zum Bodensee und der Insel Lindau sind es 6km (halbstündige Busverbindung). Wir bieten unberührte Natur, Gastfreundschaft und Herzlichkeit sowie viele Freizeitmöglichkeiten für Aktive. Die Obstbaumanlagen, der stille Weiher mit den seltenen Vogelarten sind hier ebenso daheim wie der 18-Loch-Golfplatz. Vom Hotel bis zur Ferienwohnung kann der Urlauber in Weißensberg auswählen.

## Ortsregister

| | |
|---|---|
| Adelberg | 154 |
| Adrazhofen | 92 |
| Allgäuer Berghof | 44 |
| Allmannsried | 155 |
| Alpe Eck | 38, 42 |
| Alpe Kammeregg | 58 |
| Älpelesattel | 14 |
| Altusried | 89 |
| Anna-Kapelle | 112 |
| Ansberg | 109 |
| Argensee | 97 |
| Artisberg | 100 |
| Aspachweiher | 159 |
| Auenhütte | 31 |
| Ausnang | 92 |
| Bad Rain | 126, 128 |
| Balderschwang | 36 |
| Bärenkopf | 66 |
| Bärenloch | 131 |
| Bleicherhorn | 36 |
| Blockhäusle | 85 |
| Bodolz | 160 |
| Bolsterlang | 34 |
| Boschenmühle | 92 |
| Breitachklamm | 20 |
| Breiten | 104, 109 |
| Bröger | 144 |
| Brugg | 112 |
| Bruggach | 160 |
| Buchenberg | 82 |
| Buchenegg | 128 |
| Buchenegger Wasserfälle | 128 |
| Buchenschwand-Alpe | 38 |
| Bühl a. Alpsee | 69 |
| Buhl's Alpe | 44 |
| Bühlalpe | 30 |
| Burgberg | 42 |
| Buronhütte | 62 |
| Cambodunum | 87 |
| Christlessee | 13 |
| Deuchelried | 104, 109 |
| Dreiangelhütte | 46 |
| Dreifahnenkopf | 36 |
| Dürren | 100 |
| Eglofs | 114 |
| Eglofstal | 114 |
| Eibeles-Wasserfälle | 144 |
| Eineguntkopf | 140 |
| Einöden | 94 |
| Eistobel | 121, 122 |
| Elitzersee | 111 |
| Eschach | 82 |
| Eschacher Weiher | 82 |
| Eschachthal | 84 |
| Fahnengehren-Alpe | 40 |
| Falken | 137 |
| Falkenhütte | 140 |
| Fellhorn | 19 |
| Fellhornbahn | 19 |
| Fischerhaus | 64 |
| Frauenzell | 96 |
| Freibergsee | 18 |
| Fuchsloch | 20 |
| Gaisalpe | 16 |
| Gaisalpsee | 16 |
| Geißfußsattel | 16 |
| Genhofen | 124, 129 |
| Geologischer Lehrpfad Riezlern | 24 |
| Gerstruben | 13, 14 |
| Gestratz | 112 |
| Glafberg | 144 |
| Glutschwanden | 132 |
| Goldach, Kleine | 85 |
| Greit | 159 |
| Grünenbach | 122 |
| Grünten | 42 |
| Grünten-Gipfel | 58 |
| Grüntensee | 64 |
| Gunzesrieder Säge | 44 |
| Halden | 144 |
| Hammerschmiede | 64 |
| Harratried | 114 |
| Haslach | 64 |
| Hauchenberg | 76 |
| Hausbachklamm | 146, 148 |
| Häuslings | 150 |
| Heimen | 155 |
| Herbrazhofen | 94 |
| Hergensweiler | 157 |
| Hermannsberg | 160 |
| Hindelang | 43, 48, 50 |
| Hinterenge | 20 |
| Hirschbachtobel | 48 |

| | |
|---|---|
| Hirschberg | 48 |
| Hochberg | 99 |
| Hochbühl | 138 |
| Hochgrat | 140, 142 |
| Hochgratbahn | 140, 2 |
| Hochhäderich | 137 |
| Hochleite | 18 |
| Hochstädt | 118 |
| Hochwies | 138 |
| Hofs | 114 |
| Höhenreute | 159 |
| Hoher Ifen | 31 |
| Höllritzereck | 36 |
| Hölltobel | 13 |
| Hörmoos | 137 |
| Hörmoos-Alpe | 132 |
| Hornalpe | 38 |
| Hörnerhaus | 34 |
| Hörnlepaß | 22 |
| Hugelitz | 159 |
| Hündle Alp | 126, 128 |
| Hündle-Bahn | 126 |
| Ifersgund-Alpe | 31 |
| Illerdurchbruch | 89 |
| Imberg | 50, 1 |
| Imbergbahn | 130 |
| Immenstadt i. Allgäu | 66, 68, 142 |
| Immenstädter Horn | 68 |
| Irsengund | 144 |
| Iseler | 56 |
| Iselerplatz-Hütte | 56 |
| Isny | 116 |
| Isny-Beuren | 116 |
| Jägersberg | 32 |
| Judenkirche | 32 |
| Jugetalm | 70 |
| Jungholz | 62 |
| Kahlrücken-Alpe | 34, 40 |
| Kalter Brunnen | 144, 146 |
| Kanzel | 68 |
| Kanzelwandbahn | 24 |
| Kanzelwandgipfel | 24 |
| Karlstobel | 85 |
| Karsee | 99 |
| Kempten | 87, 88 |
| Kessel-Alpe | 68 |
| Kessentöbele | 112 |
| Kimratshofen | 90 |
| Kinberg | 154 |
| Knottenried | 70 |
| Kögelegg | 109 |
| Kojengipfel | 138 |
| Kranzegg | 60 |
| Kreuzleshöhe | 85 |
| Kühberg | 70 |
| Langenwang | 32 |
| Laudorf | 104 |
| Leintobel | 150 |
| Leupolzmühle | 99 |
| Leutkirch | 94 |
| Lindenberg | 152 |
| Litzis | 155 |
| Lustiger Wanderweg | 60 |
| Luttolsberg | 92 |
| Maierhöfen | 118, 119, 121 |
| Malleichen | 112 |
| Martinshöhe | 146 |
| Melköde | 31 |
| Miniland H0-Modelleisenbahn | 80 |
| Missen | 70 |
| Mittag | 66 |
| Mittag-Schwebebahn | 66, 142 |
| Mittelberg | 30 |
| Nagelfluhkette | 142 |
| Nebelhorn | 16 |
| Niederstaufen | 154 |
| Oberberg | 148 |
| Obere Wilhelmine-Alpe | 36 |
| Oberhofen | 90 |
| Oberjoch | 56 |
| Oberkürnach | 85 |
| Oberreute | 146 |
| Oberstaufen | 125, 126, 129, 140, 142 |
| Oberstdorf | 12, 13, 14, 16 |
| Oberthalhofen | 124 |
| Ochsenalpe | 56 |
| Oflings | 104 |
| Ofterschwang | 38, 40, 42 |
| Ofterschwanger Horn | 38, 44 |
| Opfenbach | 155 |
| Oytal | 14 |
| Panoramaweg | 34 |
| Probstweg | 18 |

| | |
|---|---|
| Rangiswanger Horn | 34, 40 |
| Ratzenried | 100, 109, 152 |
| Ratzenried, Bahnhof | 100 |
| Renksteg | 13 |
| Reute | 114 |
| Reuter Wanne | 62 |
| Reuter | 69 |
| Rickatshofen | 160 |
| Rieder | 68, 69, 148 |
| Riedholz | 119 |
| Riedholzer Kugel | 119 |
| Riezlern | 22, 24 |
| Ringenberg | 118 |
| Rohrachschlucht | 154 |
| Rohrmoostal | 22 |
| Ruhmühle | 150 |
| Ruine Alttrauchburg | 74 |
| Schalkenried | 150 |
| Scheffau | 150 |
| Scheidegg | 150 |
| Schlachtener Weiher | 162 |
| Schlappoldeck | 19 |
| Schlappoldkopf | 19 |
| Schlappoldsee | 19 |
| Schloss Syrgenstein | 114 |
| Schloss Zeil | 94 |
| Schnellers | 146 |
| Schwarzensee | 111 |
| Schwarzer Grat | 78, 84 |
| Schwarzwasser-Hütte | 31 |
| Sechshöf | 100 |
| Seltmans | 72 |
| Sibratshofen, Höhenweg | 72 |
| Siedelalpe | 69 |
| Sigratzhofen | 97 |
| Skiflugschanze | 18 |
| Söllereckbahn | 18 |
| Sonneckgrat | 74, 80 |
| Sonthofen | 42 |
| Spöck | 90 |
| Starzlachklamm | 46 |
| Steibis | 130, 131 |
| Steibisberg | 104 |
| Steinegund | 132 |
| Stiefenhofen | 124 |
| Stubenthal Alpe | 62 |
| Stuibenfall | 14 |
| Sturmannshöhle | 32 |
| Stutzalpe | 30 |
| Taubenberg | 160 |
| Thalkirchdorf | 126 |
| Tiefenbach | 20, 32, 43, 46 |
| Unterreitnaumoos | 160 |
| Unterreute | 146, 148 |
| Unterzeil | 94 |
| Ursulers | 90 |
| Vorderfluh | 131 |
| Vorderschweinhöf | 146 |
| Vorholz | 118 |
| Waldsee | 152 |
| Walkenberg-Rundweg | 96 |
| Walmendingerhorn | 30 |
| Walmendingerhornbahn | 30 |
| Waltershofen | 97 |
| Walzlings | 90 |
| Wangen im Allgäu | 102 |
| Weiherkopf | 34 |
| Weiler | 148 |
| Weißenberger Weiher | 162 |
| Weißenberg | 162 |
| Weißensberger Halde | 162 |
| Weitnau | 72, 74, 76 |
| Wengen | 78, 80 |
| Wenger Egg | 78 |
| Wernersberg | 99 |
| Wertach | 64 |
| Westerhofen | 42 |
| Widdum | 155 |
| Wilhams | 76 |
| Wohmbrechts | 111 |
| Wohnried | 104 |
| Wolfbühler Berg | 118 |
| Wolfgangsberg | 157 |
| Zaisenhofen | 97 |
| Zaumberg | 69 |
| Zell | 124, 129 |
| Zurwies | 109 |
| Zwingbrücke | 13 |

# Register der Gasthöfe, Hotels und Restaurants

Altusried-Frauenzell - *Zur Krone* .................... 96
Argenbühl-Eglofs - *Zur Rose* ......................115
Ausnang/Leutkirch – *Zum Stiefel* .................... 93
Ausnang/Leutkirch – *Zur oberen Mühle* ............... 93
Balderschwang - *Hubertus* .......................... 37
Balderschwang - *Sonneck* ........................... 37
Beuren/Isny- *Ochsen* ...............................117
Blaichach/Gunzesried - *Buhl's Alpe* .................. 45
Bodolz - *Koeberle* .................................161
Bolsterlang - *Hörnerhaus* ........................... 35
Bolsterlang - *Hornstüble* ........................... 35
Buchenberg - *Batschen* ............................. 84
Buchenberg/Eschach - *Zur Krone* ..................... 83
Deuchelried/Wangen - *Adler* ........................110
Eglofs/Argenbühl- *Zur Rose* ........................115
Eglofstal - *Zum Bären* .............................115
Eschach-Buchenberg - *Zur Krone* ..................... 83
Frauenzell/Altusried - *Zur Krone* .................... 96
Gestratz-Malleichen - *Badwirtschaft Malleichen* ..........113
Grünenbach - *Zum Dorfwirt* ........................123
Gunzesried-Blaichach - *Buhl's Alpe* .................. 45
Haslach - *Grüntensee* .............................. 65
Haslach - *Wertacher Hof* ........................... 65
Hergensweiler - *Sonne* .............................158
Hindelang - *Gletscherspalte* ......................... 51
Hittsau (Österreich) - *Hochhäderich* .................139
Höhenreute/Lindau - *Jägerhaus* .....................159
Imberg - *Sonne* .................................... 51
Immenstadt-Knottenried - *Bergstätter Hof* ............. 71
Irsengund/Oberreute - *Fuchs* .......................145
Isny-Beuren - *Ochsen* ..............................117
Jungholz - *Schrofen-Hütte* .......................... 63
Karsee/Wangen - *Adler* ............................. 99
Kimratshofen - *Zum Fässle* ......................... 91
Kisslegg-Waltershofen - *Zum Neubau* ................. 98
Knottenried/Immenstadt - *Bergstätter Hof* ............. 71
Kranzegg - *Kranzegg* ............................... 61
Langenwang - *Besler* ............................... 33
Leutkirch-Ausnang - *Zum Stiefel* .................... 93
Leutkirch-Ausnang - *Zur oberen Mühle* ............... 93
Lindau-Höhenreute - *Jägerhaus* .....................159
Lindenberg - *Stadt-Café Kirschenlohr* ................153
Maierhöfen - *Flucken-Stube* ........................120
Maierhöfen - *Iberg-Restaurant* ......................121
Malleichen/Gestratz - *Badwirtschaft Malleichen* ..........113
Missen - *Albrecht* .................................. 71

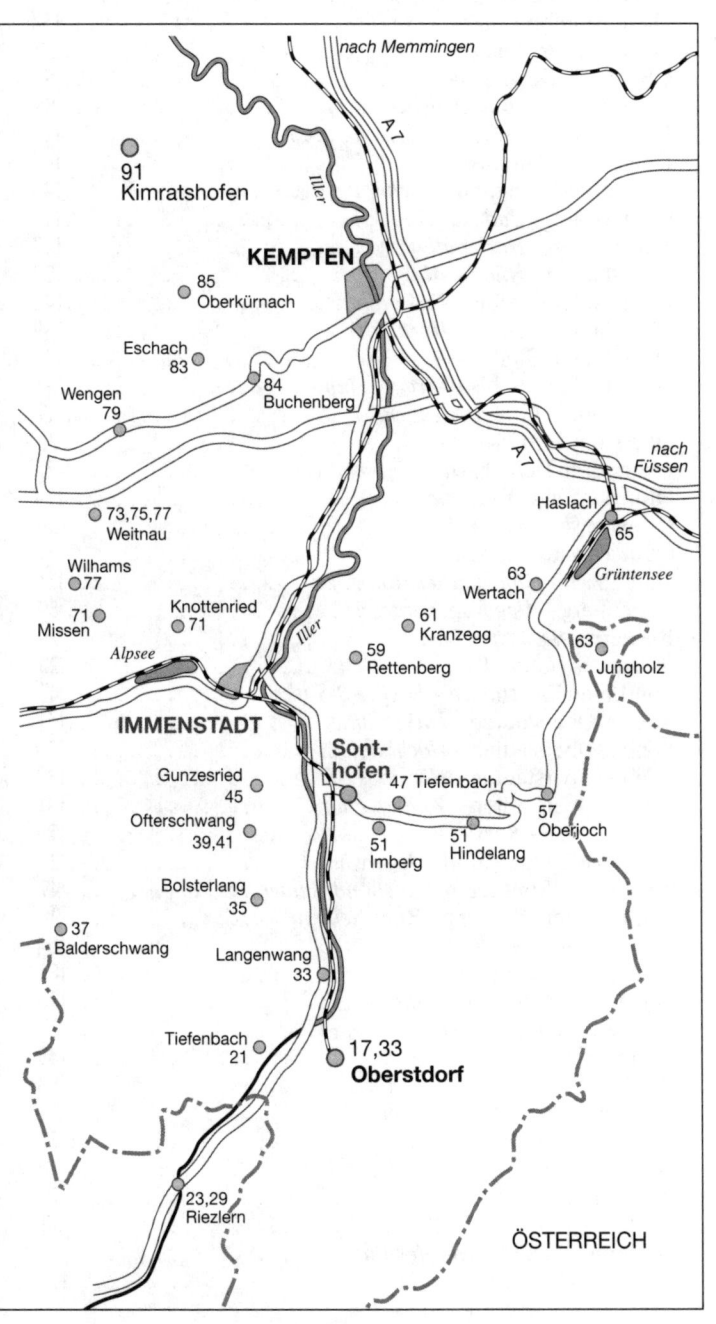

Missen-Wilhams - *Schrofenalm* .......................... 77
Niederstaufen - *Adler* ............................... 154
Oberjoch - *Iselerplatz* ............................... 57
Oberjoch - *Ochsenalpe* ............................... 57
Oberkürnach - *Blockhäusle* ........................... 85
Oberreute - *Alte Schule* ............................. 147
Oberreute - *Martinshöhe* ............................ 147
Oberreute-Irsengund - *Fuchs* ........................ 145
Oberstaufen - *Bad Rain* ............................. 127
Oberstaufen - *Hochgratbahn* ......................... 143
Oberstaufen - *Hündle Alp* ........................... 127
Oberstaufen-Steibis - *Falkenhütte* ................... 141
Oberstaufen-Steibis - *Hochbühl* ..................... 139
Oberstaufen-Steibis - *Hörmoos* ...................... 137
Oberstaufen-Steibis - *Vordere Fluh* ................. 131
Oberstdorf - *Café Breitenberg* ....................... 17
Oberstdorf - *Müller* ................................. 33
Oberstdorf-Tiefenbach - *Jägerwinkel* ................. 21
Oflings/Wangen - *Rößle* ............................. 104
Ofterschwang - *Alpenhof* ............................. 39
Ofterschwang - *Montana* .............................. 41
Opfenbach - *Opfenbacher Hof* ........................ 156
Rettenberg - *Alpe Kammeregg* ......................... 59
Riezlern - *Brotzeitstüble* ........................... 29
Riezlern - *Hörnle-Pass* .............................. 23
Sonthofen-Tiefenbach - *Edelweiß-Stuben* .............. 47
Steibis/Oberstaufen - *Falkenhütte* .................. 141
Steibis/Oberstaufen - *Hochbühl* ..................... 139
Steibis/Oberstaufen - *Hörmoos* ...................... 137
Steibis/Oberstaufen - *Vordere Fluh* ................. 131
Stiefenhofen - *Rössle* .............................. 124
Tiefenbach/Oberstdorf - *Jägerwinkel* ................. 21
Tiefenbach/Sonthofen - *Edelweiß-Stuben* .............. 47
Waltershofen/Kisslegg - *Zum Neubau* .................. 98
Wangen-Oflings - *Rößle* ............................. 104
Wangen - *Zum Starz* ................................. 101
Wangen-Deuchelried - *Adler* ......................... 110
Wangen-Karsee - *Adler* ............................... 99
Weiler - *Zur Post* .................................. 149
Weißensberg - *Bayerischer Hof* ...................... 163
Weitnau - *Engel Appartements* ........................ 75
Weitnau - *Engelhof* .................................. 77
Wengen - *Engel* ...................................... 79
Wengen - *Zollerwirt* ................................. 79
Wertach - *Buronhütte* ................................ 63
Wilhams/Missen - *Schrofenalm* ........................ 77
Wohmbrechts - *Tanne* ................................ 111

# Die Wanderbuchreihe für Genießer

herausgegeben von Georg Blitz
und Emmerich Müller

|  |  |  |
|---|---|---|
| Band 1 | Remstal, Berglen, Schurwald... | ISBN 3-7956-0209-2 |
| Band 2 | Nordschwarzwald | ISBN 3-7956-0208-4 |
| Band 3 | Mittelschwarzwald | ISBN 3-7956-0222-X |
| Band 4 | Südschwarzwald | ISBN 3-7956-0225-4 |
| Band 5 | Schwäbische Alb - westl. Teil | ISBN 3-7956-0206-8 |
| Band 6 | Schwäbische Ostalb | ISBN 3-7956-0207-6 |
| Band 7 | Pfälzerwald | ISBN 3-7956-0214-9 |
| Band 8 | Bodensee-Oberschwaben | ISBN 3-7956-0236-X |
| Band 9 | Neckarland | ISBN 3-7956-0200-9 |
| Band 10 | Hohenlohe | ISBN 3-7956-0201-7 |
| Band 11 | Wer recht in Freuden wandern will | ISBN 3-87174-054-3 |
| Band 12 | Oberallgäu, Westallgäu | ISBN 3-7956-0202-5 |
| Band 13 | Frankenalb | ISBN 3-7956-0211-4 |
| Band 14 | Odenwald | ISBN 3-7956-0204-1 |
| Band 15 | Chiemgau-Chiemsee | ISBN 3-7956-0212-2 |
| Band 16 | Rangau | ISBN 3-7956-0216-5 |
| Band 17 | Fränkisches Weinland | ISBN 3-7956-0217-3 |
| Band 18 | Fränkisches Seenland mit Altmühltal | ISBN 3-7956-0218-1 |
| Band 19 | Spessart | ISBN 3-7956-0219-X |
| Band 20 | Oberpfälzer Jura | ISBN 3-7956-0223-8 |
| Band 21 | Oberpfälzer Wald | ISBN 3-7956-0229-7 |
| Band 22 | Region Stuttgart | ISBN 3-7956-0233-5 |
| Band 23 | Fränkische Schweiz | ISBN 3-7956-0235-1 |
| Band 24 | Haßberge, Steigerwald | ISBN 3-7956-0237-8 |
| Band 25 | Allgäu/Bayerisch Schwaben | ISBN 3-7956-0234-3 |
| Band 26 | Fichtelgebirge | ISBN 3-7956-0243-2 |
| Band 27 | Frankenwald | ISBN 3-7956-0246-7 |
| Band 28 | Taunus | ISBN 3-7956-0245-9 |
| Band 29 | Werdenfelser Land | ISBN 3-7956-0247-5 |
| Band 30 | Thüringer Wald | ISBN 3-7956-0250-5 |
| Band 31 | Moselland | ISBN 3-7956-0252-1 |
| Band 32 | Bayerischer Wald | ISBN 3-7956-0255-6 |
| Band 33 | Sauerland | ISBN 3-7956-0256-4 |
| Band 34 | Eifel | ISBN 3-7956-0259-9 |

**DREI BRUNNEN VERLAG GmbH & Co.**, Postfach 10 11 54, 70010 Stuttgart
Telefon 0711/25 76 0 10, Telefax 0711/25 76 2 17

# DIE NEUE REIHE FÜR INDIVIDUELLE REISEFREIHEIT

Träume von einem erlebnisreichen Urlaub?
Ohne jeden Zwang, eine bestimmte Zeit einzuhalten?
Im Winter durch verschneite Wälder in Kanada
fahren oder den australischen Sommer im »Appartement auf Rädern« genießen – das Wohnmobil ist der
ideale Partner und auf jede Witterung eingestellt!
Mit dieser neuen Reihe möchten wir helfen, Urlaubsträume zu realisieren und die herrlichsten Länder im
Wohnmobil zu erleben.

Hans-Burkhard Garbe
**Mit dem Wohnmobil durch den Westen Kanadas**
ISBN 3-7956-0221-1

Hans-Burkhard Garbe
**Mit dem Wohnmobil durch den Osten Kanadas**
ISBN 3-7956-0239-4

Preis je Band DM 39,80; ÖS 310,–; SFR 39,80

**Bisher sind erschienen:**

- Expl. Mit dem Wohnmobil durch den amerikanischen Westen
- Expl. Mit dem Wohnmobil von Boston nach Florida
- Expl. Mit dem Wohnmobil durch Neuseeland
- Expl. Mit dem Wohnmobil durch Australien
- Expl. Mit dem Wohnmobil durch Florida
- Expl. Mit dem Wohnmobil durch den Südwesten der USA
- Expl. Mit dem Wohnmobil durch den Nordwesten der USA

## Drei Brunnen Verlag GmbH & Co

Telefon 0711 / 2 57 60 10 · Telefax 0711 / 2 57 62 17
70010 Stuttgart · Postfach 10 11 54